数字化
与金融服务的
未来

**DIGITALIZATION AND
THE FUTURE OF FINANCIAL SERVICES**

INNOVATION AND IMPACT OF DIGITAL FINANCE

达科·B.武科维奇 (Darko B. Vukovic)
莫伊纳克·迈提 (Moinak Maiti) /编
埃琳娜·M.格里戈里耶娃 (Elena M. Grigorieva)

杨嫱\黄丹\刘鹏 /译

中国金融出版社

🅰 Springer

责任编辑：王雪珂
责任校对：李俊英
责任印制：丁淮宾

图书在版编目（CIP）数据

数字化与金融服务的未来／（俄罗斯）达科·B. 武科维奇，（俄罗斯）
莫伊纳克·迈提，（俄罗斯）埃琳娜·M. 格里戈里耶娃编；杨嬿，黄丹，刘
鹏译． -- 北京：中国金融出版社，2024. 7. -- ISBN 978 - 7 - 5220 - 2451 -
6

Ⅰ. F830. 9
中国国家版本馆 CIP 数据核字第 2024WZ6445 号

数字化与金融服务的未来
SHUZIHUA YU JINRONG FUWU DE WEILAI

出版
发行   **中国金融出版社**

社址   北京市丰台区益泽路 2 号
市场开发部   （010）66024766，63805472，63439533（传真）
网上书店   www. cfph. cn
          （010）66024766，63372837（传真）
读者服务部   （010）66070833，62568380
邮编   100071
经销   新华书店
印刷   保利达印务有限公司
尺寸   169 毫米 ×239 毫米
印张   13. 75
字数   225 千
版次   2024 年 7 月第 1 版
印次   2024 年 7 月第 1 次印刷
定价   59. 00 元
ISBN 978 - 7 - 5220 - 2451 - 6
如出现印装错误本社负责调换   联系电话（010）63263947

前　言

　　过去十年，金融领域在学术界和实务界都发生了巨大的变化。与加密市场、加密货币、新兴金融服务，以及最近由各种危机（包括新冠疫情）引起的市场剧烈动荡等相关的新的研究热点层出不穷。全球的学者们都在密切关注这些新动向，通过大量研究创造出了新的理论和文献。机器学习技术作为数字金融的一种重要研究方法，正逐渐取代经典的计量经济学模型。这些变化的发生促使我们决定编纂这本《数字化与金融服务的未来》。

　　近几年，金融实务发生了翻天覆地的变化，无论是金融交易、存款账户开立，还是保险合同签订，几乎所有金融服务都可以在家里或办公室完成，无需客户亲自到场办理。这些服务甚至都不需要借助电脑，一部手机就可以完成所有业务。手机上的软件和应用程序让用户能够随时随地享受各种金融服务。2020 年初暴发的新冠疫情进一步推动金融服务转变为"在线"和"远程"的数字化服务。世界各地的封锁和人与人之间物理距离的增加加速了数字金融服务的发展。

　　未来，数字金融服务会在跨领域合作方面发挥更大的作用。本书的各个章节通过介绍不同的案例、文献，应用最新的研究方法，来扩展我们对数字金融服务的理解。感谢每一位作者及合著

1

者为完成本书所做的贡献和努力。最后，编辑达科·B. 武科维奇（Darko B. Vukovic）和埃琳娜·M. 格里戈里耶娃（Elena M. Grigorieva）的工作得到了俄罗斯人民友谊大学（RUDN）战略学术领导计划的大力支持。

俄罗斯莫斯科　　达科·B. 武科维奇
俄罗斯圣彼得堡　莫伊纳克·迈提
俄罗斯莫斯科　　埃琳娜·M. 格里戈里耶娃
2022 年 5 月 23 日

关于本书

在过去的二十年里，无论是理论还是实践层面，金融产品和服务在数字化方面都取得了显著的进步。伴随着金融创新技术的出现，金融机构开始向市场提供全新的基础设施、产品和服务，以提高其业务效率并增强竞争力。与此同时，这些创新技术也对金融市场的流动性和稳定性造成了不容忽视的负面影响。在新的发展背景下，金融机构之间的服务和产品竞赛慢慢拉开帷幕，数字金融方面的理论和实践创新是机构的核心竞争力。在这场竞争中，创新技术层出不穷，基于区块链和物联网技术的金融产品和服务也越来越多，加密货币已悄然成为金融科技发展的重要支柱。

人工智能是其中最重要的创新技术。目前，人工智能常被用于分析金融时间序列，以及预测各种金融现象。以基于内核的模型（kernel-based models）和高级神经网络模型为代表的金融时间序列分析模型（在许多机器学习模型中应用）应运而生。金融市场以及市场参与者正在逐渐适应技术革命带来的各种挑战。金融监管部门以及中央银行也在针对市场的各种变化作出针对性的调整，努力维护金融市场的稳定性以及政策传导机制的有效性。

新冠疫情造成的物理距离、边境封锁以及人们对感染的恐惧，让数字化成为金融市场的唯一选择，金融机构不得不加速金融产品和服务的数字化转型进程。"数字化转型"看似简单,实则对市场的方方面面都会造成影响。数字技术大大提高了金融产品和服务的盈利水平和运行效率,却也给金融市场带来了不容忽视的风险与隐患。正因如此,我们决定编纂《数字化与金融服务的未来》一书。本书共有十一部分,涵盖了数字金融的各个研究领域,包含了世界各地研究人员的最新观点。

第一部分讨论了普惠金融如何在全球范围内促进经济增长。最终的结论是,要在全球范围内提高金融包容性还有很长的路要走。

第二部分讲述了金融科技创新在经济活动和社会发展中的作用。文章最后表示,现代金融世界正处于十字路口,金融科技创新改变了金融结构,数字化技术打破了竞争的地域壁垒。新技术的出现和商业模式的演变推动了金融科技领域的重大转变。

第三部分强调了中央银行和监管机构在金融科技领域的关键作用。作者认为金融科技革命有助于降低金融交易成本,提高金融的普惠性。这一部分还关注了信息安全、数据泄露、网络攻击以及金融稳定威胁等问题,阐述了监管机构在监管金融科技公司时面临的若干挑战。最终的结论是,亟须对金融科技公司进行更加深入和全面的研究。

第四部分详细介绍了新冠疫情期间,货币的非物质化进程。近年来,货币的外延不断扩展为法定货币、圣经货币、电子货币以及最近的数字货币(加密货币)。尽管新冠疫情的暴发逆转了加密货币的增长趋势,但依旧无法阻挡圣经货币、电子货币以及数字货币的发展。

第五部分讨论了国际金融市场在数字化时代的运行特点，详细介绍了电子交易系统如何被应用到高频交易之中。

第六部分说明了比特币如何在全球金融危机中成为重要的替代资产，并为投资者制定更加科学合理的投资组合方案提出了建议。

第七部分首先介绍了数字化对全球 BFSI 行业的总体影响，之后将重点放到了监管科技和合规科技对金融稳定的影响上。

第八部分介绍了目前 BFSI 行业使用最多的创新技术，即人工智能、区块链和物联网。详细介绍了每种技术的基本概念，以及三者之间如何互为补充，进而改变整个金融市场。

第九部分就数字普惠金融在促进经济增长和金融自由方面的作用展开了讨论，详细介绍了数字金融服务如何借助信息和通信技术（ICT）的推广和发展，提高金融市场的自由度。同时，以银行业绩和效率为基础，就金融自由的概念进行了探讨。

第十部分侧重于可持续发展报告的组织、监管以及信息的应用。本部分认为，可扩展商业报告语言（XBRL）的应用是实现会计和报告数字化的重要一步，基于 XBRL 的数字化企业报告有助于节省成本，并提高分析师预测的准确性。

第十一部分专门讨论了数字化、风险和金融自由等方面的问题。

本书探究了数字化对金融市场参与者的影响，以及金融服务工具和流程的变化，梳理了数字化技术对金融领域各个方面

（如金融市场、金融风险管理、金融技术以及投资金融）的影响，并就数字化和金融服务的未来提出了一些全新的见解。希望能够为数字金融领域的研究工作提供参考，帮助金融市场参与者更好地了解数字化进程中所蕴含的机遇与挑战，从而提高效率、消除风险。

本书涵盖了全球市场的理论和实践经验，能够让读者对数字化和金融服务的未来有一个更加全面的了解。另外，本书还涉及数字技术在金融时间序列数据分析方面的应用。

本书对专家、学者、学生、金融市场从业者以及其他对本领域感兴趣的人群都将有所助益。可以作为学士、硕士和高管的基础性学习参考，也可以作为金融科技、数字金融、区块链和加密货币研究的补充参考。在新冠疫情暴发的背景下，本书对数字金融的发展意义深远。

目　　录

数字金融和金融服务

Mustafa Özer[①]

1. 引　言

新自由主义阶段的资本主义制度造成了不同国家之间以及国家内部的不平等问题。在 2008 年至 2009 年的大萧条之后,这些问题越发凸显,包容性增长政策被提出并加以应用,普惠金融也因此受到更多关注(Danisman 和 Tarazi,2020)。金融行业在过去取得了辉煌的成就,未来,金融行业将再创辉煌。

近年来,创新性金融产品、工具以及新兴金融机构如雨后春笋般不断涌现。然而,一部分国家及群体却很少甚至没有机会接触这些创新金融服务。根据世界银行 2017 年发布的最新数据,仍有近 17 亿成年人(15 周岁以上)没有开立银行账户,无法享受金融服务。性别、收入和受教育程度依然是将他们排除在金融服务体系之外的重要因素。

为了将那些被排除在金融服务体系之外的十几亿人口纳入进来,国际社会、各国政府、政策制定者和监管机构采取了许多新举措。普惠金融被视为包容性增长的重要驱动因素,许多国家都推出了强有力的政策,希望能够增加国民获得和使用金融服务的机会。这些政策在增加金融服务的普及率,尤其是在女性客户的普及率方面发挥了很大作用。然而,大部分女性依然无法获得和男性相同的金融服务。另外,目前的所有政策都没能真正缩小国家之间和国家内部的普惠金融差距。

要想提高金融普惠程度,关键在于增强数字金融服务的可用性,主要涉及

---

① M. Özer, 土耳其阿纳多卢大学 FEAS 经济系(Department of Economics, FEAS, Anadolu University, Eskisehir, Turkey), 邮箱: muozer@ anadolu. edu. tr。

移动支付服务、支付卡和其他金融技术（或金融科技）的应用。在过去几十年中，数字技术的快速发展为人们获取金融服务带来了极大的便利。然而，受限于可获得服务的范围和质量，依旧很难保证每个人都能从中平等受益。低收入国家和低收入家庭获得金融服务，尤其是数字金融服务的机会非常有限。金融技术的快速发展可能会将那些被排除在金融体系之外的人吸收进来，改善低收入者的生活。因此，数字普惠金融应被视为游戏规则的制定者。对于那些被排除在金融服务体系之外或者无法获得足够金融服务的低收入家庭以及小微企业来说，它是一个改变游戏规则的重要因素。金融普惠程度的提高，为减少贫困、增进福祉提供了更多可能。

在此背景下，本部分将阐述普惠金融的现状，展示稳定性对于发达市场中技术驱动型金融服务公司业绩的重要性。为此，我们将在"2. 普惠金融"中阐释普惠金融的内涵，并在"3. 普惠金融的程式化事实"上，对现有文献进行梳理与总结。在"4. 文献综述"中，我们将通过实证研究，探究技术驱动型金融服务公司绩效稳定性的重要性，最后得出相关结论。

2. 普惠金融

作为可持续发展和包容性增长战略的一部分，普惠金融已成为决策者和监管机构促进金融部门发展的首要任务和新的关注点。Zulkhibri（2016）表示，世界银行、联合国、G20 和多边开发银行（MDB）等许多国际组织都高度关注普惠金融相关问题。

普惠金融通常被定义为"个人和企业能够获得需要且能够负担的金融产品和服务，这些产品和服务可以满足其交易、支付、储蓄、信贷和保险等需求，并能以可信任和可持续的方式兑现"。基于这一定义，普惠金融有助于促进经济增长、减少收入差距和缓解贫困。此外，根据 Ofori – Abebrese 等（2020）的研究，普惠金融可实现 17 个可持续发展目标（SDG）中的 8 个目标（如消除贫困，消除饥饿，增强健康与福祉，性别平等，体面工作和经济增长，工业、创新和基础设施，减少不平等，以及增加伙伴关系）。

普惠金融可以通过三种不同的方式来衡量。首先是传统的普惠金融衡量指标，即"与获得或使用传统金融服务相关的指标，如人均银行账户数量和人均 ATM 数量，或将这些指标组合成一个综合指数（Khera 等，2021）"。其次，可以只关注普惠金融数字领域的相关指标，如手机端移动货币账户和金融交易记录等（Sy 等，2019；Loukoianov 等，2019）。最后，可以通过构建综合普惠金融指数（CFII）来衡量（Khera 等，2021）。采用数字普惠金融指数构建 CFII，可以很好地代替以银行等传统金融机构为中心构建的普惠金融指数（即传统普惠金融指数）。

普惠金融有三大优势。首先，是对扶贫的贡献：在宏观层面，通过推动经济增长，间接减少贫困和不平等；在微观层面，通过为穷人提供合适且负担得起的金融服务，来提高他们的生活质量。总体而言，普惠金融不仅可以减少贫困，还能够促进经济繁荣。其次，普惠金融让个人和企业能够获得正规的金融服务并从中受益。个人可以通过它接受教育并进行创业，有助于减少贫困并促进经济增长（Beck 等，2007）。最后，普惠金融为个人提供了安全的储蓄场所，可以促进金融稳定，这主要是因为对银行存款的合理高效使用有助于在困难时期为银行提供更稳定的存款基础（Han 和 Melecky，2013）。

普惠金融在发达国家和发展中国家的含义有所不同。在发达国家，普惠金融更多地被看作金融产品相关知识的普及。在发展中国家，它主要指金融产品的获取和金融素养的培养问题（Zulkhibri，2016）。

3. 普惠金融的程式化事实

为评估普惠金融的状况并了解普惠金融的各个方面，我们需要关注全球普惠金融主要指标的发展情况。我们使用的指标主要包括成人指标，如成年人账户持有情况、成年人数字支付情况、成年人手机和互联网支付情况、成年人银行卡支付情况以及成年人账户支付情况。此外，我们将重点关注储蓄、借贷类型以及借记卡和信用卡的持有情况。为此，我们将使用世界银行提供的每三年统计一次的全球普惠金融指数数据。我们将考察全球的成年人数据，了解成年人在正规金融机构开立账户以及进行储蓄的比例、借款类型以及借记卡和信用卡的所有权。图 1 总结了这些指标的具体情况。

根据图 1，2011 年至 2017 年，全球金融普惠水平显著提升，共计 12 亿成年人首次获得正规的金融账户。账户的增长主要基于移动货币账户的增加。此

%

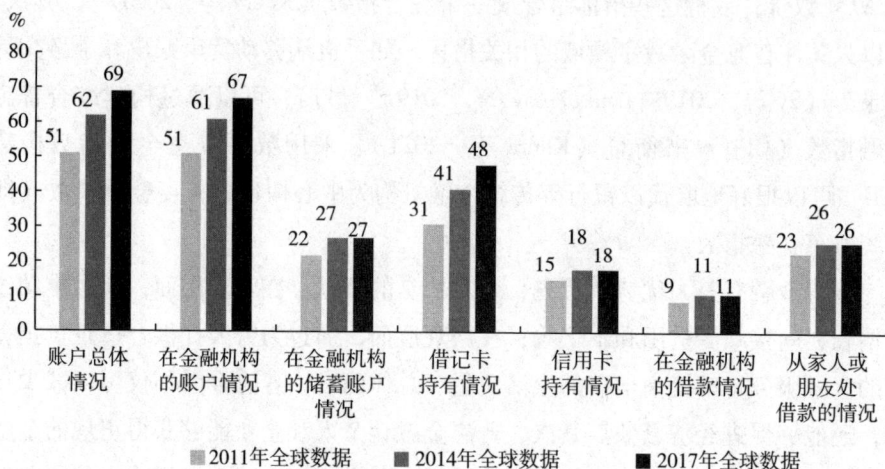

图1　15岁以上成年人金融包容性指标

[资料来源：作者整理自世界银行（2017）]

外，2014年至2017年，共计5.15亿成年人在金融机构或通过移动支付服务开立了账户，拥有账户的成年人比例从62%增长到69%。尽管成年人账户数量大幅增加，但仍有近17亿成年人没有开立银行账户，被排除在金融服务体系之外。另外，2014年至2017年，7项指标中有3项在持续上升，4项保持不变。从金融机构借款的成年人数量仍然处于低位且停滞不前，信用卡持有量也呈现出相同的趋势。因此，尽管成年人账户数量有所增加，但他们获得某些金融服务的机会依然很少。发达国家和发展中国家之间的金融普惠程度仍旧存在很大差异（详见图2）。

根据图2，发达国家与发展中国家在金融普惠程度上存在明显差异。在拥有账户的成年人比例以及金融服务的获得和使用方面差异更加明显。其中，差异最大的是借记卡和信用卡的持有情况，这主要与发达国家和发展中国家银行业发展水平的差距有关。

此外，与发展中国家相比，欠发达国家的成年人在金融机构储蓄的比例非常低，低储蓄率是这些国家实现可持续和包容性增长的主要障碍之一。不成熟的金融发展水平降低了金融账户的实用性，造成账户的低使用率和高滞后性。因此，提高储蓄率、增加信贷来源，进而提升金融普惠水平，将有助于这些国家的未来发展。

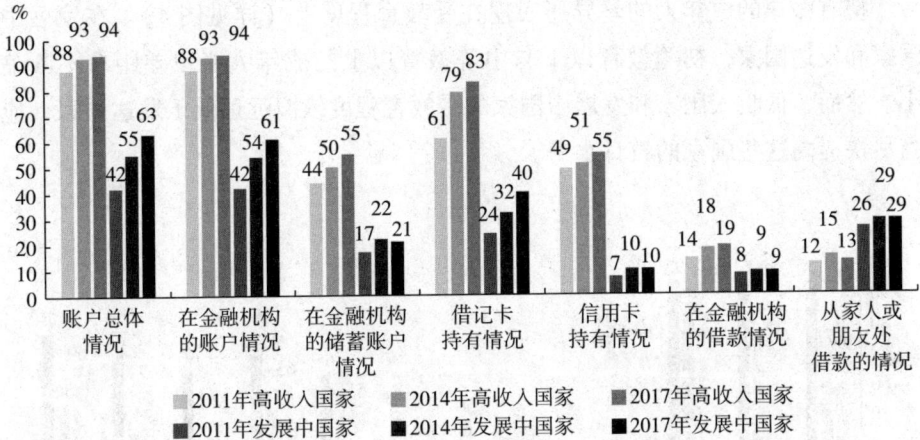

图 2 普惠金融指标：高收入国家与发展中国家 15 岁以上成年人的账户持有情况

［资料来源：作者整理自世界银行（2017）］

成年人账户拥有比率中还存在明显的性别差异（详见图 3），这一点在低收入国家和发展中国家尤为明显。2017 年，发展中国家女性拥有银行账户的比率较男性低 9 个百分点。这与这些国家的女性在经济活动中扮演的角色和参与程度，以及性别歧视政策有关。

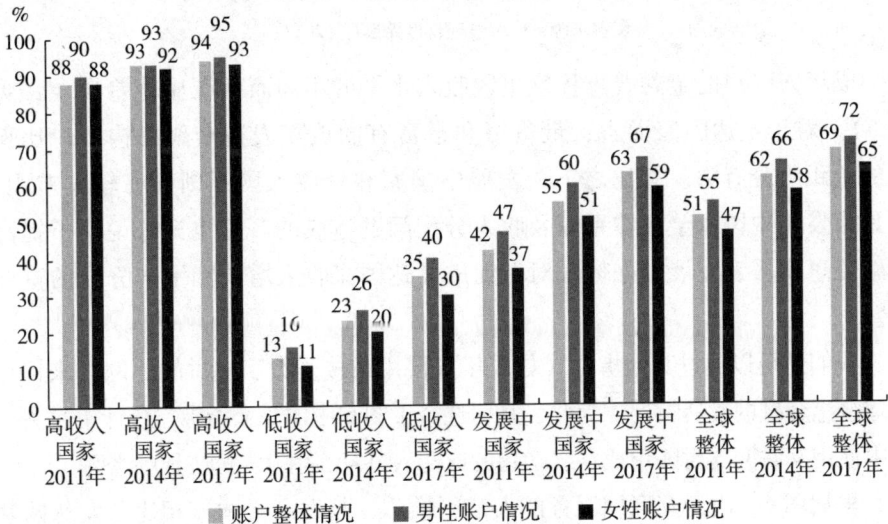

图3 15 岁以上成年人账户拥有比率的性别差异

［资料来源：作者整理自世界银行（2017）］

持有账户的成年人的差异还表现在受教育程度上（详见图4）。在发展中国家和发达国家，初等教育以下与中等教育以上的成年人账户差距在不断缩小。然而，低收入国家和发展中国家的受教育程度依旧远远低于发达国家，应当尽快提高这些国家的教育水平。

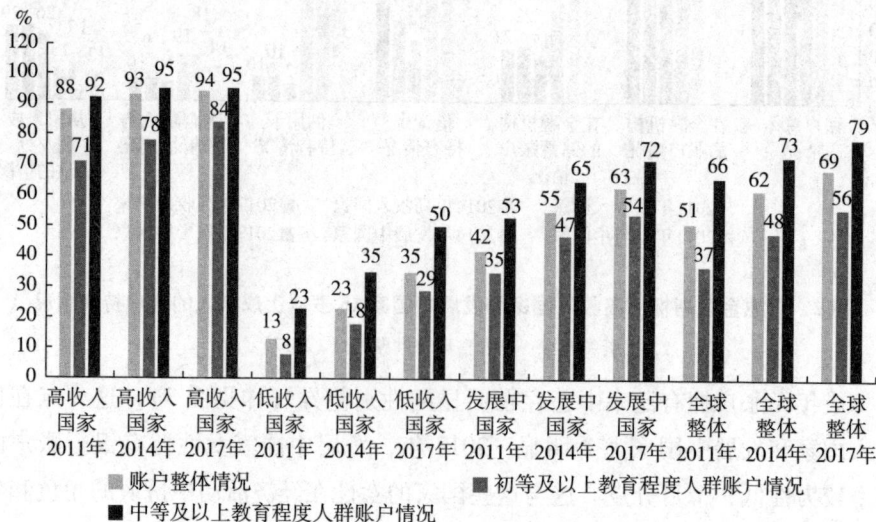

图4　不同受教育程度的15岁以上成年人的账户持有情况

［资料来源：作者整理自世界银行（2017）］

成年人账户的金融普惠程度也因收入水平的不同而存在显著差异（详见图5）。对于发达国家而言，最贫穷和最富有的成年人在金融机构开户比例上的差距十分有限。相比之下，发展中国家和低收入国家则存在较大差距。这是由发展中国家金融体系以及收入分配问题造成的。这也充分说明了提高金融普惠水平、发展金融体系对于促进发达国家收入增长和平均分配的重要性。

我们还可以通过其他指标（如成年人使用或接受数字支付的比例）来评估全球普惠金融的发展情况。为此，我们选择了图6中的3个指标，统计了过去一年中使用互联网支付账单或在线购物的成年人（年龄在15岁以上）比例。

根据图6，由于互联网服务的大范围推广，与发展中国家相比，发达国家互联网使用率的增长极为迅速。亟须开展以联合国、世界银行等国际组织为主导的国际合作，来提高发展中国家的互联网使用率。

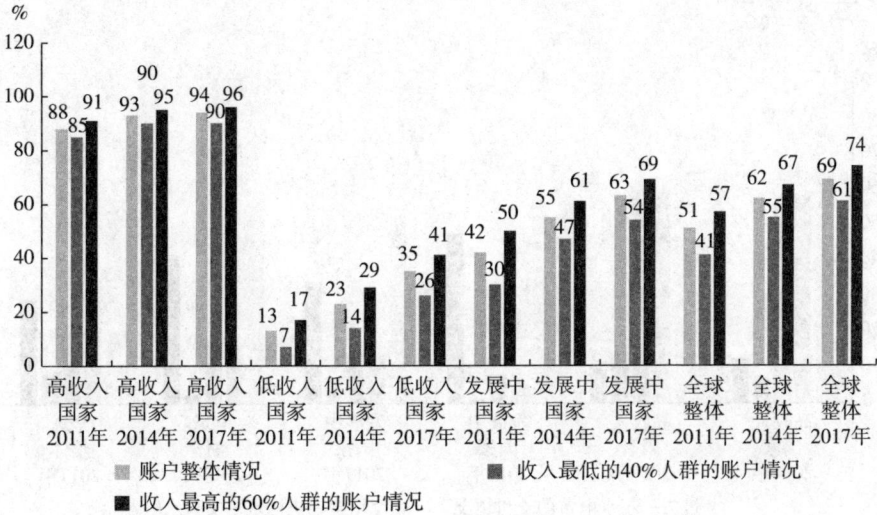

图5　不同收入水平的 15 岁以上成年人账户持有情况

[资料来源：作者整理自世界银行（2017）]

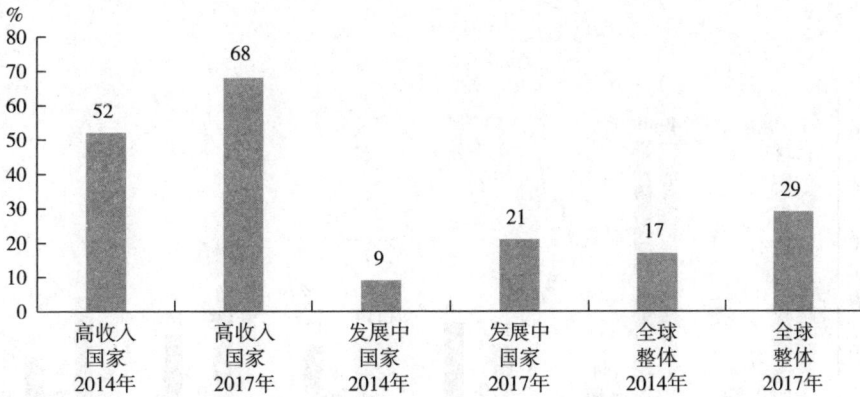

图6　过去一年使用互联网支付账单或在线购物的 15 岁以上成年人比例

[资料来源：作者整理自世界银行（2017）]

　　发达国家和发展中国家成年人支付账单的方式存在显著差异（详见图 7）。在成年人支付水电费的方式上，这种差异更加明显。研究表明，发展中国家不仅在技术获取方面存在欠缺，在技术使用方面也存在不足。国际社会需要对这些问题给予更多关注。各国在互联网使用方面的差异也反映在人们领取工资的

7

方式上（详见图8）。

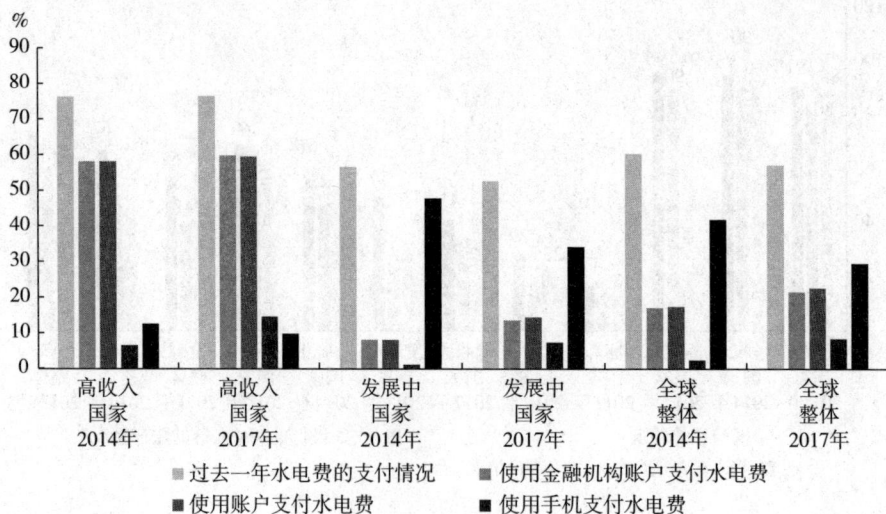

图7　15岁以上成年人水电费支付情况

［资料来源：作者整理自世界银行（2017）］

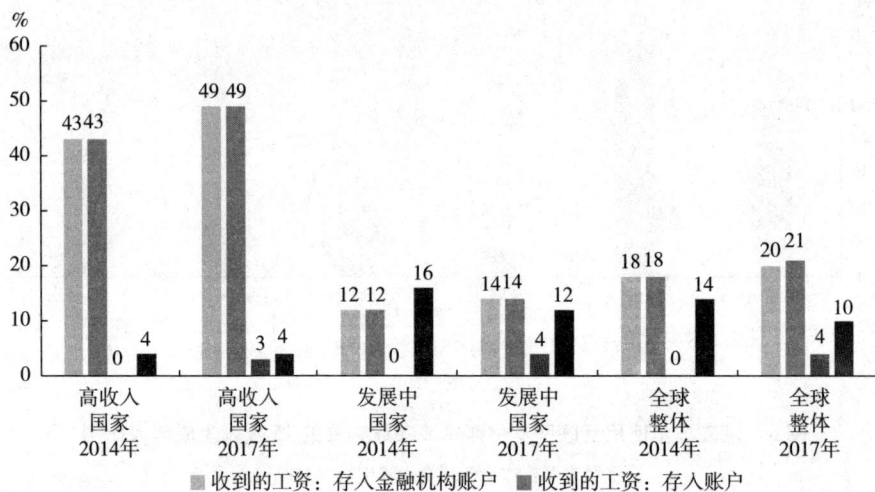

图8　15岁以上成年人工资领取形式

［资料来源：作者整理自世界银行（2017）］

与发展中国家相比，发达国家有更高比例的成年人以更便捷的方式领取工资，这类成年人的占比超过了50%。在2011年至2017年共计约12亿成年人首次开立金融账户，其中大部分是移动支付账户。这一情况也表明，我们迫切需要增强发展中国家的金融系统发展水平，让更多的人能够获得支付以及工资领取等金融服务。否则，在发展中国家增强金融普惠就只是空谈。评估比较世界各地的普惠金融情况，有助于制定更有针对性的战略和政策，提高金融服务的可及性和服务质量，实现普惠金融目标。

4. 文献综述

普惠金融是指在确保高效和可持续性竞争的适当环境（法律和政治）下，人们能够获得各种机构（银行、非政府组织、储蓄和信用合作社及其他非银行金融机构等）提供的各种金融产品和服务（储蓄、信贷、保险、转账以及支付等）。根据世界银行的定义，"普惠金融"一词是指向"所有人"提供金融服务。

Morduch（1999）指出了"可负担性"的四个维度：可靠性、便利性、连续性和灵活性。"可靠性"与资源在被需要时的可用性有关；"便利性"指的是客户获得金融服务的难易程度；"连续性"指连续或可持续的可用性，即连续不断的可及性；"灵活性"指的是产品必须适应客户的实际需求。

对许多国家而言，普惠金融都是一个需要高度关注的重大经济和社会问题，因为它能消除贫困、金融排斥和性别差异，促进经济发展，增进社会福祉。Sarma（2008）认为普惠金融是一个过程，其目标是使经济体中的所有参与者都能够轻松获得、访问和使用现代金融服务。

Soumare等（2016）在其关于识别和分析中非和西非普惠金融发展决定性因素的研究中表明，在这些地区获得正规融资的可能，主要取决于性别、年龄、受教育程度、就业状况、收入、家庭人口、居住地区、婚姻状况以及对金融机构的信任程度。

Kanobe等（2017）认为，手机已成为提升普惠金融发展潜力的重要工具。Chatterjee（2020）在他的研究中表明，信息和通信技术的发展是决定金融普惠程度的重要因素。事实上，手机和互联网在银行业的使用率均有所提高。普惠金融本身以及普惠金融与移动和互联网的结合都有助于提高金融服务的可及性。

非洲大陆的普惠金融发展差距明显，且金融普惠程度普遍较低。Chinoda 和 Kwenda（2019）在其研究中，使用 VAR 模型分析了经济增长速度、手机数量、稳定性和银行业竞争对普惠金融的影响。最终发现，普惠金融对手机数量、银行业竞争、银行业稳定性以及经济增长的各种变化都给出了显著而积极的反馈。他们认为，虽然这些变量对普惠金融很重要，但后者对于它们的有效运作也十分必要。

如今，普惠金融已成为与经济增长紧密相关的研究主题。金融被看作经济增长的引擎，包括 Beck 和 Demirgüç－Kunt（2008）、Jalilian 和 Kirkpatrick（2005）在内的几位学者阐释了金融与减少贫困之间的直接和间接联系。多项研究表明，普惠金融是经济增长的重要驱动力（Claessens 和 Perotti，2007）。金融服务部门的发展通常伴随着资源的有效配置，有助于促进经济增长（Akinboade 和 Kinfack，2014）。包括 Cull 等（2014）的研究在内的几项研究都证明了金融服务的获取和使用对个人和企业的重大影响，这将带来储蓄、消费和生产性投资的增加以及贫困的减少和妇女权益的增强。

正如 Van 等（2021）所言，众所周知，普惠金融在理论上对经济增长具有积极影响。然而，从经验来看，尤其是对于新兴市场而言，情况似乎并非如此。为了更加全面地描绘普惠金融和经济增长之间的关系，他们构建了一个多维指标，在国际层面来衡量金融普惠性对经济增长的影响。最终的结论是，经济增长与金融普惠性之间存在正相关关系。对于收入和金融普惠性程度较低的国家，这种关系更显著。此外，Kim 等（2018）在应用动态面板分析时发现，在伊斯兰合作组织国家中，普惠金融与经济增长之间也存在正相关关系。Nizam 等（2020）对 2014 年至 2017 年 63 个发展中国家和发达国家普惠金融对经济增长的影响进行了研究，发现两者之间存在阈值效应，即普惠金融与经济增长之间的正相关关系是非单调的。

Kim（2016）研究了普惠金融如何影响欧盟和经济合作与发展组织（OECD）40 个成员国的收入不平等和经济增长问题。他发现，普惠金融改善了经济增长与收入不平等之间的关系。不仅如此，普惠金融还有助于转变经济增长和收入不平等之间的负相关关系。

5. 对技术驱动型金融服务公司的业绩波动进行建模

为了评估发达市场技术驱动型金融服务公司的业绩波动，我们使用了"Indxx 全球金融科技主题指数"来衡量这些公司的业绩。指数的基准日为 2015 年 6 月 30 日，初始值为 1000。目前有两个指数可以反映这些公司的业绩。分别是净总回报［彭博股票代码（Bloomberg Ticker）：INXNT］和总回报（彭博股票代码：IFINX），我们的分析使用了第一个指标。相关数据来自 Indxx 网站（Indxx Global Fintech Thematic Index，2022）。

为了得到指数的波动率，我们借助 ARCH/GARCH 模型进行了估计，主要包括 GARCH、EGARCH、PARCH、CGARCH 和 FIGARCH。首先，我们通过肉眼观察两个水平的时间序列图和 IFINXNT 对数值的一阶差分进行初步分析（详见图 9、图 10）。

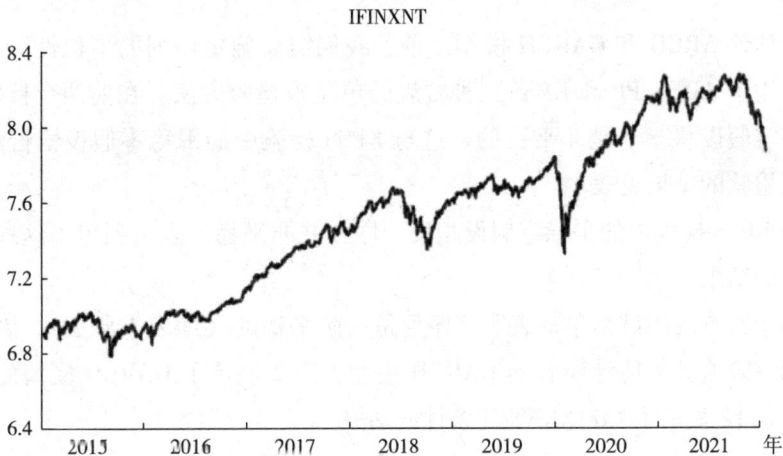

图 9 IFINXNT 的对数值

（资料来源：作者整理自 Indxx 全球金融科技专题指数 2022）

从图 9 可以清楚地看到，IFINXNT 的对数值一直呈上升趋势，中间出现过三次较大幅度的下降，序列趋势并不平稳。另外，序列中的一阶差分似乎异常平稳（见图 10）。

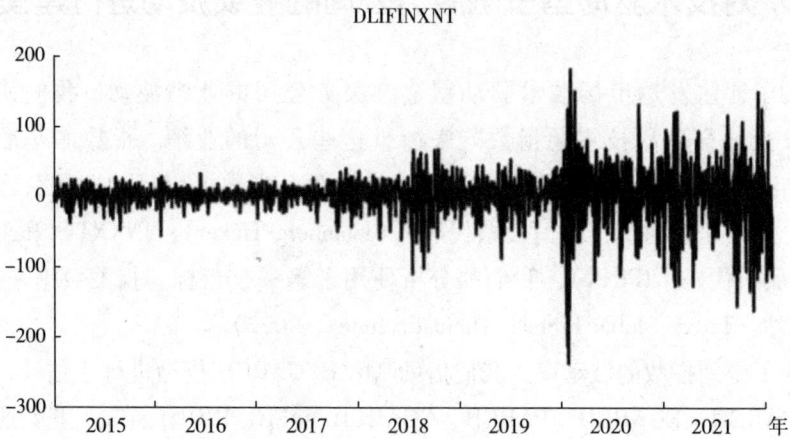

图 10　IFINXNT（DLINXNT）对数值的一阶差分

（资料来源：作者根据 Indxx 全球金融科技专题指数 2022 计算）

　　在估计 ARCH 和 GARCH 模型之前，我们需要确定序列的平稳性。为此，我们采用了 ADF、PP 和 KPSS 三种常规的单位根检验方法。在前两个检验中，序列在零假设状态下是非平稳的，这与 KPSS 检验中的平稳零假设恰恰相反。单位根检验的结果见表 1。

　　与 KPSS 检验中的平稳零假设相反，序列并非平稳。表 1 列出了这些单位根检验的结果。

　　由于所有的测试结果都表明该序列是一阶平稳的（如表 1 所示），因此我们使用一阶差分来估计所有的 GARCH 模型。表 2 显示了 GARCH 模型的估算结果。图 11 显示了 LIFINXNT 的条件波动率。

表 1　　　　　　　　　　　　　　单位根检验结果

变量	ADF		PP		KPSS		结论
LIFINXNT	水平	一阶差分	水平	一阶差分	水平	一阶差分	
	−1.183	−12.60***	−1.205	−40.09***	5.032***	0.116	I（1）

注：*** p < 0.01。

数据来源：作者计算。

表 2　　　　　　　　　　　　GARCH 模型的估算结果

	GARCH (1, 1)	EGARCH (1, 1)	PARCH (1, 1)	CGARCH (1, 1)	FIGARCH (1, 1)
均值方程					
C	1. 302 ***	1. 207 ***	1. 2408 ***	1. 497 ***	1. 478 ***
	− 0. 3423	− 0. 34	− 0. 3322	− 0. 341	− 0. 355
方差方程					
ω	2. 183 ***	− 0. 109 ***	0. 3034 *	15170. 96 ***	16. 144 ***
	− 0. 649	− 0. 019	− 0. 1617	− 5708. 08	− 4. 43
α	0. 115 ***	0. 236 ***	0. 1279 ***	0. 0390 ***	0. 096
	− 0. 101	− 0. 022	− 0. 0126	− 0. 01	− 0. 063
β	0. 893 ***	− 0. 035 ***	0. 1359 ***	0. 1015 ***	0. 426 ***
	− 0. 008	− 0. 011	− 0. 0559	− 0. 017	− 0. 099
γ	—	0. 989 ***	0. 8968 ***	0. 8162 ***	—
		− 0. 002	− 0. 0099	− 0. 035	
对数似然	− 7682. 6	− 7677. 2	− 7678. 2	− 7672. 4	− 7674. 3

注：括号内为标准误差。*** p < 0. 01. * p < 0. 1。

数据来源：作者计算。

　　2015 年至新冠疫情初期，指数波动率较低。然而，波动率在第一波疫情中急剧上升，并且在接下来的几个月里一直保持在较高水平。这种波动率的上升被视为发达市场中技术驱动型金融服务公司业绩不确定性增加的重要表现。技术驱动型金融服务公司在新冠疫情期间业绩波动率显著增加，政策制定者在实施旨在提高金融包容性的政策时应对这一情况加以考虑。

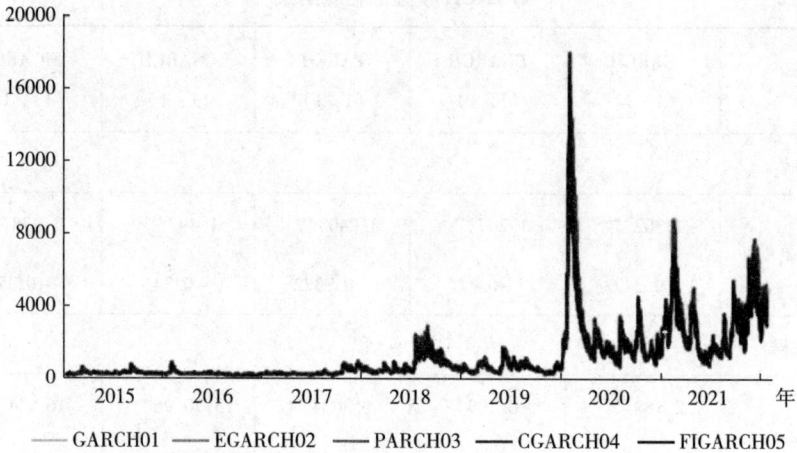

图 11　LIFINXNT 的条件波动率

（资料来源：作者计算）

6. 结　论

21 世纪以来，普惠金融与包容性增长一样，一直是政策制定者、监管机构和国际组织关注的重点。尽管如此，大部分金融服务对于许多人来说依旧是遥不可及的。幸运的是，普惠金融在 2011 年至 2017 年，取得了非常喜人的进步。

众所周知，普惠金融方便了人们的日常生活，它既可以帮助家庭和企业制定长期目标，也可以应对紧急情况。账户持有人可以借助储蓄、信贷和保险等金融服务，开办企业、扩展业务，也可以投资教育或健康、管理风险，以及抵御金融危机。金融服务的有效利用，有利于整个社会的发展。

要想全面而有效地实施普惠金融政策，我们需要基于当前高度发达的金融市场和金融服务来理解普惠金融的含义及范围。首先，我们需要扩展普惠金融的定义以及衡量普惠金融的方式，对普惠金融这个名词有一个明确的定义和统一的概念。其次，我们应该阐明普惠金融的目标，确定恰当的普惠金融政策，支持旨在制定普惠金融综合衡量标准的各项倡议。在传统金融服务和数字金融服务的使用上，应该更多地关注区域、国家和人口的差异。在此情况下，应该通过强有力的消费者保护框架和有效的金融能力干预措施实现普惠金融，应对数字金融和金融科技带来的机遇与挑战。

普惠金融应该作为一个全球倡议，减少国别、性别、民族和种族之间的不平等。普惠金融政策的重点应该放在减少不同国家、不同教育程度、不同社会和经济背景的群体之间的差距。首先应确保穷人和弱势群体能够享受到普惠金融。在为每个国家和地区制定恰当的政策前，我们必须考虑到不同国家和地区出现金融排斥问题的原因可能是不同的，应该尽量避免"一刀切"政策。普惠金融是减少贫困和实现经济增长的基础。数字金融服务的普及有助于普惠金融政策更好地实施，这对数字经济的发展至关重要。因此，要提升金融普惠性，就必须加快传统普惠金融和数字普惠金融的发展速度，尤其要重视数字普惠金融。基于新的数字模型制订国家战略和行动计划，可以有效地实现数字普惠金融政策目标，实现政策制定者、央行、金融监管机构、相关监管部门以及负有数字金融服务相关职责的市场专业人士（包括电信、竞争和消费者保护机构）之间的有效协调。我们亟须扫清阻碍数字金融服务发展和普及的所有障碍，使互联网及移动设备的接入和使用更加便利。

参考文献

Akinboade, O. A., & Kinfack, E. C. (2014). Financial sector development indicators and economic growth in Cameroon and South Africa. *Social Indicators Research, 115*(2), 813–836. https://doi.org/10.1007/s11205-013-0236-8.

Beck, T., Demirgüc-Kunt, A., & Levine, R. (2007). Finance, inequality and the poor. *Journal of Economic Growth, 12*, 27–49. https://doi.org/10.1007/s10887-007-9010-6.

Beck, T., & Demirgüç-Kunt, A. (2008). Access to finance: An unfinished agenda. *The World Bank Economic Review, 22*(3), 383–396. https://doi.org/10.1093/wber/lhn021.

Chatterjee, A. (2020). Financial inclusion, information and communication technology diffusion, and economic growth: A panel data analysis. *Information Technology for Development, 26*(3), 607–635. https://doi.org/10.1080/02681102.2020.173477016.

Chinoda, T., & Kwenda, F. (2019). Do mobile phones, economic growth, bank competition and stability matter for financial inclusion in Africa? *Cogent Economics & Finance, 7*(1), 1622180. https://doi.org/10.1080/23322039.2019.1622180.

Claessens, S., & Perotti, E. (2007). Finance and inequality: Channels and evidence. *Journal of Comparative Economics, 35*(4), 748–773. https://doi.org/10.1016/j.jce.2007.07.002.

Cull, R., Demirgüç-Kunt, A., & Morduch, J. (2014). Banks and microbanks. *Journal of Financial Services Research, 46*(1), 1–53. https://doi.org/10.1007/s10693-013-0177-z.

Han, R., Melecky, M. (2013). *Financial Inclusion for Financial Stability: Access to Bank Deposits and the Growth of Deposits in the Global Financial Crisis*. The World Bank, Policy Research Working Paper 6577.

Indxx Global Fintech Thematic Index (2022). https://www.indxx.com/indxx-global-fintech-thematic-index-tr.

Jalilian, H., & Kirkpatrick, C. (2005). Does financial development contribute to poverty reduction? *The Journal of Development Studies, 41*(4), 636–656. https://doi.org/10.1080/00220380500092754.

Kanobe, F., Alexander, P. M., & Bwalya, K. J. (2017). Policies, regulations, procedures, and their effects on mobile money systems in Uganda. *The Electronic Journal of Information Systems in Developing Countries, 83*(1), 1–15. https://doi.org/10.1002/j.1681-4835.2017.tb00615.x.

Khera, P., Ng, S., Ogawa, S., & Sahay, R. (2021). *Measuring digital financial inclusion in emerging market and developing economies: A new index*, IMF Working Paper, WP/21/90.

Kim, D. W., Yu, J. S., & Hassan, M. K. (2018). Financial inclusion and economic growth in OIC countries. *Research in International Business and Finance, 43*, 1–14. https://doi.org/10.1016/j.ribaf.2017.07.178.

Kim, J. H. (2016). A study on the effect of financial inclusion on the relationship between income inequality and economic growth. *Emerging Markets Finance and Trade, 52*(2), 498–512. https://doi.org/10.1080/1540496X.2016.1110467.

Loukoianova, E., Davidovic, S., Sullivan C., & Tourpe H. (2019). *Strategy for Fintech Applications in the Pacific Island Countries*. IMF Departmental Paper No. 19/14, International Monetary Fund, Washington, D.C.

Morduch, J. (1999). The microfinance promise. *Journal of Economic Literature, 37*(4), 1569–1614. https://doi.org/10.1257/jel.37.4.1569.

Nizam, R., Karim, Z. A., Rahman, A. A., & Sarmidi, T. (2020). Financial inclusiveness and economic growth: New evidence using a threshold regression analysis. *Economic research-Ekonomska istraživanja, 33*(1), 1465–1484. https://doi.org/10.1080/1331677X.2020.1748508.

Ofori-Abebrese, G., Baidoo, S. T., & Essiam, E. (2020). Estimating the effects of financial inclusion on welfare in sub-Saharan Africa. *Cogent Business & Management, 7*(1), 1839164. https://doi.org/10.1080/23311975.2020.1839164.

Sarma, M. (2008). *Index of financial inclusion*. Working Paper No. 215. India: Indian Council for Research on International Economic Relations.

Soumare, I., Tchana Tchana, F., & Kengne, T. M. (2016). Analysis of the determinants of financial inclusion in central and West Africa. *Transnational Corporations Review, 8*(4), 231–249. https://doi.org/10.1080/19186444.2016.1265763.

Sy, M. A. N., Maino, M.R., Massara, M. A., Saiz, H. P., & Sharma, P. (2019). *Fintech in Sub-Saharan African Countries: A game changer?* IMF Departmental Paper No. 19/04, International Monetary Fund, Washington, D.C.7.

Van, L. T. H., Vo, A. T., Nguyen, N. T., & Vo, D. H. (2021). Financial inclusion and economic growth: An international evidence. *Emerging Markets Finance and Trade, 57*(1), 239–263. https://doi.org/10.1080/1540496X.2019.1697672.

Zulkhibri, M. (2016). Financial inclusion, financial inclusion policy and Islamic finance. *Macroeconomics and Finance in Emerging Market Economies, 9*(3), 303–320. https://doi.org/10.1080/17520843.2016.1173716.

Mustafa Özer：经济学家，阿纳多卢大学教授。研究领域包括应用计量经济学、金融危机、商业周期以及社会文明，曾在国际期刊上发表多篇文章。Özer 是国际会议科学委员会和国际科学期刊《均衡：经济与经济政策季刊》和《中央银行理论与实践杂志》的编委会成员，兼《国际计量经济学评论》编辑，长期以审稿人及编辑身份服务于 SSCI 索引期刊。

创新与金融科技

Dejan Erić①

1. 引 言

本部分主要从金融科技 (FinTech) 发展的角度对金融创新进行分析。在过去二十年里, 诸多因素对金融服务行业产生了深刻影响, 其中最突出的是数字化转型、金融科技的出现与发展以及监管改革。我们希望通过探究金融技术在现代金融中的应用范围、发展动态以及产生的影响等方面, 论述金融科技革命 (Arner 等, 2015; Blakstad 和 Allen, 2018)。

金融服务部门是最具活力的经济部门之一, 一直以来保持着强大的创新能力, 金融机构、金融体系和市场参与者一直以来也都对技术创新持开放态度。这一点在 20 世纪中叶第一台计算机问世时表现得尤为明显。计算机和通信技术在金融领域的应用越来越多, 而随着计算机技术在硬件和软件方面的不断优化, 创新技术层出不穷。自 20 世纪 90 年代初以来, 金融业务的自动化和数字化程度越来越高, 金融机构的经营效率、服务范围、盈利能力以及服务质量都得到了显著提升 (Corrado 和 Hulten, 2010; Grinin 和 Grinin, 2020)。

过去 15 年, 技术的发展和变化越来越迅速, 金融服务行业的结构逐渐发生变化, 新型金融服务供应商悄然出现。新银行 (Neobank) (或银行类型 4.0)、保险 3.0 或 4.0、在线经纪商、加密货币交易所和其他类型的金融生态系统慢慢改变了金融机构的格局。一些学者称, 金融科技创新助推了创业计划和项目的增长, 加剧了金融部门的竞争, 改变了金融部门的内部结构 (Ber-

---

① Dejan Erić, 贝尔格莱德银行学院 (Belgrade Banking Academy, Belgrade, Republic of Serbia), 邮箱: dejan. eric@ bba. edu. rs。

man 等，2022）。关于金融科技的发展，有学者指出"在当今最热门的研究课题中，金融科技在创新技术应用方面一直遥遥领先"（Moşteanu 和 Faccia，2021）。

毫无疑问，金融行业承受的监管是所有行业中最为严格的（Mishra 和 Reshef，2019；Jones 和 Knaack，2019）。在 2008 年国际金融危机之后，许多大型金融机构都面临巨额亏损。不断加码的监管要求、低效的运行效率以及高昂的成本，使它们的经营变得更加困难。新的"玩家"应运而生，金融行业的结构出现了变化，原有的商业模式和工作方法也都发生了变化。监管部门作出了一系列调整以应对层出不穷的监管问题（Philippon，2016）。

本部分分为四个小节。第 1 小节简要介绍了金融创新的发展史。强调金融部门的发展与创新技术之间存在紧密联系，二者不可分割。第 2 小节将对一直保持创新活力的现代金融世界展开研究。虽然大家的理解可能有所不同，但金融创新在现代金融和金融服务业拥有举足轻重的地位。第 3 小节着重分析了金融科技的出现、成长、发展以及对于金融行业的重要性。第 4 小节将分析金融科技在现代金融各个领域的应用及未来发展前景。最后，将在第 5 小节得出研究结论。

2. 金融创新发展简史

一直以来，金融业的发展都离不开创新。在不同的社会经济环境以及经济发展水平下，创新对于货币和金融行业的发展也有所不同。随着经济结构的优化，以及金融体系和金融市场的发展，创新的程度和多样性也有所提高。

最早的金融创新可以追溯到现代文明的第一次记录。在美索不达米亚地区的黏土板上，保留着公元前 3100 年的商业交易记录，其中一些保存在博物馆中，如伦敦的大英博物馆。现存于巴黎卢浮宫博物馆的《汉谟拉比法典》（约公元前 1776 年）中也可以找到对某些金融事务进行监管的痕迹，其中不乏创新元素。法典的 282 条法律条文中，有部分涉及保险、贷款监管领域，以及债务人和债权人之间的关系。在这份历史文献中，不仅包含了革命性的创新，还包含了一些金融监管法规的雏形（Gordon，1965；Nagarajan，2011）。

人类文明中最伟大的革命性创新之一，与公元前 750—前 640 年一个叫吕底亚（Lydia）的小国有关。在那里，出现了第一个真正意义上的法定货币。与此前被广泛使用的商品货币不同，它是用金银铸造的硬币（Finley，1973；Crown，1996；Mundell，2002）。这一创新很快就在各国之间传播开来，被希腊城邦（polises）采用并进一步完善。古罗马亦是如此。远古时期便出现了第一批银行家（希腊的 τραπεζίται，罗马的 argentarius），以及第一种融资方式，这些都让人联想到许多现代金融活动（Goetzmann，2016）。

中世纪也诞生了许多金融创新活动。其中最重要的金融创新活动之一发生在十三四世纪，由中国传入欧洲。几个世纪前，在中国这个古老的国家出现了纸币，法定货币取得了革命性的创新（约公元 900—1000 年）。另一个重要的创新发生在意大利北部城市，出现了美第奇银行（1937 年左右建立）及圣乔治银行等第一批现代银行（It. Casa delle compere e deibanchi di San Giorgio，Goetzmann，2016，p. 289）。在威尼斯，出现了第一批汇票、市政债券或政府债券等证券记录，即所谓的 "prestitti"（Goetzmann，2016）。在此期间，出现了第一家证券交易所（最初是商品交易所，自 17 世纪以来逐渐演变为金融市场），记录商业和金融交易的复式记账法应运而生（从 15 世纪末开始）。在 17 世纪，作为融资工具的债券和股票开始出现。20 世纪末，出现了以瑞典国家银行（Sveriges Riks Bank，1668 年建立）和英格兰银行（1694 年建立）为代表的中央银行。

本文希望通过梳理货币金融史上一些重要的创新，来说明金融与创新之间的密切联系。在 20 世纪，尤其是 20 世纪后半叶，这种联系得到进一步加强。随着世界经济国际化和全球化的发展，创新活动变得更加活跃，并成为现代金融世界不可或缺的一部分。过去 30 多年里，金融创新及全球化一直是现代金融领域的一个重要特征（Eric 等，2021）。

金融创新对于现代金融社会的所有参与者都是有利的。金融创新带来了金融服务市场的扩张，改进了流程和操作，提高了服务质量，降低了成本，技术和工艺的改进功不可没。技术进步对加速金融创新起着十分关键的作用，并且这种作用还会一直持续下去。约半个世纪前，金融期货和期权刚刚兴起，如今它们已成为众多金融市场参与者对冲风险时不可或缺的重要金融工具。交易算法和人工智能对二者的发展起到了重要作用。

3. 现代金融世界——创新的世界

现代金融世界之所以如此重视创新，是由许多因素共同推动的。学者们认为 20 世纪末和 21 世纪初加速金融创新发展的原因主要有以下几个（Eric，2003；Eric 和 Djukic，2012）：

——金融服务的全球化打破了国家之间的壁垒，拓展了金融机构的业务范围。过去，创新主要来自世界上最发达的国家，来自规模最大、实力最强的金融机构。然而，随着去中心化金融（DeFi）的发展，这种趋势正在发生变化（Zetzsche 等，2020）。虽然大"玩家"依旧占据主导地位，主导发展方向，但是已经没有人能够"垄断创新"，欠发达地区的创新能力不容小觑（Shan，2015）。

——许多国家经济体系的不确定性和不稳定性持续上升。自 20 世纪 70 年代初放弃金本位制，并从固定汇率向浮动汇率过渡以来，这一因素始终存在。在不断加剧的货币冲击下，许多国家的通胀水平不断上升，汇率和通胀风险逐渐引发关注。这一系列变化都和金融衍生品，尤其是期权、期货以及掉期产品密不可分。这一因素与金融服务业不断加剧的国际竞争密切相关，全球化的发展又进一步加剧了这种竞争。1997 年的亚洲金融危机、1998 年的俄罗斯公共债务危机，甚至是 21 世纪初美国所面临的危机（在大型企业丑闻，尤其是"9·11 事件"之后），以及 2008—2009 年的国际金融危机等的频繁发生，都让全球金融市场的高度不确定性、金融和实体经济部门的高度波动成为影响金融和商业人士决策的关键因素。人们一直在思考新冠疫情的暴发对全球的金融服务部门原本就愈演愈烈的不确定性和不稳定性有何影响。

——技术—科技创新，尤其是在计算机、移动电话、智能手机及其设备、其他信息技术、电信设备和配套系统的开发领域。

——监管改革——从 20 世纪 80 年代到 2008—2009 年的国际金融危机，金融监管改革一直朝着放松管制的方向发展（Moosa，2015）。通过这种方式，金融机构之间的竞争得到了加强，促使它们利用相对自由的环境来创造更多创新产品，其中大部分是金融产品。自国际金融危机以来，政府对金融部门的监管日趋严格（Girasa，2013）。这主要与全球化和金融技术发展带来的风险，以及随之而来的挑战有关，需要对此进行监管审查、改革以及快速和积极地应对。监管科技因此得到迅猛发展（Barberis 等，2019）。

——知识水平、专业技能、教育水平和科学发展水平的提高。从前，金融活动主要由经济学家或律师来完成。如今，金融领域需要不同学科背景的专家共同推动其发展。定量方法的发展，以及处理、存储和分析数据的新方式，让今天的我们根本无法想象一个没有定量金融的世界。此外，对个体行为的心理学分析，推动了行为金融学的发展。

金融创新多种多样，以下几个方面值得我们重点关注。

（1）适应市场新要求的创新——其本质是为了更好地满足金融活动中所有参与者的需求。例如，在 20 世纪 80 年代中期的银行业，国际清算银行（BIS）确定了几种不同类型的创新（BIS，1986）：价格风险转移领域的创新、信用风险转移工具（尤其是违约风险）、增加流动性以改善贷款、获得新的和额外的股本的创新。

在 20 世纪末和 21 世纪初，大部分金融创新都朝着满足金融活动参与者特定要求的方向发展。风险对冲的需要，推动了金融期货、期权以及信用违约掉期（CDS）等金融工具的发明。还有一些发明代表了金融机构对于扩大投资范围的需求，如交易型开放式指数基金（ETF）或首次币发行（ICO）、证券型通证发行（STO）或特殊目的收购公司（SPAC）等融资方式。

（2）定量方法在金融领域的不断发展和应用为金融领域注入了强劲的创新动力。现代金融涉及多个学科，除经济学、商学、金融和法律专业之外，越来越多的数学家、统计学家、计量经济学家、IT 和电信专家等也都参与其中，利用他们的数学或物理学背景，推动了结构性金融产品和资产证券化的出现。证券化本身有助于推动以抵押贷款支持证券（MBS）和资产支持证券（ABS）为基础的新型金融资产的发展。例如，著名的 MBS——担保债务凭证（CDO）就是 copula 技术普及和发展的重要成果之一，大大改善了市场对收益和风险的分析与评价，推动了 CDO 的产生（Kolman，2017）。

此类创新广泛应用于场内交易之中，定量分析方法已经被广泛应用于各类算法、编程和高频交易（HFT）之中，闪单（或闪价交易）就是其中的代表（Harris 和 Namvar，2016）。交易的场所也发生了改变，电子交易市场（ETN）应运而生，推动了替代交易设施及多边交易设施的发展。

（3）旨在规避监管、减轻税收负担的创新。如前所述，现代金融是监管最严格的经济领域之一（Eric 等，2021）。监管要求对个体参与者来说往往代表一种"负担"，可能会使资本和金融活动"转移"到需求较低的国家，以规避或减少税收负担。这其中包含一些经典的创新案例，例如总收益互换（TRS），它能够在税率较低的情况下，将股息转化为资本收益（Lou，2018）。在美国，位于离岸地区的美元账户（所谓的"存于欧洲非美国银行的美元"）或 NOW 账户有时也包含在这一类创新之中（Errico 和 Musalem，1999）。

另外，金融创新的共享方式也略有不同。相关研究主要分为两大类，第一类（Ross，1989；Erić，2003；Erić et al.，2021）是新金融产品的出现——主要是新的金融工具（结构性金融产品、风险债券、剥离债券、中期票据（MTN）、证券化过程中产生的证券、不同金融产品的组合、新的金融衍生品——信用违约掉期—CDS）（Vuković，2022）；第二类主要是差价合约（CFD）、二项式期权等。这些新策略都是在创新工具的基础上建立的。

金融创新提高了金融产品和服务对参与者的吸引力以及可得性。还可以降低成本，为资金的管理和筹集创造更多可能。然而，2010 年之后的几年时间，金融领域进入了一个新的维度。

4. 金融科技的产生和发展意义

近年来，现代经济的发展已经成为一个极具吸引力的议题。学者们普遍将其比作工业革命（Moore，2002）1.0 到 4.0（Covidino 等，2019）。一些学者还使用相同的概念来描述金融领域的技术更新（Arner 等，2015）。学者们认为金融科技的发展可以分为三个阶段，即 1.0 到 3.0。

——1.0 阶段。在金融领域引入科技创新的初期，学者们称之为 1.0 阶段（Arner 等，2015）。这一阶段始于大西洋海底电缆铺设之后（大约 1860 年），一直持续到计算机和金融编程的大范围推广（大约 1987 年）。在此期间，电报开始被大规模使用。用于通信的电话和计算机也在 20 世纪中叶开始投入使用。后文将对此进行详细说明。

——2.0 阶段。主要指 1987 年到 2008 年的这段时间，其特点是计算机的使用率显著增加，金融服务和操作流程的数字化程度不断提高。这一阶段随着国际金融危机的爆发、大批金融机构和投资者陷入困境而终结。

——3.0 阶段。指 2008 年国际金融危机到 2016 年的这段时间。这一阶段出现了很多科技创新技术，提升了人们对金融科技的关注。金融科技最早从支付领域开始发展，很快便随着区块链、加密货币的出现，蔓延到银行、保险乃至整个金融服务行业。这一阶段的许多创新都来自发达国家和发展中国家。

除了上文提到的三个阶段（Arner 等，2015），还可以增加一个 4.0 阶段（Erić等，2021）。

——4.0 阶段。2015 年至今，预计将在未来几年内实现。它与金融科技行业的进一步发展，机器学习以及人工智能的发展息息相关，加上 5G 网络给最新一代互联网带来的新机遇，金融科技创新空间进一步拓宽。

纵观历史，科技与金融的发展息息相关。笔者认为，有四大创新技术对金融服务业的发展产生了巨大的影响。虽然它们对人类文明的很多方面都产生了重要影响，但下面我们主要从它们对金融发展的贡献进行探讨。这四大创新分别是电报、电话、计算机和互联网。

电报是电信领域最早的重大技术创新之一，它很快被应用于销售和信息传输领域。一般认为，现代电报是帕维尔·利沃维奇·席林男爵（Baron Pavel Lvovitch Schilling，1786—1837）在 1832 年发明的，但第一台商用电报是由库克和惠斯通公司在 1837 年共同开发的。几年后，萨缪尔·芬利·布里斯·摩尔斯（Samuel Finley Breese Morse，1791—1872）开发了一种特定的编码系统，可以将信息编码解码为电子脉冲，反之亦然。这套系统以发明者的名字命名，即摩斯电码。要想充分发挥电报的作用，就需要扩大网络，电报公司因此不断发展。随着数量的增加，电报作为当时通信领域一项卓越的技术创新，迅速被应用到了证券交易和银行业之中。大约在 1860 年，英国和美国之间铺设了一条电报电缆。而爱德华·A. 卡拉汉（Edward A. Calahan，1838—1912）于 1867 年创造的股票报价机又进一步推动了电报技术的发展（Pratt，1921；Sobel，1977）。这一发明至今仍被用来标记许多公司的股票符号和价格（通过数字技术）。通信网络的发展，不仅使金融领域的商界人士受益，而且让所有经济和社会部门都从中受益。英国和美国的金融机构和投资者甚至可以说是大西洋海底电报电缆的最大受益者。基于上述原因，这一时期被视为 1.0 阶段。虽然"金融科技"的发展已有 130 多年的历史，但它却是在最近几年才拥有专有名词。

第二项重大技术创新是电话，出现仅几个月就在金融领域得到了应用。尽管有多位发明家致力于电话的发明及技术改进，但亚历山大·格雷厄姆·贝尔（Alexander Graham Bell，1847—1922）于1876年首次申请了这项设备的专利。在使用初期，设备和网络的不完善造成了许多技术问题和使用限制。然而，电话的出现不仅是人类在通信领域的关键一步，也是金融领域的重大进步。在电话诞生的第二年，纽约证券交易所（NYSE）就将其应用到了经纪人通信中（Eric 等，2021）。随着时间的推移，设备在不断改进，网络也在持续扩展。电话公司改进了服务，让通信变得更加高效和便宜。直至今日，这项创新技术在现代金融和金融科技领域依然拥有举足轻重的地位，手机和智能手机等设备的销量也一直在增长。

第三项重大技术创新是计算机的发明。它对金融领域的技术发展至关重要。1832年，英国发明家、数学家和商人查尔斯·巴贝奇（Charles Babbage，1791—1871）发明的分析机，被认为是现代计算机的前身。尽管这项发明最初遭遇了商业和财务方面的双重打击，但我们依然要感谢巴贝奇，感谢他为现代计算机提供的理论与实践经验。大约一个世纪之后，第一台计算机诞生了，20世纪中叶，计算机开始投入使用。起初，计算机被当作电子设备，严格依照确定的程序和协议处理数据。随着时间的推移，硬件和软件组件得到了改进，计算机的应用领域也随之扩大。笨重的大型计算机一直占据主导地位，直到20世纪70年代末另一项创新即个人计算机（PC）的出现。在此之后就是我们正在经历的这个日新月异的时代。

互联网也是其中一项关键的创新技术。互联网的出现改变了整个世界，也改变了金融领域的技术创新方向。虽然将计算机互连成一个单一网络的历史可以追溯到20世纪60年代末的军事领域，但直到20世纪90年代中期，万维网（WWW）才发展起来，它基本等同于今天的互联网。可以说，互联网改变了世界文明，今天，我们无法想象没有互联网和社交网络的生活和工作将会是什么样子。金融领域在互联网发展初期就开始应用相关技术，并且每年都会增加新的应用场景。过去15年，金融科技（FinTech）的强劲发展与互联网技术密不可分。没有互联网，金融科技的发展几乎是无法想象的。今天，任何一种金融工具都拥有海量的在线信息，可以通过在线交易平台进行交易。电子——电子交易、电子（E）或移动（M）银行、保险和投资不仅是金融专业人士的重要工具，还是现代企业和普通人日常生活中不可或缺的一部分。

金融科技的发展一方面体现在金融创新数量和体量的增长上，另一方面体现在技术的进步上。1990年，时任花旗集团（今天的花旗银行）董事长约翰·S. 里德（John S. Reed，1939—）率先使用了"金融科技"这一专有名词。在银行的一些创新和技术开发项目中，里德首次将"金融（Fin）"和"科技（Tech）"两个名词结合在了一起，创造了"金融科技（FinTech）"一词（Hochstein，2015；Magnuson，2018）。一些学者指出，今天的金融科技通常被视为金融服务和信息技术的结合体（Arner等，2015）。金融科技与金融领域的技术发展和技术应用密切相关，推动了金融领域的数字化转型。

早在20世纪的最后十年（前文提到的2.0阶段），金融领域就已经开始向数字化迈进。数字技术慢慢融入到了金融业务的各个领域（Erićet等，2021）。一些学者指出，这些过程涉及五个关键支柱，需要我们给予正确的理解（Scardovi，2017）。

（1）先进的数据和信息管理；

（2）通过机器学习和人工智能（AI）进行应用分析；

（3）开展业务的方法更加丰富，且有更多的增值机会；

（4）考虑到更多利益相关者的新的业务解决方案（即所谓的利益相关方共同参与）；

（5）增强信誉，即在面临高度不确定性、网络风险、隐私泄露风险和许多其他风险的情况下保持良好声誉。针对这个问题，数字化转型和金融科技最大的隐患就是某些不受监管或无法监管的风险可能隐藏在互联网数字企业背后。

金融科技是金融服务数字化进程中取得的又一个重大成果。这一创新加速了数字化转型的进程，让许多经济和社会生活的参与者受益匪浅，无论是金融服务个人用户、消费者、中小企业，还是大型金融机构、企业都能够从中获益。金融科技迅速在支付、支付系统、银行、保险（InsurTech）、加密货币、投资基金业务、创新融资方式以及优化经纪业务等方面得到广泛应用。金融科技公司提供的服务范围迅速拓展，时至今日，金融科技几乎无处不在。

金融科技在牛津词典中被定义为"用于支持或启用银行和金融服务的计

算机程序及其他技术"。2008 年国际金融危机开始后,第一批现代金融科技公司悄然出现。这主要是因为当时许多知名的大型金融机构(尤其是银行、保险公司等)面临巨大的财务损失和破产风险。金融科技催生了许多利用新技术提供金融服务的在线平台服务公司。它们使用现代信息技术和电信技术,借助计算机、平板电脑、手机和智能手机、手表等设备提供服务。它们为金融机构的运作提供了全新的金融服务类型和商业模式。一些研究人员指出,金融科技开始"改变金融服务行业的某些利基市场和业务细分市场,之后迅速将影响扩展到整个行业的其他细分市场"(Arjunwadkar,2018)。

起初,金融科技并不太受欢迎,一些创新甚至还遭到了投资者和金融界的质疑。第一批金融科技公司的规模相对较小,它们通常来自 IT 行业,具有创业公司的所有特征。然而,在几次成功的创新之后,许多投资者对投资金融科技公司产生了浓厚的兴趣。金融科技很快就从美国扩张到了世界各地。不仅是美国,来自中国、俄罗斯、印度、远东、南美,甚至是非洲的世界各地的金融科技公司在之后的几年中都取得了巨大成功(Arner 等,2015;Shan,2015)。

目前,金融科技部门被视为最具吸引力和发展前景的经济部门之一。许多国家已经认识到金融科技行业的潜力,开始吸引和支持这些公司在本国发展。一些学者认为,有利于金融科技发展的因素主要包括政府的有力支持、发达的创新文化、潜在的用户、大量的青年创新人才、灵活的监管等。考虑到这些因素,适合金融科技发展的地区主要包括伦敦、纽约、新加坡、香港、上海、硅谷(其中心位于美国旧金山附近的帕洛阿尔托)等(Rubini,2019)。

统计数据和现实案例是金融科技行业重要性不断提高的最有力证明。需要强调的是,获得金融科技行业的可靠数据并不容易。以下数据可以作为证明金融科技行业重要性不断增强的指标:

——2020 年全球金融科技市场预估价值在 6 万亿欧元,预计还会进一步上升。

——金融科技的用户服务数量不断增长。早在 2017 年,这个数字就超过了 20 亿。2020—2021 年,超过了 30 亿。预计到 2025 年会有近 50 亿用户。

——营业额的增长。2021 年,仅在金融科技行业最重要的领域——数字支付领域的交易总额就超过 70000 亿欧元(www.statista.com)。

——2010 年到 2019 年，对金融科技公司的投资一直稳步增长，超过了 2000 亿欧元。这种增长趋势在 2020 年新冠疫情期间出现下降，下降 40% 左右，约 1200 亿欧元。2021 年起，全球范围对金融科技行业的投资再次增加（www. statista. com）。

——金融科技初创公司数量的增加。仅 2021 年 11 月，增加数量就超过了 25000 家（美国约 10730 家，世界其他地区约 15000 家）。相比之下，2018 年全球合计新增约 12000 家金融科技初创公司（其中美国占 5600 家）。

——2017 年全球金融科技行业总收入约为 800 亿欧元，2018 年约为 920 亿欧元，预计到 2022 年将超过 1500 亿欧元（www. statista. com）。

除此之外，金融科技领域的资金规模也有所增加（仅在 2020 年就超过 1000 亿欧元，Eric 等，2021）。不仅是金融科技公司的数量在增加，整个金融科技行业的投资额也在增加，投资者的范围也在不断扩大。这些企业的融资方式和结构发生了变化，这表明该行业正在进入一个更加成熟的发展阶段。对于初创公司而言，风险投资（VC）、天使投资或私募股权等中小企业（SME）的经典融资方式仍然占据主导地位。此外，首次币发行（ICO）和证券化代币发行（STO）、众筹、特殊目的收购公司（SPAC）等替代融资方式也越来越多。一些规模较大的成熟企业通常选择借助首次公开募股（IPO）上市。

上述融资方式的许多环节都没有可靠的数据，这就增加了研究的难度。许多公司并未上市，没有义务披露其财务报表和数据，因此上文提到的很多数据可能并不准确。此外，许多金融科技公司来自欠发达国家，某些业务并未得到充分监管，公开信息的可信度更低。准确识别关键绩效指标（KPI）的难度较大，特别是对于另类贷款、资产管理或智能分析以及智能客服等新兴业务领域。然而，尽管存在上述限制，但从许多观察到的参数中我们可以确定，金融科技行业正在不断发展壮大。

5. 金融科技的应用

金融科技是一个很宽泛的概念，它涵盖了各种借助现代信息和电信设备的创新金融服务。金融科技使金融机构的工作模式发生了许多变化。这是一种通过创建适当的程序和算法来改进工作流程，使金融服务的用户和供应商更容易

执行各种任务，以缩短工作时间，降低成本的特定类型的创新（Moşteanu &
Faccia，2021）。

金融科技的发展为金融行业带来了许多重大的变革和创新。金融科技最重
要的应用领域包括：

——电子支付

——银行业

——保险

——金融工具电子交易场所（平台）

——贷款

——个人理财

——风险投资

——资产和财富管理

——加密货币和代币以及货币兑换

——财务分析

——财务和投资咨询等

但上述关于金融科技应用领域的列表并没有涵盖所有领域，例如金融科技
应用程序、网络安全、信用评级和报告、财务数据供应、机器人顾问、自动化
流程及在线众筹平台等，许多应用领域都没有列入其中（Utzerath 和 Fernan-
dez，2017）。在金融服务行业中，很难找到金融科技尚未覆盖的领域或细分
市场。

电子支付和交易处理基础设施是金融科技最先发展的领域之一。创业初期
的创新型金融科技公司为更快、更高效、更便宜的支付服务提供了高质量的解
决方案。专门从事汇款的公司也可以归入这一组中。Square、蚂蚁金服、Revo-
lut、Stripe、TransferWise、PayPal、Venmo 等知名的大型金融科技公司都是从
这一领域起步的。截至 2021 年底，在该领域处于领先地位的金融科技公司主
要包括 CloverNetwork、SpotOn、Billd、Checkout. com、BillGO、Bigcommerce、
Afnipay、Circle、Remitly，以及上面提到的 Stripe、Braintree、Aeropay、Dai-
lyPay、Bolt、PayPal、Ripple、Afrm 等。

金融科技对银行业产生了巨大的影响。信息技术在银行业的应用有着悠久
的历史，正如前文所述，金融科技一词最初起源于银行业。金融科技对银行业

的影响是多方面的。银行必须改变经营方式和业务系统来应对支付领域日趋激烈的竞争。许多流程已经实现了自动化，并且出现了电子（E）和移动（M）银行服务。银行已将服务范围从传统银行业务扩展到线上和电子银行服务即银行3.0和银行4.0（King，2019）。金融科技公司在银行业的发展也对银行结构产生了影响。小型网上银行（即银行4.0）以及其他创新银行已经开始与大型银行争夺市场份额，这类创新银行甚至被称为"挑战银行"（如Chime、N26、Monzo等）。几乎所有银行都必须通过转型、重组和接受金融科技创新来应对新的技术挑战、流程变化，新的风险和日益激烈的竞争。

在银行业发生变化的同时，金融科技也促进了另类贷款市场的发展。Prosper、LendingClub、OnDeck、苏宁金融、陆金所等公司都开始提供信贷审批服务，加剧了行业竞争。Lendio及Kabbage等在线商业贷款提供商的加入让服务范围进一步扩大。此外，还出现了专门从事抵押贷款的金融科技公司，如LendingHome、BetterMortgage等。

金融科技给保险领域也带来了翻天覆地的变化，保险3.0或4.0受到了越来越多的关注（Nicoletti，2021），甚至出现了一种特殊期限的保险技术（InsurTech），作为金融科技的一种亚型。保险领域的创新推动了保险业的现代化和便捷化。在此情况下，涌现出了Lemonade、Oscar、Fabric、BoughtbyMany、SliceLabs、ShiftTechnology、Cuvva、Steppie、Knip、Insly、Insoore、Inube等众多保险科技公司。与银行业类似，保险科技公司的出现是对传统保险业的颠覆。许多知名大型保险公司被迫进行重大的战略、组织和技术变革，以应对激烈的竞争。这些发展助推保险业迅速从3.0转变到4.0。

金融科技应用的另一个重要领域是金融中介，即金融市场的中介。几个世纪以来，证券交易所和场外市场一直运行良好，有明确的规则和以经纪人和交易商形式存在的专业中介机构。随着20世纪70年代初纳斯达克的发展，电子交易网络（ETN）和替代交易平台（ATP）的重要性不断上升。然而，金融科技公司的出现，正在悄然改变着股票经纪的本质。金融市场不断变化，一些学者也将其与1.0到4.0进行比较（X.0代表金融市场正在发生的巨大而快速的变化，Eric等，2021）。一些重要的金融科技公司在金融中介领域进行了创新，推出了在线股票交易应用程序（如Robinhood、TDAmeritrade、Schwab、WeBull、eToro、E-Trade、Rivernancial等）。

以上提到的所有金融科技发展领域都非常重要，虽然它们已经开始以不同的方式发挥作用，但基本都是金融服务行业的传统业务。金融科技带来的最具革命性的创新是加密货币和数字货币。作为现代金融领域最具吸引力和创新性的领域，二者引发了诸多争议。

20 世纪 80 年代，电子货币作为法定货币形式（硬币、纸币）的替代品出现。第一种电子货币可以追溯到 1983 年，美国的计算机专家大卫·乔姆（David Chaum）开发了一种名为 Ecash 的创新技术，作为其博士论文研究的一部分。然而，他花了将近 12 年的时间，直到 1995 年才将理论付诸实践。Digi-Cash 公司在其内部应用了 Ecash 技术，将其用于小额支付系统，以满足美国圣路易斯一家银行的需求，该系统在 2 年后就被停用了。20 世纪末，全球几家主要银行，如瑞士信贷、德意志银行、奥地利银行、Posten AB（瑞典）等，几乎同时引入了电子货币。在金融科技革命之前，电子支付和电子货币就已经存在。而随着区块链技术的发展，加密货币应运而生，并且发展迅速。第一种加密货币由中本聪发明，他基于区块链协议以及密码学相关知识创造了一种被称为比特币的货币。后来陆续出现了许多加密货币，其中最著名的是以太币（或以太坊 Ethereum）、瑞波币（XRP）、泰达币（Tether）以及莱特币（Litecoin）等。

从技术上看，区块链是一种全新的、革命性的数据记录系统，它提高了数据更改、入侵和欺诈的难度。区块链是一种数字交易总账，可以在整个计算机系统网络中复制和分发。链中的每个区块都包含一定数量的交易，并且链中的每个新交易都被记录并添加到每个参与者的总账中进行验证。作为一个由参与者管理的去中心化数据库，区块链通常被称为分布式记账技术（DTL）。该技术使用固定的加密签名（称为 hash）对每笔交易进行电子记录和签名。参与者的身份是未知的，数据库中一般只列出化名。任何闯入或更改尝试在每个区块中都是可见的。如果黑客想要破坏系统，就必须更改整个链条中的所有区块。这些创新技术促进了去中心化金融体系（DeFi）的发展（Bitcome，2020；Zetzsche 等，2020）。区块链提供了许多不同的技术解决方案，这些技术本身在其他领域也非常受欢迎。除了金融领域，它越来越多地被应用于房地产、医药、公共管理、科学研究甚至是对外援助等领域（Blakstad 和 Allen，2018）。

区块链的出现推动了许多领域的发展。最大的成就之一就是提高了数据的安全性和传播速度。作为一项仍在发展中的重大创新，区块链在某些情况下仍然是一个灰色地带。参与者模糊不清的身份就是一个巨大的风险隐患，在坚持公开和透明的金融领域中更是如此。加密货币领域甚至存在很大的洗钱风险。正如一些批评者所言，部分加密货币完全就是一场骗局（One Coin 就是一个典型的例子）。由此引发的信任危机迫使许多国家加强了监管并为其实施和发展制定明确的规则。这项技术创新还面临许多悬而未决的问题和挑战。

加密货币的出现是金融领域的一项重大创新。其主要特点是中央银行不参与发行，取而代之的是分散的"矿工"网络，不受政府和中央银行的控制。也正因为如此，金融学家大都对其持怀疑态度，认为加密货币存在很大的风险。与法定货币不同，加密货币不需要支付媒介。因此，与银行卡支付或者其他形式的支付手段相比，加密货币执行交易的成本要低得多。另外，货币交易的执行可能会被银行、中央银行、收款银行或第三方叫停，但加密货币的用户可以完全掌控交易的执行。

作为一项金融科技创新，加密货币目前仍然存在很大争议。一方面，加密货币爱好者坚定支持这项创新，他们认为硬币、纸币形式的法定货币终将成为过去。另一方面，一大批经济学家对这项创新仍然持保留甚至怀疑态度。事实上，无论它的名称是什么，电子的、虚拟的还是数字的，以比特币为代表的数百种数字货币正在加密货币交易所交易。加密货币的用户数量，即开设"钱包"的人，每年都在增长。据不完全统计，加密货币用户数在 2017 年大约有 1800 万，2018 年大约有 3500 万，2021 年底预计将超过 2.2 亿用户[①]。此外，在 2021 年，萨尔瓦多成为世界上第一个将比特币作为法定货币的国家，比特币与本国货币一样成为官方流通货币。

除加密货币外，金融科技在数字代币及其相关领域也被广泛应用，并取得了长足的发展。数字代币拥有了自己的生态系统，在这个系统中，它能够作为实用代币进行流通。可以用于购买系统中其他成员的产品或服务，也可作为筹集额外资金的一种渠道。首次代币发行（ICO）作为首次公开募股（IPO）的替代方式应运而生。ICO 在带来机遇的同时，也带来了风险和不确

---

① www. statista. com/statistics/1202503/global－cryptocurrency－user－base.

定性，尤其是在投资者保护方面。为了降低相关风险，金融科技公司创建了在监管机构注册的证券化代币，同时还创造了被称为证券型通证发行（STO）的一种全新的融资方式。这些创新为代币经济的进一步发展奠定了基础。兼具现实商业模式和创新解决方案的新型生态系统代表了金融科技行业发展迈出的关键一步。

金融分析咨询领域也是金融科技的重要应用领域之一。过去，我们无法想象会计、财务分析以及投资咨询等高度专业的工作可以不再由人类完成。但是，随着信息技术、定量方法的发展及其在大数据、机器学习（ML），尤其是人工智能（AI）中的应用，一切都发生了天翻地覆的变化（Haenlein 和 Kaplan，2019）。人工智能让计算机系统可以模仿人类智能来执行某些任务和程序，金融科技的应用领域因此得到了扩展。人工智能和机器学习技术已广泛应用于营销、风险管理、安全、客户支持、财务分析等领域。

这些变化使许多金融机构改变了他们的经营策略。越来越多的投资基金，尤其是对冲基金公司开始将人工智能应用到他们的股票交易操作和策略中。智能投顾、智能客服、虚拟助理和其他自动化流程由此产生。许多公司专门从事机器人投资分析和咨询服务，例如 Betterment、Wealthfront、M1 nance、Interactive Advisors、Personal Capital、Roboanalytics、Sigg、Ellevest、Ally 等。

金融网络安全服务在金融科技领域十分重要。想要寻求保护，以免受洗钱、拒付风险和网络犯罪侵害的公司数量在不断增加。Forter、EverCompliant、CrowdStrike、NsKnox、Palo Alto Network、Auriga 等就是这一领域的领军企业。可以肯定的是，在金融服务行业，每一项金融科技创新都有自己的发挥空间。

6. 结 论

现代金融世界充满了各种创新。随着时间的推移，创新形式更加多样，创造过程更加灵活。新型金融工具的出现，以及由此产生的全新的商业战略，将现有技术带到了难以想象的高度。商业规则正在发生变化，新的监管形式也正在形成。现代金融世界正处在一个十字路口，数字化以及信息技术和通信设备的深度使用引发了一场金融科技革命。金融科技在金融服务业中的重要性和作用越来越大，金融科技公司、金融科技的细分市场、客户数量、投资者数量、营业额、资金和投资等都在不断增多。

然而，金融科技依然处于发展的早期阶段。尽管区块链、加密货币、云计算、物联网、机器学习、人工智能、去中心化金融（DeFi）等新兴事物层出不穷，但未来的发展方向依旧难以预测，针对该领域的研究依然极具魅力。关于这个领域，有一件事是肯定的——更好的创新还在后头！

金融创新和金融科技改变了金融行业的格局。"新玩家"以大型金融机构"挑战者"形式出现，"大玩家"的市场份额受到威胁，并且不得不对此作出调整。以银行、保险公司、投资基金、资产管理公司和经纪公司为代表的金融机构迅速调整，推出了数字友好服务，并且将数字继承技术引入新产品中。金融服务业的竞争水平因此得到了提高，一些初创的"纯粹的"金融科技公司也加入到了竞争之中。数字化是没有国界的，全球化是金融科技发展最重要的特点之一。

纯粹的金融科技公司试图以不同的方式创造生存、成长和发展机会。一些公司正在将其活动领域扩展到金融服务相关的所有业务中，另一些公司则试图将自己重塑为数据组织和供应服务商。还有一些公司正在朝着多元化方向发展，进军物联网（IoT）、绿色能源、气候变化、脱碳、代币或循环经济等创新领域。这些公司创造了全新的商业模式，在组织、管理、文化等方面进行了创新。以上活动推动了以业务流程再造、重组、增加并购领域活动等形式进行的重大组织变革。

金融科技带来的重大创新与多个学科和业务领域的综合需求有关。除了与金融、经济、法律、信息和技术科学（主要是信息技术领域）相关的经典学科外，越来越需要借助定量科学——数学、统计学、计量经济学，甚至物理学等领域的相关知识。心理学、管理学、组织学、市场营销等其他社会科学的相关知识也在发挥作用。人才需求结构因此发生变化，跨学科、多学科的工作团队成为最关键的竞争优势。然而，相关领域的教育水平还有待提高，教育机构还无法满足技术的飞速发展。

金融科技的发展不仅带来了新的创新和机遇，还带来了新的挑战和风险。尽管各国的情况和做法存在巨大的差异，但几乎所有国家都开始修改、完善数字资产或金融科技领域的法律规范。随着对新金融产品和服务监管的加强，强化对这些活动和流程的控制将成为未来的发展趋势。

金融科技不仅加速了数字化进程，还推动了一系列创新活动，为我们提供了金融服务业务运行和组织方式的新思路。新的商业模式、新的商业组织方式和方法、新的管理技术在流程再造、重组、优化等方面引发了重大变革，形成了新的标准和范式。现代金融世界已经进入了一个全新的发展阶段，更加适合目前我们所处的工业革命4.0时代，而这仅仅是一个开始……

参考文献

Arjunwadkar, P. Y. (2018). *FinTech—the technology driving disruption in the financial services industry*. CRC Press - Taylor & Francis Group.

Arner, D. W., Barberis, J. and Buckley, R. P., (2015). The evolution of fintech: A new post-crisis paradigm. University of Hong Kong Faculty of Law Research Paper No. 2015/047, pp. 1271–1285. DOI:https://doi.org/10.2139/SSRN.2676553, Corpus ID: 154185578.

Bank for International Settlements. (1986). *Recent innovations in international banking*. BIS. April.

Barberis, J., Arner, D. W., & Bukley, R. P. (2019). *The REGTECH book: The financial technology handbook for investors*. Entrepreneurs and Visionaries in Regulation.

Berman, A., Cano-Kollmann, M., & Mudambi, R. (2022). Innovation and entrepreneurial ecosystems: FinTech in the financial services industry. *Review of Managerial Science, 16*(4), 45–64. https://doi.org/10.1007/s11846-020-00435-8.

Bitcome. (2020). *Decentralized finance (DeFi) - a new fintech revolution? - the blockchain trend explained*. Bitkom - Federal Association for Information Technology.

Blakstad, S., & Allen, R. (2018). *FinTech revolution – Universal inclusion in the new financial ecosystem*. Palgrave Macmillan. ISBN 978-3-319-76013-1.

Corrado, C. A., & Hulten, C. R. (2010). How do you measure a "technological revolution"? *American Economic Review, 100*, 99–104.

Covidino, S., Egidi, G., Zambon, I., & Colantoni, A. (2019). Evaluating the degree of Uncertainity of research activities in industry 4.0. *Future Internet, 11*(9), 196. https://doi.org/10.3390/fil1090196.

Crown, J. F. (1996). *A history of money from AD 800*. Routledge and Institute of Economic Affairs.

Erić, D. D. (2003). *Finansijska tržišta i instrumenti* (2nd ed.). Čigoja štampa.

Erić, D., & Djukić, M. (2012). Finansijska tržišta u uslovima krize, Institut ekonomskih nauka – Beogradska bankarska akademije, Beograd.

Erić, D.D, Djukić, D.J., i Bodroža, M.N.D., (2021). *Finansijska tržišta X.O.*, Data status and Beogradska bankarska akademija, Beograd.

Errico, L., & Musalem, A. (1999). *Offshore banking: An analysis of micro- and Marco-Prudential Issues, IMF Working Paper 99/5 (January 1999)*. International Monetary Fund.

Finley, M. L. (1973). *The ancient economy*. University of California Press.

Girasa, R. (2013). *Laws and Regulations in global financial markets*. Palgrave Macmillan.

Goetzmann, W. N. (2016). *Money changes everything—How finance made civilization possible*. Princeton University Press.

Gordon, C. H. (1965). *Hammurapi's code*. Holt, Reinhart and Winston.

Grinin, L., & Grinin, A. (2020). *The cybernetic revolution and the future of technologies. In the "21st century singularity and global futures"*. Springer.

Haenlein, M., & Kaplan, A. (2019). *A brief history of artificial intelligence: On the past, present and future of artificial intelligence*, special issue of AI. *California Management Review, 61*(4), 5–14.

Harris, L., and Namvar, E. (2016). *The economics of flash orders and trading* (January 15, 2011). *Journal of Investment Management*, Fourth Quarter, 2016, https://ssrn.com/abstract=1953524 or https://doi.org/10.2139/ssrn.1953524.

Hochstein, M., (2015). Fintech (the word, that is) evolves, The American Banker www.americanbanker.com/bankthink/fintech-the-word-that-is-evolves-1077098-1.htm.

Jones, E., & Knaack, P. (2019). Global financial regulation: Short comings and reform options. *Global Policy, 10*, 193–206.

King, B. (2019). *Bank 4.0, never at a bank*. Wiley.

Kolman, M., (2017). *Comparison of Copulas for CDO Valuation*, (December 22, 2014). https://ssrn.com/abstract=2931218 or https://doi.org/10.2139/ssrn.2931218.

Lou, W., (2018). *Pricing total return swap* (July 16, 2018). Available at SSRN: https://ssrn.com/abstract=3217420 or https://doi.org/10.2139/ssrn.3217420.

Magnuson, W. J. (2018). Regulating Fintech. *Vanderbilt Law Review, 71*, 1167.

Mishra, P., Reshef, A., (2019). *How do central bank governors' matter? Regulation and the financial sector*. Journal of Money, Credit and Banking 51, pp. 369–402. Available online on https://doi.org/10.1111/jmbc.12578.

Moore, C. (2002). *Understanding the industrial revolution*. Routledge.

Moosa, I. A. (2015). *Good regulation, bad regulation the anatomy of financial regulation*. Palgrave Macmillan.

Moşteanu, N. R., & Faccia, A. (2021). Fintech frontiers in quantum computing, fractals, and blockchain distributed ledger: Paradigm shifts and open innovation. *Journal of Open Innovation: Technology, Market, and Complexity, 7*, 1. https://doi.org/10.3390/joitmc7010019.

Mundell, R. A. (2002). The birth of coinage. Discussion paper No. 0102–08. Department of Economics, Columbia University. Available at: www.academiccommons.columbia.edu/doi/10.7916/D8Q531TK.

Nagarajan, K. V. (2011). The code of Hammurabi: An economic interpretation. *International Journal of Business and Social Science., 2*, 8. May, str. 108-117.

Nicoletti, B. (2021). *Insurance 4.0. - benefits and challenges of transformation*. Palgrave – Macmillan.

Philippon, T. (2016). *The FinTech opportunity, working paper No. 22476* (pp. 1–25). National Bureau of Economic Research. https://www.nber.org/papers/w22476.

Pratt, S. (1921). *The work of wall street*. D. Appleton and Company.

Ross, A. S. (1989). Institutional markets, financial marketing and financial innovation. *Journal of Finance, 44*(3), 541–556.

Rubini, A. (2019). *FinTech in a flash—Financial technology made easy* (3rd ed.). DejG Press – Walter de Greuyter.

Scardovi, C. (2017). *Digital transformation in financial services*. Springer International Publishing AG.

Shan, Y. G. (2015). Value relevance, earnings management and corporate governance in China. *Emerging Markets Review, Elsevier, 23*(C), 186–207.

Sobel, R. (1977). *Inside wall street*. W.W. Norton & Company.

Utzerath, C., & Fernández, G. (2017). Shaping science for increasing interdependence and specialization. *Trends in Neurosciences, 40*, 121–124.

Vuković, D. B., Romanyuk, K., Ivashchenko, S. and Grigorieva, E. M., (2022). *Are CDS Spreads predictable during the covid-19 pandemic? Forecasting Based on SVM, GMDH, LSTM and Markov Switching Autoregression,* https://doi.org/10.1016/j.eswa.2022.116553, Available at: https://pubmed.ncbi.nlm.nih.gov/35095216.

Zetzsche, D. A., Arner, D. W., & Buckley, R. P. (2020). Decentralized finance, journal *of financial. Regulation, 6*(2), 172–203. https://doi.org/10.1093/jfr/fjaa010.

Dejan Erić：贝尔格莱德银行学院全职教授兼院长，从事保险和金融工作。Erić教授具有丰富的学术经验，曾在美国、英国、意大利、法国、斯洛伐克、德国等国讲学。Erić教授曾参与多个国际项目，与 SEC、NRA、UNDP、US-AID、EIB、OECD、ICMA 等多家国际机构合作，并曾在银行、保险公司、证券公司和监管机构担任多个重要职务。本人出版过多部专著，发表学术论文100 多篇。

中央银行与科技：监管挑战和框架

Jayaraj Rajaiah，Agamoni Majumder，Kavita Ingale，
Srinivas Subbarao Pasumarti[①]

1. 引　言

　　作为一个全新的技术领域，金融科技让世界上许多经济体的金融部门都发生了改变。金融服务部门的数字化转型，互联网的发展，20 世纪 60 年代末自动取款机（ATM）的发明，信息和通信技术（ICT）在金融部门的兴起，以及 2009 年以比特币为首的数字货币或电子货币的引入等都在深刻影响着金融部门。金融科技可以被看作信息技术在金融领域的一种内涵丰富的应用，包括初创企业、金融部门服务、金融科技和金融公司等要素。"金融科技"一词指的是互联网支持的所有以科技为基础的金融服务和商业活动。它包括初创企业，基于 ICT 的金融服务，以及初创企业与传统金融服务之间的协作。

　　在科技迅速普及和各种颠覆性创新不断涌现的背景下，数字领域始终保持充足的活力。新的产品和服务已经通过更高的品质取代了现有产品和服务。例如在保险、外汇交易服务等领域，一些颠覆性的金融科技产品和服务已取代了原本由企业提供的服务。科技的运用能为客户提供方便、快捷、低价的金融服务，因此，消费者对获得更好、更快、更便宜的金融服务的期望也在不断提高，企业不得不努力提高竞争力以保持其市场份额。另外，一些创造性的金融科技的出现填补了金融服务市场的空白，改变了整个金融部门。这些借助创新

---

　　① J. Rajaiah A. Majumder K. Ingale S. S. Pasumarti，印度麻省理工学院世界和平大学经济学院（MIT – World Peace University, School of Economics, Pune, Zndia），邮箱：jayaraj. r@ mitwpu. edu. in；agamoni. majumder@ gmail. com；kavita. ingale@ mitwpu. edu. in。

和非常规商业模式创造出来的金融服务是前所未有的（Bechara 等，2021）。

Li 等（2020）认为，服务竞争以及传统金融机构对金融科技业务的投资，深化了传统金融机构和金融科技公司之间的联系，加剧了风险的溢出和传导，对金融稳定构成了巨大的威胁（Reserve Bank of India，2017）。数字生态系统的改变给监管机构带来了许多挑战，相对于市场的极速变化，现有的监管机制严重滞后。在不损害消费者利益的前提下，监管机构需要在消费者保护、数据安全、竞争和网络安全领域进行深入的改革。被称为"监管科技（RegTech）"的科技公司的参与，不仅可以提高监管效率，还可以通过人工智能实时监控各种违规行为，节约监管成本（Arner 等，2018）。因此，有必要对系统性风险溢出进行监测，帮助监管机构维护金融系统的稳定。

本章阐述了金融科技创新、金融科技的应用以及金融科技的最新发展，重点放在了金融科技领域的各种监管挑战，以及金融科技领域未来的监管框架。

1.1 金融科技创新

金融创新是指创造并推广新的金融工具、技术、机构和市场的行为（Lerner 和 Tufano，2020）。金融服务中的技术驱动型创新可能会产生新的商业模式、应用程序、操作流程或产品，并对金融服务的供给产生重大影响（FSB，2017）。金融科技公司的服务范围从信贷、存款、融资、个人理财、投资和保险咨询到与支付、清算和结算相关的基础设施（见表1）。其中包含各种各样的支持服务，如机器学习、区块链技术、云计算、金融服务自动化和咨询。金融科技向客户提供了亟须且无法被银行满足的金融服务，并且通过简化借贷和降低贷款违约率，提高了金融服务的效率。个人和企业的贷款来源不再局限于银行。金融科技在金融服务中发挥的另一个重要作用是通过减少信息不对称、降低交易成本、减少金融服务供应中存在的歧视和偏见，实现金融普惠。

表 1 金融科技创新

支付清算与结算	• 移动和基于网络的应用程序
	• 数字货币
	• 分布式账本
存款、贷款和融资	• 众筹
	• P2P 贷款

续表

投资管理	• 智能投顾
	• 电子交易
	• 智能合约
市场供应	• 电子聚合器
	• 智能合约
	• 云计算
数据分析和风险管理	• 大数据
	• 人工智能
	• 机器人

资料来源：印度储备银行金融科技和数字银行工作组报告（2017）。

根据 Abreu 等（2021）的报告，几乎所有创新型金融科技上市公司都在美国，美国是全球金融科技公司的中心（见图 1）。出现最多创新型金融科技公司的领域是个人理财，其次是支付、区块链、保险、投资、房地产、华尔街和企业，最后是 B2B 公司。图 1 为 2021 年投资公司对各种创新型金融科技企业的投资额，其中，美国加利福尼亚州的 Robinhood 获得的投资额最高（5600 万美元），其次是 Karma（2200 万美元）、Stripe（2200 万美元）、Chime（1500 万美元）等。

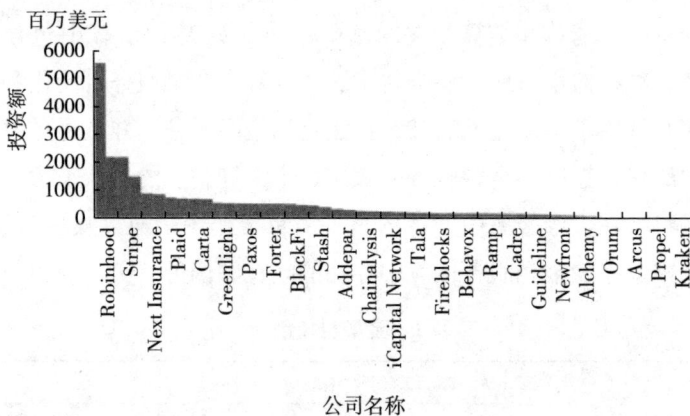

图 1 2021 年投资公司对各种创新型金融科技企业的投资额

［资料来源：Abreu 等（2021）］

　　金融科技公司主要指提供创新技术产品的金融公司或中介机构，提供金融交易所需基础设施的科技公司，以及在众筹、移动支付、投资组合管理、国际金融转账和点对点贷款方面提供创新解决方案的初创科技公司。

1.2　金融科技服务的采用

　　一些研究借助数据分析来调查金融科技服务在普通人和企业中的传播、采用和使用情况。安永会计师事务所（EY）在 2019 年的一项研究中调查了全球消费者和中小企业对金融科技的应用情况。安永对六大洲 27 个市场的 27000 多名消费者进行了在线采访。在这 27 个市场中有 10 个被视为新兴市场，这对研究金融科技的采用非常重要。这项研究发现，在 27 个市场中，金融科技采用率最高的是中国（87%）和印度（87%），其次是俄罗斯（82%）和南非（82%），法国（35%）和日本（34%）等国家的金融科技采用率最低（安永全球金融科技采用指数，2019）。

　　这项研究还发现，消费者对金融科技的采用率稳步上升，2015 年（安永首次开展调查）为 16%，2017 年为 33%，2019 年上升到了 64%。尽管消费者对主要银行或保险公司的信任度依然很高，但与传统银行服务相比，33% 的消费者更愿意优先使用金融科技服务。与金融服务相比，68% 的消费者更喜欢非金融服务。这些服务包括用于支付不同业务的数字钱包、数字银行、与车辆智能设备相关的保险、基于互联网的会计和财务规划工具、点对点借贷、基于互联网的用于投资咨询和管理的工具、退休和养老金管理、点对点短期借贷、加密货币数字钱包、基于互联网的股票经纪工具、保险费比较网站、纯应用程序保险等。从表 2 中可以看出，多年来，消费者对各种金融科技服务的使用大幅增加，其中数字支付和服务的增长最快，其次是在线储蓄和投资服务、保险服务以及贷款服务（安永全球金融科技采用指数，2019）。

　　安永的报告显示，大约 46% 的消费者已经准备好与其他机构共享他们的银行数据。调查发现，全球只有 4% 的消费者不知道金融科技公司所提供的在线汇款和支付服务。虽然人们担心个人数据安全，但仍然偏好线上的和基于应用程序的金融产品，理由主要包括价格便宜，且易于开立账户（安永全球金融科技采用指数，2019）。

表 2 金融科技服务的适应情况

金融科技服务	2015 年	2017 年	2019 年
数字支付和转账	18	50	75
网上储蓄和投资	17	24	48
会计和财务规划	8	20	34
保险	8	10	29
借款	6	10	27

资料来源：安永全球金融科技采用指数（2019）。

新冠疫情之后，非接触式支付在世界范围内得到普及，为金融服务的数字化提供了更广泛的发展空间。印度政府的"数字印度"政策也起到了一定的补充作用。金融服务行业的创新以及移动和电信行业的进步则为数字化提供了基础设施方面的支持。根据 Markets and Markets（2021）的分析，到 2025 年，全球数字支付市场规模或将以 14.2% 的复合年增长率加速增长。

然而，中小企业使用的金融科技服务与消费者使用的服务并不相同。为此，安永对两个发达国家（英国和美国）和三个新兴经济体（中国、墨西哥和南非）的 1000 家中小企业（SME）进行了在线调查。调查结果显示，中国（61%）的中小企业对金融科技的使用率最高，其次是美国（23%）、英国（18%）、南非（16%）和墨西哥（11%）。中小企业是金融科技服务的主要受众，如数字支付、转账和银行业务、基于互联网的外汇服务、用于接受付款的移动销售点付款机、数字账单和发票管理、数字记账簿和工资单、在线市场、经纪人和聚合商（aggregators）、在线股权众筹、在线债务证券、动态贴现、在线发票融资、保险费比较等。金融科技正在迅速使中小企业在这些业务领域成为可靠卖家。全球约有 25% 的中小企业使用了金融科技（安永全球金融科技采用指数，2019）。

1.3 金融科技近期发展状况

毕马威（KPMG）关于 2018 年和 2019 年金融科技百强企业的报告显示，在金融科技百强企业中，支付和交易板块的企业数量最多，新型银行的数量最少（见表3）。新型银行属于"挑战者银行"，它们可能不具备银行牌照，但它们的到来在产品、用户体验以及商业模式上给传统银行带来了巨大的挑战（KPMG，2021）。2018 年到 2019 年，与其他类型的金融科技服务企业相比，前 100 家金融科技公司中，从事财富与经纪服务、保险服务和多公司运营的金融科技公司的比例有所上升。

表3   顶级商业模式

部门	公司数量（个）	
	2018 年	2019 年
支付与交易	34	27
贷款公司	22	15
财富与经纪	14	19
保险公司	12	17
新/挑战者银行	10	9
多公司	3	13
其他公司	5	0

数据来源：KPMG（2019）。

表4   全球金融科技投资情况

年份	基金（十亿美元）	股权融资轮数
2010	5	420
2011	4.39	661
2012	4.62	814
2013	12.41	1188
2014	16.8	1736
2015	42.4	2237
2016	37	2394
2017	39	2532
2018	73.3	2786
2019	78.3	2544
2020 *	22	1085

数据来源：Tracxn（2020）。＊数据截至 2020 年 6 月。

根据表4，多年来全球金融科技投资增长迅速。截至 2020 年 6 月，金融科技基金规模为 220 亿美元，而 2010 年仅为 50 亿美元。同样，金融科技公司的股权融资轮数也在逐年上升。

2021 年上半年，金融科技在全球范围内的热度持续增加，并且将一直延续。然而，随着网络攻击和勒索软件的大量增加，保证网络安全将成为投资者（尤其是企业）的首要任务。此外，欺诈、KYC 和免密操作的安全管理风险也引起了投资者的极大关注。支付、保险科技、财富科技和监管科技等面向企业的金融服务预计将会出现增长。随着企业不断将金融服务与其他生态进行整合，嵌入式金融将获得更多关注。而最具吸引力的仍然是加密货币，因为投资者亲眼见证了区块链和加密货币的大规模爆发。合作共赢有望成为金融服务行业的主要经营方式。随着公司业务范围的不断扩大，能力和产品的不断提高，以及并购活动的持续增长，金融科技公司逐渐成为全球参与者或区域领导者，国际合作也将更加频繁（KPMG，2021）。

2. 金融科技面临的监管挑战

TransUnion Global Fraud Solutions（2021）的一份研究报告发现，印度是近期遭受网络欺诈最多的国家之一。数据显示，从 2020 年最后 4 个月到 2021 年前 4 个月，金融服务领域的网络欺诈案件增长了 88.50%，而同一时期，整个行业内涉嫌数字欺诈的案件仅增长 24.387%（见表 5）。

表 5　　　　　　　　　　　数字欺诈企图的国别数据

国家	2021 年前 4 个月金融服务业的数字欺诈未遂率（%）
英国	791.34
巴西	611.95
哥伦比亚	242.95
加拿大	217.54
中国香港	196.24
南非	187.34
美国	108.82
印度	88.5
西班牙	39.63

数据来源：TransUnion Global Fraud Solutions（2021）。

由于传统金融机构与金融科技企业在细分市场和合作上的共性，以及投资由早期到晚期的流动特点，金融科技公司的风险极有可能向传统金融体系溢出（Li 等，2020）。有学者使用多变量框架中的时间序列分析，利用频率动力学对金融科技领域加密货币和绿色债券之间的溢出效应和相互关联展开研究。研究发现，技术资产与传统资产之间巨大的关联性让二者在动荡时期均遭受了损失。金融科技和比特币是这些冲击的净贡献者，而绿色债券是这些冲击的净接受者，因此是一种非常好的对冲工具。这也成为工业革命4.0时期的一种投资组合多元化策略。KBW纳斯达克金融科技指数（KFTX）是一个追踪美国上市金融科技公司业绩的重要指数。

2.1 中央银行面临的挑战

Marqués等（2021）强调了与拉美国家货币政策、金融稳定、支付系统和经济活动相关的金融科技监测数据缺口问题。将金融科技相关数据纳入统计范围存在许多问题：这些公司的服务范围十分广泛，具有很强的跨部门性，因此很难将这些信息剥离出来；有些活动超出了中央银行的监管范围，中央银行对此没有相关信息记录；在国际领土上提供的服务游离在监管之外。此外，尽管在某些情况下，这些金融科技公司提供了相关信息，但提供的内容并不足以论证其对金融系统的影响。

2.1.1 货币政策的执行和传导

一般来说，实体部门的货币政策传导主要通过商业银行的金融中介功能实现，以支付周转率来衡量。而金融科技公司向市场提供了传统金融中介的替代方案。通过为点对点借贷、众筹等活动提供平台来促进直接融资，缩小了金融中介的业务范围，扰乱了中央银行对货币传导的评估（Marqués等，2021）。如果将加密货币作为传统货币的替代品，那么可能会对传统的货币政策传导机制构成威胁。

2.1.2 金融稳定

金融科技提供了替代资金来源，促进了普惠金融，但也带来了投资和信贷期限不匹配，以及信息不对称的风险。这是金融科技公司在降低风险方面的实践经验不足导致的。高端技术平台大多以大数据为支撑，极易受到错误校准模型的影响。如果它们的活动没有得到充分的监控，中央银行便无法完全掌握金融增长与经济活动之间的相互作用情况。金融科技与受监管的金融中介机构之间的相互作用、它们之间的脆弱性、它们可能传递给实体经济的冲击，以及通过信贷或客户放大的风险都需要被给予足够的重视。我们需要考虑的问题主要包括：（1）这些公司的活动规模；（2）金融科技公司的信贷敞口——主要经济部门；（3）金融科技公司向其他金融中介机构提供的金融服务；（4）与其他中介机构的融资关系（Marqués 等，2021）。

2.1.3 支付系统相关风险

新的支付基础设施的出现，促使监管部门必须采取有效措施确保支付系统的安全和效率。新的实体部门的增多，管辖权的不同，经营持续期的缩短，金融和非金融部门数据的横向性，都要求建立一个金融科技综合数据库（Le 等，2021）。

2.1.4 网络安全风险

科技公司对客户数据的不当处理，极有可能对消费者和金融稳定构成威胁（Marqués 等，2021）。网络安全风险是指过度依赖第三方服务提供商而遭受网络攻击的风险。印度储备银行 2020 年 3 月发布的关于支付聚合器和支付网关监管的指导方针，要求相关实体遵守央行对提供商业服务的相关机构的注册规范。为确保金融网络的完整性，避免遭受黑客、放债人和恐怖分子的威胁，确保支付系统得到良好保护，亟须出台相关政策对此进行规范和指导。目前，监管机构主要通过令牌化和双向身份验证等技术来保护客户数据，避免客户受到网络欺诈。

2.1.5 投机风险

区块链技术和加密货币之所以会对全球金融稳定构成威胁，主要是因为它们既没有任何政府担保支持，也没有任何资产支持（Tan 等，2020）。就制造投机泡沫的可能性来看，它们对金融系统的影响尚不明确。

2.1.6 国际支付标准化

由于缺乏跨境支付的全球标准和异构的监管框架，一些有意通过跨境贸易进入国际支付领域的金融科技公司无法进行有效运作。因此，有必要在全球范围内实现跨银行间和银行内网络支付系统的标准化。有效的监管可以促进金融科技创新的高效利用。法规的出台必须谨慎，但金融科技监管法规的缺乏可能会给商业环境带来巨大的不确定性，并让我们在金融科技创新方面落后于其他国家。此外，与其他金融法规一样，金融科技法规可能与现有的金融法规或其他金融科技相关法规产生冲突。公共部门内部以及公共部门与私营部门之间需要做好协调工作。监管机构是否应该决定在信贷决策中应用或禁止哪些替代数据？监管机构应在多大程度上对其管理和运营的市场基础设施的网络安全负责？制定和有效实施跨行业、跨辖区和跨国指导的最佳方法是什么？这些问题都需要监管部门进行深入地思考。金融科技在带来机遇的同时也伴随着新的风险。世界各地的监管机构都需要努力而谨慎的工作，避免监管过度或监管不足等问题。在理想状态下，金融科技相关法规应该在鼓励创新的前提下，在消费者保护和金融稳定之间取得平衡（Jagtiani 和 John，2018）。

3. 中央银行

中央银行作为一个国家唯一的货币管理机构，通常拥有先进的金融技术和创新能力。从纸币的发明到银行间交易以及基于互联网的金融服务，中央银行一直在改造和完善金融部门的服务。然而，随着人工智能和机器学习、云计算以及分布式记账技术等创新技术在金融服务领域的扩张，各国央行正面临新的挑战。私营公司和网络（金融科技）公司已经迅速掌握了上述技术。与传统银行相比，它们提供各种金融服务的难度更低。这对中央银行提供的服务产生了严重影响，甚至可能会削弱中央银行对货币政策的掌控以及唯一的货币发行机构的权威（Bechara 等，2021）。

金融科技公司的类型和规模多种多样，能够满足消费者的不同需求。不同的金融科技企业因业务的不同面临的风险水平也存在差异，不能对其采取"一刀切"的政策。随着金融科技公司的运营范围从国内扩展到国际，对金融科技的监管范围也必须跟进。根据国际清算银行（BIS）的数据，大多数金融科技贷款都没有受到监管。针对数字支付和众筹业务需要专门监管，针对金融科技保险服务需要持续完善相关规定。对于加密资产，最常用的监管手段是警告和要求说明。BIS发现，监管的指导方针已经发生了变化，针对金融科技已经出现了具体的管理规定，加密货币特定许可证就是其中之一。监管部门一直在通过应用程序编程接口（API）、云计算和生物识别等手段积极采取行动。但是，对人工智能、机器学习和分布式记账技术的监管还需要改进。目前，相关监管内容仅限于发布一般指南和风险评估（Ehrentraud 等，2020）。

3.1 商业银行

与传统贷款机构不同，金融科技贷款机构可以通过大数据、替代数据和复杂的 AI/ML 算法快速（近乎即时）完成贷款流程。金融科技贷款机构已成为影子银行的一部分，能够像银行一样提供绝大部分金融服务。它们规避了传统银行需要遵守的规则，提供了比传统银行更方便、快捷的服务（Jagtiani 和 Lemieux，2016）。以 Lending Club 为例，该公司的无担保个人分期贷款规模居美国市场首位。客户可以通过技术驱动平台获得广泛的金融产品和服务，降低贷款利息，提高储蓄收入。金融科技贷款机构不仅给传统金融机构和客户带来了机遇，也带来了不容忽视的挑战（Jagtiani 和 Lemieux，2016）。

3.2 技术

金融机构、人工智能供应商、数据聚合商之间存在的消费者数据互换问题，导致目前无法清楚知道客户或客户信息真实持有人。数据滥用风险引发了消费者和监管机构的担忧。公平借贷和普惠金融是消费者保护组织关注的重点，他们希望通过颠覆性的金融科技技术，让尚未获得足够金融服务的客户能够从中受益。中央银行和其他金融机构需要深入了解 AI/ML 和区块链技术在监管方面的应用（Jagtiani 和 John，2018）。

网络金融贷款机构可能会削弱既有规则的有效性。Braggion 等（2021）研究了贷款价值比的监管变化如何影响人人贷在中国 P2P 市场的借贷供需。他们发现，在信贷价格保持稳定的情况下，传统市场的借贷限制增加了 P2P 借贷的需求。

3.3 学习国际经验

Kharisma 最近的一项研究（2021）将规范性研究与法律方法相结合，考察了在印度尼西亚建立金融科技监管机制的必要性。他认为，金融科技行业要想在印度尼西亚发挥其巨大潜力，必须有坚实的法律框架作为支撑。目前，印度尼西亚尚未制定专门的金融科技法律。《印度尼西亚银行条例（PBI）》和《印度尼西亚金融服务管理局条例（POJK）》仅对相关业务的技术部分进行了规范，几乎没有赋予它们法律管辖权。印度尼西亚银行（BI）和印度尼西亚金融服务管辖区（OJK）的监管权有限，它们制定的法规不能包含刑事处罚条款，针对消费者的保护措施依旧不足。投资预警专项工作组发现了 2018 起非法 P2P 借贷案件、472 起非法投资案件和 69 起非法典当案件。印度尼西亚的金融科技监管法规旨在为消费者、投资者和金融科技服务供应商提供更强的法律确定性，以及更好的法律保护。随着印度尼西亚数字经济的发展（2019 年达到 400 亿美元，约合 586 万亿印尼盾），无论是从法律角度，还是从哲学、社会学的角度来看，印度尼西亚都迫切需要制定一部专门的金融科技法。

作为全球最活跃的金融科技业务，支付结算业务正在蓬勃发展。韩国拥有发达的 IT 产业和良好的信用卡支付环境，但在金融科技领域的创新速度却明显落后于其他国家。Seongmin 和 Do Hyun（2020）最近的一项研究比较了美国、中国和韩国的案例，以评估金融科技法规现状及其对初创企业生存环境的影响。他们发现，美国和中国都降低了金融科技行业的门槛，允许初创企业和 IT 公司在现有的金融领域开展金融科技业务。美国实施的可预测性监管与中国稍显不足的金融监管，都有助于金融科技领域初创企业的成长。研究结果表明，韩国应当将目前的积极监管政策逐渐转变为消极监管政策，即除重大项目外，严格执行事后管理而非事前审批。

Bu 等（2021）开发了一个双人演化博弈模型来展示金融科技公司和监管机构的演化博弈行为，以及影响其战略决策的因素。他们发现，金融科技公司的战略选择主要受违规创新的额外收益、合规创新所获奖励，以及监管部门处罚力度影响，而监管部门的战略选择主要受监管成本、社会评价和负外部性效应影响。

Arner 等（2018）认为，监管科技的发展潜力巨大，可以实现近乎实时的适当监管，准确识别和处理危机，有助于实现更加有效的合规监管。按照 Magnuson（2018）的说法，监管机构往往专注于减轻与"大到不能倒"机构相关的危害，而忽视了与小型、分散的金融市场组织相关的问题。Buckley 等（2020）认为，严格的报告要求、严谨的数据保护标准、对开放银行的鼓励以及数字身份的立法框架，始终是欧洲创建监管科技生态系统的基础。

Lu 和 Ge（2017）提出，鉴于金融和科技的性质，监管机构应遵循渐进和适度的金融科技监管理念，在防范风险和促进创新之间取得平衡。Zhang（2018）基于对不同国家和地区监管沙盒的比较研究，提出在有效防范风险的前提下，中国应建立监管沙盒制度，促进金融科技创新。Li 和 Jian（2017）强调，利用监管科技创建与金融科技成长阶段和风险水平相适应的渐进式监管框架，是平衡金融科技创新和风险管理的正解。Yang（2018）认为，如果监管机构无法通过监管科技来应对金融科技的发展，那么它们将会面临更严重的信息不对称及监管套利等问题，系统性风险或将加剧。

4. 金融科技监管政策

金融稳定委员会（FSB，专家称其为"全球央行"）、欧央行（ECB）等国际监管机构，都在密切关注金融科技创新的潜在风险，出台了一系列政策法规，以确保金融科技行业发展与风险管理之间的平衡。主要国家和地区根据相关政策和具体情况，制定了适用的法律法规，采取了适当的监管行动，以保持国内金融科技的稳步发展，减少其潜在风险带来的不确定性（见表6）。从国际上看，金融科技立法中的监管创新工具主要包括监管沙盒、监管科技、创新中心和创新加速器等（Bu 等，2021）。

Maja（2018）在他的研究中考察了金融科技对全球金融服务行业潜在的负面影响。他通过来自欧盟、印度和美国的论据和实验证据，来分析金融科技公司对传统金融服务供应商的影响，以及金融科技快速发展壮大的原因。该研究表明，目前上述地区的金融科技监管是无效的，并且可能会对全球金融服务业产生负面影响，如网络安全漏洞、侵犯数据隐私以及非法使用金融科技服务等问题。因此，欧盟、印度和美国必须集中精力制定适当的金融科技法律，防范潜在的负面影响。

表6 　　　　　　　　　　全球中央银行的监管实践

年份	机构或国家	监管政策
2016	金融稳定委员会（FSB）	金融科技：描述全景和分析框架
2017	欧洲中央银行（ECB）	关于牌照申请及金融科技信贷机构牌照申请评估咨询
2018	欧盟委员会（EC）	金融科技行动计划：打造更具竞争力和创新性的欧洲金融业

续表

年份	机构或国家	监管政策
2015	金融行为监管局（FCA）	监管沙盒
2018	金融行为监管局（FCA）	征求意见：使用技术实现更智能的监管报告
2017	美国国家经济委员会（NEC）	金融科技框架
2018	美国财政部（TD）	创造经济机会的金融体系——非银行金融、金融科技和创新
2016	澳大利亚证券与投资委员会（ASIC）	监管沙盒指南
2017	澳大利亚证券与投资委员会（ASIC）	监管指南257：在不持有AFS或信用许可证的情况下测试金融科技产品和服务
2016	新加坡金融管理局（MAS）	金融科技监管沙盒指南

资料来源：Bu等（2021）。

4.1 现有研究提出的建议

考虑到金融科技监管面临的挑战和变化，全球的学者们提出了以下政策建议。

4.1.1 监管科技的使用

Bu等（2021）建议利用监管科技降低监管与合规成本，改变监管方式，树立激励性监管理念，完善监管制度体系，缩小违规创新的盈利空间。同时建议划定监管红线，加大对违规创新的处罚力度，赋予社会评价更多权重。印度储备银行已经开启金融科技法制化的进程，专门成立了"金融科技与数字银行工作组"，其职责是密切监测金融科技的发展，并提出立法上的解决方案。加强对金融科技公司的监管，降低隐私数据泄露风险及网络安全风险（RBI，2017）。出于安全、财务和法律方面的考虑，印度储备银行已禁止将加密货币作为支付手段（Deloitte，2017）。在印度，尚未发布或实施其他正式的金融科技法规（Deloitte，2017），印度储备银行金融科技工作组（2017）对此提出了多种解决方案。

- 了解金融部门与金融科技之间的相互作用。
- 识别基于平台的金融科技相关风险。
- 金融监管部门需要识别和评估特定行业的金融科技产品。

- 逐步实施监管改革——披露，从宽松到严格的监管规范。
- 品牌和产品经理应与创新中心的技术和分析专家合作。
- 密切监测证券市场上与金融科技产品相关的活动。
- 每个金融市场监管部门内部都需要建立一个专门的组织体系，每个体系都需要有独立的数据保护和隐私规则。
- 鼓励金融科技公司和监管机构在需求和供给措施上进行合作。

4.1.2 欧盟的监管变化

欧盟的监管机构采取了更为具体的行动。欧盟金融机构立法修正案已经于2018年初正式生效（Arnold 和 Brunsden，2017）。欧洲银行管理局发布的《第二支付服务指令（PSD2）》旨在借助"开放银行"来加强竞争，要求银行允许第三方（如创新型金融科技公司）访问已获授权的消费者数据（Arnold 和 Brunsden，2017）。PSD2 和《金融工具市场指令第二阶段（MiFID Ⅱ）》于2018年1月生效。PSD2 规定了可以在欧洲经济区（EEA）内提供支付服务的机构类型，以及对这些机构透明度的相关要求（EBA，2017）。欧洲证券和市场管理局（ESMA）起草 MiFID Ⅱ 的主要目的是通过对投资机构开展业务进行规范，明确哪些金融工具可以在欧盟和欧洲经济区金融市场交易，使投资更加安全、透明和公平（ESMA，2018）。

4.1.3 监管环境

尽管美国已经表示要走与欧盟不同的道路，但其监管部门尚未就金融科技监管计划作出明确表态（美联储，2016）。在美国，金融科技公司不受任何政府机构的控制和监管。支付和借贷领域的金融科技公司除外，因为它们会受到联邦在消费者保护方面的一些限制（Deloitte，2017）。与美国金融科技公司监管计划相关的信息少之又少，这主要是因为美国在金融市场和金融服务监管方面向来比较开放（Denk 和 Gomes，2017）。

4.1.4 与金融中介机构组建合资企业

Marqués 等（2021）的建议是在监管框架下与金融中介机构组建合资企业。金融科技公司与金融服务提供商合作可以进一步加强数据的集成。除此之外，还可以创造一个安全的网络环境，采取相关措施来检测可能存在的异常，并阻止它们发生。

4.1.5　需要设置门槛以避免集中度过高

金融科技公司的发展有利于中小企业信贷业务和金融普惠的发展，它可以让那些没有银行账户或没有任何抵押品的人获得信贷。但是，P2P 等借贷业务的快速扩张意味着相对较低的准入门槛。在印度尼西亚，这些公司需要在印度尼西亚金融服务管理局注册（Utami 和 Ekaputra，2021）。对金融科技企业的注册限制有助于避免行业集中度过高。

4.1.6　跨境支付中的中央银行数字货币（CBDC）

中央银行数字货币参与跨境支付可以避免不同监管文化的差异问题（Marqués 等，2021）。基于平台的解决方案可以通过 CBDC 促进国际支付交易中的价格发现功能。它能以货币交付代替银行结算进行跨境支付，从而消除时差。近期，印度储备银行和新加坡金融管理局通过联结彼此的支付系统推出的统一支付接口（UPI）和 Paynow 是跨境支付的一项重大进步。

4.1.7　基于职能的监管框架

根据 Jeffrey 和 Soria（2016）的报告，监管法规应基于公司的职能，而非工业技术。监管法规应该随时进行动态调整，以适应行业的快速发展。由于基于职能的要求会更加重视对特定技术的监督处理，因此可以有效维护消费者的权益。

5. 印度构建监管框架的必要性

近期，为了降低数字交易成本，印度储备银行开始就通过借记卡、信用卡、钱包和 UPI 进行的所有交易向银行收取费用。这些措施让数字交易成本不断降低。金融创新在提高金融交易的便利性和效率，促进金融普惠的同时，也带来了挑战。

监管沙盒的创建，使金融科技公司能够在一个相对安全的环境中测试创新型金融产品。监管沙盒营造的实时监管环境，可以暂时放宽对拟议产品的监管规范。监管沙盒就金融科技相关产品和技术提出了可接受和不可接受的负面清单。

我们需要对以下问题进行思考：

- 金融科技创新是否会因违背审慎规范而增加经济的脆弱性和风险性？
- 是否有一个结构化的监管框架来界定这些监管准则的范围或权限？

面对不断增加的金融科技公司以及由此带来的风险，各国的监管机构都开始思考如何在确保金融科技公司继续向消费者提供技术和经济价值的同时，降低消费者面临的脆弱性风险。为了促进全球金融创新，各国采取了监管沙盒、孵化器和创新中心等手段（印度储备银行，2017）。构建全面监管框架的前提是充分了解创新产品的风险和影响。金融科技公司提供的服务范围从支付系统到保险和投资咨询，涵盖了 RBI、SEBI、IRDAI 和 PFRDA 等几乎所有监管机构的监管领域。印度金融科技行业的监管框架高度分散（见表 7）。虽然缺乏一套全面的规则和法律体系，但印度的数据保护法与国际框架高度一致，其中，《个人数据保护法案（草案）》遵循了一般《数据保护法案（GDPR）》，并参照了其中的主要原则。

表 7　　　　　　　　　　　　印度当前监管基础设施

监管框架/基础设施	功能/重要性
支付和结算系统法（2000）	要求 RBI 批准启动和运行支付系统
印度国家支付公司	提供授权支付系统运营商的列表
2017 年的《P2P 借贷平台指引》	规定贷款人的风险规范和借款人的限制
《UPI 支付指南》	根据 NPCI 规定的规范聘请技术供应商，确保银行通过 UPI 进行汇款
《支付银行指南》	禁止支付银行从事存款或信贷业务，并指示这些银行注册为私人有限公司
2002 年的《反洗钱条例》	对提供金融产品的实体执行反洗钱条例
1934 年印度央行颁布的 NBFC 法案	要求提供金融科技服务的实体在 RBI 下注册
2000 年的《信息技术法》和 2011 年的 IT 规则	监督数据隐私并确保安全控制的通用最低标准
数字交易监察员计划	处理客户数字交易中的投诉
UIDAI	规定了金融科技参与者使用 Aadhar 框架进行注册和验证客户的数量
2020 年的《支付聚合商和支付网关监管指南》	不参与资金处理规定与技术相关的建议

资料来源：作者整理。

根据 Li 等（2020）的研究，随着传统金融机构对金融科技业务的竞争性服务与投资的增加，传统金融机构与金融科技公司之间的联系日益紧密，溢出和传导风险倍增，严重威胁着金融稳定（RBI FSB，2017）。因此，监管机构亟须对这些系统性风险溢出情况进行监测，从而确保金融系统的稳定。

6. 银行—金融科技合作

与传统技术相比，金融科技可以在短时间内根据客户的需要调整、创新和发展金融服务和产品（KPMG，2017）。传统银行可以借助数字化和技术创新，维持在金融领域的长久经营。企业之间的协同合作对于技术创新至关重要（经济学人智库，2015）。更重要的是，银行业目前正在面临前所未有的挑战，客户需要金融科技公司提供更先进、更快、更便宜的金融服务。金融科技公司并没有因为传统金融机构的存在而止步，相反，这些金融科技公司选择和传统金融机构展开合作。除了改变银行和金融部门现有的商业模式外，金融科技公司的创新和发明本质上是由消费者满意度驱动的（Williams 等，2008）。金融科技公司与银行的合作，能够让银行更好地了解金融科技公司的性质和运作方式，降低监管机构对金融科技公司的监管难度。

7. 国际监管格局

国际清算银行全球金融体系委员会强调了金融科技在提高效率、改善普惠金融和降低风险等方面的作用。基于平台的借贷活动对银行现有商业模式的挑战是前所未有的。为了评估这种革命性的商业模式所产生的风险，我们需要通过情景分析和案例研究等方式，深入了解金融科技创新的特点以及银行是如何利用这些创新技术的。

金融标准委员会在他们的金融创新网络中发现，面对金融科技公司的非中介作用，监管机构高度关注与金融系统权力下放相关的问题。点对点借贷等创新思路，可能会对整个金融体系的稳定性造成威胁。

支付和市场基础设施委员会（CPMI）基本解决了与数字货币、支付系统基础设施（如分布式账本和区块链技术）领域数字创新相关的问题。

欧盟金融技术工作组正在制订一项压缩计划来应对相关挑战，而世界银行集团正在为该领域的中小企业构建活动框架。欧文·费舍尔委员会（IFC）金融科技数据问题工作组曾在 2020 年就金融科技公司的非中介功能进行了审议，提议创建一个统计信息系统。随着金融生态系统的持续变革，监管的改革可能会阻碍金融科技前进的脚步。但在金融生态系统不断变化的情况下，这或许有助于金融系统以更加温和的方式实现数字化转型。监管部门需要顶住各方面压力，优先考虑长期收益，而非短期便利。

8. 从基于活动的监管转变为基于实体的监管

大型金融科技公司的参与，让金融公司和非金融公司之间的差距逐渐消失。印度储备银行行长在 2021 年全球金融科技节上表示，信贷和存款领域的金融科技公司虽然可以弥补空间上的差距，但却无法弥合存款动员和信贷创造的时间差距。这些金融科技公司依然要遵守银行的监管制度。银行通过合作的方式，利用金融科技公司的优势，提升自身竞争力。印度储备银行工作组2017 年的报告强调了市场参与者目前所面临的盈利挑战。行业准入门槛的降低加剧了竞争。IT 公司和金融服务提供商之间的高度关联性，可能引发严重的 IT 风险事件，并且最终可能会演变为系统性危机。因此，除了 IDRBT 和 NPCI 提供的基础设施之外，还需要进一步扩大 NEFT 和 RTGS 等支持性基础设施的规模。

9. 结 论

经济规制理论包含两大流派，即公共利益论和规制俘获论。根据这些理论可知，监管的目的是遏制反竞争行为、避免市场失灵以及促进公共利益。监管是一种控制人类或社会行为的工具，应该通过监管机构的规则制定或命令发布来遏制那些有损社会福祉的活动（Richard 和 Posner，2004）。

根据 Sankar（2021）的理论，面对金融科技公司提供的多样性服务，金融监管部门需要扩大监管边界。法律体系应当适应金融价值链的不断发展。金融科技生态系统的快速发展以及金融体系与经济之间极强的联动性，使金融创新给全球经济体系带来了许多挑战。在 2008 年国际金融危机中，由次级贷款捆绑而成的抵押债务凭证（CDO），暴露了金融中介之间的薄弱环节（Chambers 等，2011），引发全球金融危机。

金融科技对世界经济来说是福也是祸。一方面，它带来了创新、廉价、便捷的金融服务，提高了金融服务的可及性，增强了金融普惠性。另一方面，金融科技公司扰乱了传统金融机构的服务体系，带来了数字欺诈、敏感信息泄露、信用风险、大规模网络攻击，以及加密货币带来的货币传导机制风险等新的威胁。本章的重点是阐述监管机构在监管金融科技公司时可能面临的挑战。金融科技服务已成为每个人生活中不可避免也不可或缺的一部分，其形式主要包括数字钱包和交易、便捷的信贷和债务活动、保险服务、P2P 借贷和投资服务等。然而，在技术创新的背后，金融服务行业的不断演变给金融稳定带来了许多溢出性风险和威胁。

金融科技公司监管的一项重要挑战在于，监管机构不能采取"一刀切"的政策。另一项挑战是各国缺乏统一的监管规则来应对跨国金融服务可能存在的欺诈活动和不当行为。各国关于货币政策传导、支付和结算领域金融科技活动的数据在可用性方面也存在巨大差距。同时，金融科技服务的多样性，让相关信息的识别与剥离变得异常困难。数字化融资活动的追踪也存在很多障碍。要想对金融科技公司实施有效监管，还有很长的路要走。

最初，人们普遍认为金融科技公司不会对金融部门构成威胁，因此并没有对其进行专门的监管。就全球目前的情况来看，金融科技服务在消费者、生产商和中小企业中都很受欢迎。以美国、印度和中国为首的新兴经济体越来越多地使用金融服务，而这些国家是大多数金融科技公司总部的所在地。目前亟须制定一个针对不同服务的差异化监管框架，通过渐进和适度的监管措施，结合恰当的激励与惩罚机制，实现创新和风险之间的平衡。监管机构需要成立专门的组织机构来设计监管改革路线。产品经理和研发人员必须加强合作，以确保产品的合规性。金融科技公司和金融中介机构之间的数据整合十分必要。为了提高监管的有效性，监管机构与金融科技公司之间的合作也是必要的。

美国和其他国家的研究人员就金融科技的发展、风险和监管开展的多项研究为本章打下了坚实的基础。目前的研究大多集中在定性分析，对重要金融科技行业参与者的行为分析稍显不足，未来还需要对此进行更加深入地研究。

参考文献

Abreu, M., Bambysheva, N., Beale, M., Bisnoff, J., Del Castillo, M., Ehrlich, S., Gara A., Haverstock, E., Kauflin J., Ponciano, J. & Stoller, K. (2021). *The most innovative fintech companies in 2021*. Forbes, Retrieved from https://www.forbes.com/Fintech/2021/#e022 ca131a63 on 18th December 2021.

Arner, D. W., Barberis, J. N., & Buckley, R. P. (2018). The emergence of RegTech 2.0: From know your customer to know your data. *Journal of Financial Transformation, 44*(1), 79–86.

Arnold, M. & Brunsden, J. (2017). Fintech sector fears dilution of EU "open banking" legislation. Financial Times.

Azarenkova, G., Shkodina, I., Samorodov, B., Babenko, M., & Onishchenko, I. (2018). The influence of financial technologies on the global financial system stability. *Investment Management and Financial Innovations, 15*(4), 229–238. https://doi.org/10.21511/imfi.15(4).19.

Bank of International Settlement. (2020). Irving fisher committee on Central Bank Statistics, 2020 IFC Annual report. Retrieved from https://www.bis.org/ifc/publ/ifc_ar2020.pdf.

Bechara, M., Bossu, W., Liu, Y., & Rossi, A. (2021). The impact of fintech on central bank governance key legal issues, fintech notes, IMF. Retrieved from https://www.imf.org/-/media/Files/Publications/FTN063/2021/English/FTNEA2021001.ashx.

Braggion, F., Manconi, A., & Zhu, H. (2021). Household credit and regulatory arbitrage: Evidence from online marketplace lending. Retrieved from SSRN: https://ssrn.com/abstract=2957411 or https://doi.org/10.2139/ssrn.2957411.

Bu, Y., Li, H., & Wu, X. (2021). Effective regulations of FinTech innovations: The case of China. *Economics of Innovation and New Technology*, 1–19.

Buckley, R. P., Arner, D. W., Zetzsche, D. A., & Weber, R. H. (2020). The road to RegTech: The (astonishing) example of the European Union. *Journal of Banking Regulation, 21*(3), 1–11.

Chambers, D. R., Kelly, M. A., Qin, L., Biesenbach, A., King, A., Natsuki, K., & Sun, Q. (2011). CDO Squareds: The case of subprime mortgages. *The Journal of Structured Finance, 17*(2), 96–113. https://doi.org/10.3905/jsf.2011.17.2.096.

Deloitte. (2017). Regulatory Sandbox—Making India a Global Fintech Club". Available at: https://www2.deloitte.com/content/dam/Deloitte/in/Documents/technology-media-telecommunications/in-tmt-Fintech-regulatory-sandbox-web.pdf.

Denk, O., & Gomes, G. (2017). Financial regulation after the crisis: Still liberal, but. *OECD Observer, 311*, 11–12.

EBA. (2017). Discussion Paper on the EBA's approach to financial technology (FinTech). EBA Discussion Paper EBA/DP/2017/02. Retrieved from https://www.fsb.org/wp-content/uploads/R270617.pdf.

Economist Intelligence Unit (2015). Strategic partnerships for the digital age. Telstrea report, Retrieved from http://connectingcompanies.cope.economist.com/wp-content/uploads/sites/4/2015/09/Connecting-Companies-Whitepaper_final.pdf.pdf on 11th December 2021.

Ehrentraud, J., Ocampo, D. G., Garzoni, L., & Piccolo, M. (2020). Policy responses to fintech: a cross-country overview, FSI Insights on policy implementation No 23. Financial stability institute, bank for international settlements. Retrieved from https://www.bis.org/fsi/publ/insights23.pdf.

European Security and Markets Authority (ESMA), MiFID II. (2018). Retrieved from https://www.esma.europa.eu/policy-rules/mifid-iiand-mifir.

EY Global Fintech Adoption Index (2019). Retrieved from https://assets.ey.com/content/dam/eysites/ey-com/en_gl/topics/banking-and-capital-markets/ey-global-Fintech-adoption-index.pdf on 18th December 2021.

Federal Reserve (2016). Speech by Governor Brainard on the opportunities and challenges of Fintech Board of Governors of the Federal Reserve System. Available at: https://www.federalreserve.gov/newsevents/speech/brainard20161202a.htm.

Financial Stability Board (2017). Financial stability implications from fintech supervisory and regulatory issues that Merit Authorities' attention. Retrieved from https://www.fsb.org/wp-content/uploads/R270617.pdf.

Financial Stability Board (2018). Crypto-asset markets. Potential channels for future stability implications. Available at https://www.fsb.org/wp-content/uploads/P101018.pdf.

Jagtiani, J., & John, K. (2018). Fintech: The impact on consumers and regulatory responses. *Journal of Economics and Business, 100*, 1–6.

Jagtiani, J., & Lemieux, C. (2016). Small business lending after the financial crisis: A new competitive landscape for community banks. *Economic Perspectives, 40*(3), 1–30.

Jeffrey, E., & Soria, B. (2016). A new regulatory framework for the digital ecosystem, GSMA. Retrieved from https://www.gsma.com/publicpolicy/wpcontent/uploads/2016/09/GSMA2016_Report_NewRegulatoryFrameworkForTheDigitalEcosystem_English.pdf on 18th December 2021.

Kharisma, B. D. (2021). Urgency of financial technology (Fintech) laws in Indonesia. *International Journal of Law and Management., 63*, 3.

KPMG (2017). The pulse of Fintech Q4 2016: Global analysis of investment in Fintech. Retrieved from https://assets.kpmg/content/dam/kpmg/xx/pdf/2017/02/pulse-of-Fintech-q4-2016.pdf on 10th December 2021.

KPMG. (2019). KPMG and H2 ventures 2019 fintech100. Retrieved from https://home.kpmg/cy/en/home/media/press-releases/2019/12/kpmgand-h2-ventures-2019-fintech-100.html.

KPMG (2021). Global pulse of fintech H12021. Retrieved from https://home.kpmg/xx/en/home/insights/2021/08/pulse-of-fintech-h1-2021-global.html#:~:text=Pulse%20of%20Fintech%20H1%202021%20%E2%80%93%20Global%20Pulse%20of%20Fintech%20H1,%2498%20billion%20across%202%2C456%20deals.

Le, T. L., Abakah, E. J. A., & Tiwari, A. K. (2021). Time and frequency domain connectedness and spill-over among fintech, green bonds, and cryptocurrencies in the age of the fourth industrial revolution. *Technological Forecasting and Social Change, 162*, 120382.

Lerner, J., & Tufano, J. (2020). *The consequences of financial innovation: A counterfactual research agenda*. Working paper 16780. Retrieved from https://www.nber.org/papers/w16780.

Li, J., Zhu, X., Yao, Y., & Casu, B. (2020). Risk spillovers between fintech and traditional financial institutions: Evidence from the US. *International Review of Financial Analysis, 71*, 101544.

Li, W. H., & Jian, Z. S. (2017). The development and supervision of fintech: From the perspective of regulators. *Financial Regulation Research (Chinese Version), 63*(3), 1–13.

Lu, M. F., & Ge, H. P. (2017). Study on moderate balance of fintech innovations and supervisions. *Rural Finance Research (Chinese Version), 9*, 7–12.

Magnuson, W. (2018). Regulating Fintech. *U.C.L.A. Law Review, 71*(4), 1122–1167.

Maja, P. (2018). Potential negative effects of Fintech on the financial services sector. Examples from the European Union, India and the United States of America. Thesis. Helsinki Metropolia University of Applied Sciences. Accessed from https://www.theseus.fi/bitstream/handle/10024/148416/Maja_Pejkovska_Theseus pdf?sequence=1&isAllowed=y.

Markets and Markets (2021). Digital payment market-global forecast to 2026. Retrieved from https://www.marketsandmarkets.com/Market-Reports/digital-payment-market-209834053.

html accessed on 1 April 2022.

Marqués, J.M., Ávila, F., Martínez, A.R., Reséndiz, R.M., Marcos, A., Godoy, T., Pantor, M.F (2021). Policy report on FinTech data gaps *Latin American Journal of Central Banking*, 2(3),100037 https://doi.org/10.1016/j.latcb.2021.100037. Retrieved from https://www.sciencedirect.com/science/article/pii/S266614382100017X.

Reserve Bank of India (2017). Report on the Working Group on FinTech and Digital Banking. Retrieve from https://rbidocs.rbi.org.in/rdocs//PublicationReport/Pdfs/WGFR68AA1890 D7334D8F8F72CC2399A27F4A.PDF.

Richard, A. & Posner (2004). Theories of economic regulation, Working Paper, No. 41, Center for Economic Analysis of Human Behavior and Social Institutions.

Sankar, R. (2021). Responsible digital innovation speech, Address to the Global Fintech Festival, https://rbi.org.in/Scripts/BS_SpeechesView.aspx?Id=1129.

Seongmin, J., & Do Hyun, P. (2020). An exploratory study on fintech regulations and start-ups: Focusing on the US, China, and Korea cases. *Asia-Pacific Journal of Business Venturing and Entrepreneurship, 15*(1), 45–57.

Tan, S. K., Chan, J. S. K., & Ng, K. H. (2020). On the speculative nature of cryptocurrencies: A study on Garman and Klass volatility measure. *Finance Research Letters, 32*, 101075.

Tracxn. (2020). Fintech global market. Retrieved from https://tracxn.com/d/companies/fintechglobalmarket.com on 18th December 2021.

TransUnion Global Fraud Solutions (2021). Financial Services Digital Fraud attempt India rise 88.50%. Retrieved from https://www.transunion.in/blog/fraud-trends-Q2-2021 accessed on 4 April 2021.

Utami, A. F., & Ekaputra, I. A. (2021). A paradigm shift in financial landscape: Encouraging collaboration and innovation among Indonesian Fintech lending players. *Journal of Science and Technology Policy Management.*, ISSN, 2053–4620.

Williams, K., Chatterjee, S., & Rossi, M. (2008). Design of emerging digital services: A taxonomy. *European Journal of Information Systems, 17*(5), 505–517.

Yang, D. (2018). Supervising and regulating science and technology: Supervisory challenges and dimensional construction of financial technology. *Social Sciences in China (Chinese Version), 5*, 69–91.

Zhang, J. Z. (2018). Design and implementation characteristics of regulatory sandbox system: Experience and enlightenment. *Studies of International Finance (Chinese Version), 369*(1), 57–64.

Jayaraj Rajaiah：印度麻省理工学院世界和平大学经济学院教授兼系主任。

Agamoni Majumder：印度麻省理工学院世界和平大学经济学院助理教授。

Kavita Ingale：印度麻省理工学院世界和平大学经济学院助理教授。

Srinivas Subbarao Pasumarti：印度麻省理工学院世界和平大学管理学院院长兼主任。

新冠疫情时期的货币
非物质化：数字金融的新未来？

António Portugal Duarte[①]

1. 引 言

过去 20 年，国际货币和金融体系发生了翻天覆地的变化。欧洲形成了经济货币联盟，并实现了单一货币流通，这进一步加强了欧洲内部的交流。超越国家层面的欧洲中央银行（ECB）掌握了统一货币的发行权。然而，2008 年国际金融危机、主权债务危机，以及最近由 SARS – CoV – 2 冠状病毒［2020 年 2 月 11 日，世界卫生组织（WHO）将这种疾病命名为新型冠状病毒肺炎］引发的严重的经济和社会危机给世界经济金融体系带来了难以消除的伤害。

本部分旨在分析新冠疫情时期国际支付系统的发展历程，即所谓的货币非物质化阶段。货币非物质化主要是指中央银行发行的传统实物货币（金属货币和纸币）被以集中或分散的电子和数字支付方式进行的非现金交易所取代。

本文的主要目的是研究新冠疫情在多大程度上推动了加密货币等现代电子和数字支付系统所引发的货币非物质化进程。

为此，本文分析了过去 20 年中出现的各种支付手段，如信用转账、直接借记、电子货币、支票和信用卡支付等，并且对欧盟证券交易所的电子交易进行深入研究。这两项研究都在加密货币市场运行的背景下开展了描述性统计分析。

---

① António Portugal Duarte，葡萄牙科英布拉大学经济学院（Faculty of Economics, Univ Loimbra, CeBER, Coimbra, Portugal），邮箱：portugal@ fe. uc. pt。

在欧洲一体化进程的背景下，新的数字支付系统的出现有望加快欧洲一体化进程。通过研究，我们希望能够获得一些关于数字金融未来的前瞻性启示。

在此，我们特别提到了所谓的中央银行数字货币（CBDC），虽然只是一种尚处于试点阶段的权宜之计，但其在短期内代表国际金融市场的另一种创新。除了能够与实物货币进行成本更低和更普遍的兑换外，中央银行数字货币还得到了货币当局及政府的支持，确保了货币政策工具的透明、可监管和易维护。与加密货币等其他形式的数字支付手段相比，中央银行数字货币优势明显。

与近期其他分析新冠疫情对金融市场和货币非物质化进程影响的研究一样（Hadad 和 Bratianu，2019；Guzmán 等，2021；Samut 和 Yamak，2021），我们起初也认为疫情加速了货币非物质化进程。

然而，最终的结果似乎与之前的猜测截然不同。电子交易的使用频率在新冠疫情之后确实有所提高，但深入分析加密市场后我们发现，疫情对其日均交易存在一定的负面影响。

尽管新冠疫情对加密货币市场产生了负面影响，但 CBDC 的引入依旧表明，电子支付似乎才是国际资本市场的未来。欧央行 2021 年 7 月宣布在欧元区推出的数字欧元试点项目就是一个有力的证明。欧央行表示，数字欧元将保证欧元区的经济主体能够免费使用一种操作简单、容易被大众接受、安全且值得信赖的支付方式。需要注意的是，数字欧元依然是欧元，就像中央银行的纸币和金属货币一样，只不过它是数字形式的。欧元体系依旧会确保经济主体能够在整个欧元区获得现金，只是会提供额外的支付方式选择，让支付变得更加便捷。欧洲数字支付系统的可及性和包容性将因此得到提高。

2. 货币的非物质化

货币的出现，标志着以商品的直接交换为特征的原始经济的终结，它促进了交易的增长以及现代社会的发展。作为支付系统的核心，货币的形式多种多样。基于实用性、耐用性、可分割性和可运输性等方面的考虑，历史上许多商品都曾被当作货币，如皮毛、贝壳、牛、大米、黄金、金属、纸张、支票、信用卡和借记卡，以及最近的"虚拟和数字商品（如电子货币和加密货币）"等①。从常见的现金交易到电汇和二维码链接，线上和线下的支付系统都在不断发展，线上系统的发展尤其迅速。

当前，我们正处在一场真正的货币革命之中，货币的持续非物质化，数字支付系统日益频繁的使用，非接触式支付手段因新冠疫情使用范围进一步扩大，货币革命愈演愈烈。2020 年 3 月 11 日，世界卫生组织（WHO）宣布将严重急性呼吸系统综合征冠状病毒 2 型（SARS – CoV – 2）认定为流行病。从那时起，经济主体间的交易方式开始发生变化。人们渴望建立一个无现金的社会，来解决交易中出现的问题。在新冠疫情初期，金融应用程序在欧洲的使用次数在短短一周内就增加了 72%（欧盟委员会，2020）。

当纸币和金属货币被电子支付所取代时，货币的非物质化进程就此展开。我们从此进入了这样一个社会：支付手段失去了物理形态，由数字或数字代码来代表。数字创新目前是货币非物质化过程中的核心动力，也是许多经济主体开始尝试建立无现金社会的关键因素（Hadad 和 Bratianu，2019）。

货币非物质化并不是一个新鲜事物，只是在新冠疫情背景下，这一过程在人们的日常生活中表现得更加明显。随着时间的推移，所谓的"真实"货币，即价值与其上承载的贵金属重量挂钩的金属货币（价值最高的是黄金，其次是银和铜），最终都演变为信用（法定）货币，其价值由法律或行政制度，而非真实价值所决定。这种货币形式或支付系统的基础是经济主体对货币票面价值的信任。

随着古典金本位制的终结，货币非物质化迈上了新的台阶，此时各国投入市场的流通货币量的基础是中央银行持有的黄金储备。每种货币的价值都以 1 盎司黄金为单位，贵金属成为各国央行的主要储备资产。货币当局承诺，除非发生战争、金融危机或贸易冲击，否则他们将保持其货币的黄金价格不变。一旦爆发战争，政府可以暂停黄金兑换，通过发行纸币来筹集资金。另外，在发生金融危机或贸易条件受到冲击的情况下，实施所谓的"豁免条款"可能会让人怀疑货币当局正在采取自由裁量行为（Duarte，2015）。随着古典金本位制的崩溃，货币的创造不再以某种贵金属为依托。银行账户余额的价值取决于

---

① Eichengreen（2019）从商品到法定货币，再到目前的加密货币，为货币的不同进化形式提供了一个很好的历史视角。

银行的记录，这是一种"圣经货币"，而非任何实物。

"圣经货币"主要指银行存款，可以通过支票、借记卡和信用卡进行支付，也可以通过存款账户之间的转账进行支付。它并不对应于任何实物货币的转移，只是借助票据将信用从一家银行转移到另一家银行。虽然"圣经货币"没有国家立法作为支撑，但它也属于信用货币的一种，它的使用和流通都取决于使用者对其价值的信心。

在布雷顿森林体系运行期间，对新支付手段的需求不断推进着货币非物质化进程。这不仅是为了应对日益频繁的国际交流以及美国不断增加的债务，更是为了第二次世界大战后欧洲和日本经济的恢复。随后的欧洲一体化进程，以及对于创建超脱于国家中央银行发行和监管的欧洲统一货币的愿景，加速了这一进程。如果说蒸汽技术的发明对改进金属货币的铸造起到了关键作用，使金属货币更安全、更易分割，也更有利于贵金属的提取，那么电话行业的发展和预付费电话卡使用的增加，则加速了货币的非物质化进程。

新的技术创新接踵而至，电信和银行业，甚至整个金融系统，特别是发达国家资本市场电子交易量开始大幅增长。第一个数字定价系统的发明，标志着交易方式从喊价、电话或电报交易等传统模式，向基于电子通信方式的自动化系统转变。其中，互联网是最关键的助推因素。

事实上，互联网与手机、网站、微处理器、平板电脑、闪存、随机存取存储器、机器学习、云计算（或大数据分析）等电子和数字设备，已经深刻地改变了交易的方式。经济主体能够运用加密货币或虚拟钱包等多种替代支付形式。然而，这些创新活动也引发了一些新问题，如网络安全问题，以及被运用于犯罪活动当中等潜在风险问题（Aldridge 和 Askew，2017；Durrant，2018；Cuervo 等，2019；Swammy 等，2019；Choi 等，2020）。

新型支付系统最初只是一种让线上和线下交易更加便利的尝试，但现在它们已经成为市场中不可或缺的服务。与货币和支付系统相关的新型消费习惯和行为已经形成，非现金交易的规模在新冠疫情之后依然保持稳定的增长。

图 1 显示了 2000 年到 2020 年（即新冠疫情期间），欧元区每年的非现金交易（支付）规模（以十亿欧元为单位）。涉及的交易类型主要包括信用卡支

付、信用转账、直接借贷、支票以及居民支付服务提供商（PSP）发行的电子货币等。

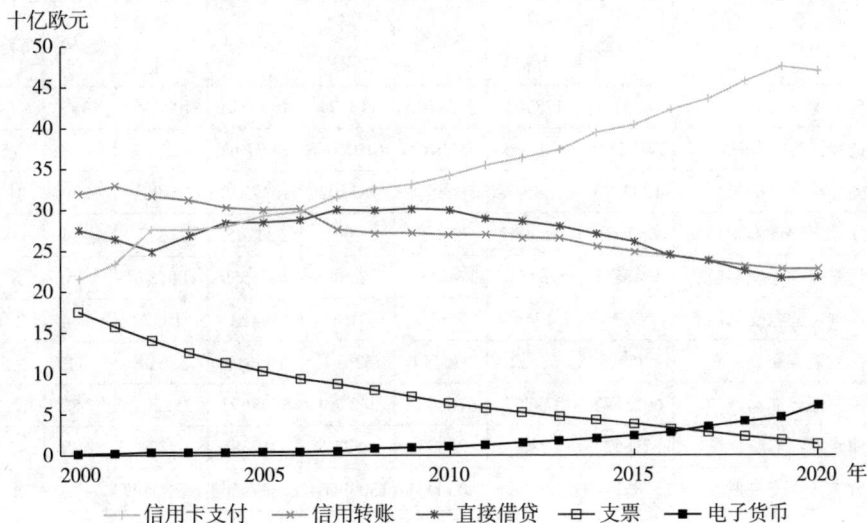

图1　欧元区非现金交易规模

［数据来源：欧洲中央银行（https://www.ecb.europa.eu）和
Statista 全球统计数据库（https://www.statista.com/）］

　　如图1所示，与过去几十年的货币非物质化进程一样，虽然支票依旧在欧元区的非现金交易市场占据主导地位，但其使用率却在逐年下降。信用转账和直接借贷也是如此。相反地，信用卡支付和电子货币交易的相对权重在不断增加，后者的使用率甚至超过了支票。尽管我们很难通过数据准确地评估新冠疫情对支付体系的影响，但疫情的发生，动摇了电子货币支付和直接借贷之外的其他（更传统的）支付手段的市场地位。

　　表1记录了2016年至2018年，即新冠疫情暴发前的几年中，欧盟24个证券交易所的电子交易（百万欧元）情况，有助于我们更好地理解欧洲资本市场在银行产品和服务非物质化后，电子货币交易的规模。

表1   欧盟证券交易所的电子交易

证券交易所	2016 年		2017 年		2018 年		年均增长率 16 ~ 18（%）	
	交易额	交易量（万亿）	交易额	交易量（万亿）	交易额	交易量（万亿）	交易额	交易量
雅典证券交易所	4639181	128791	4329400	113871	4997273	107745	38	−8.5
马德里证券交易所	54135347	618930	50726794	6191212	44027990	5485767	−98	−59
斯图加特证券交易所	1392773	168597	1668538	183102	1647235	161921	88	−2
布加勒斯特证券交易所	650161	16409	797687	20061	534245	21327	−94	14
布达佩斯证券交易所	1346828	73475	1743560	8688	1675559	86737	115	87
保加利亚证券交易所	53936	1763	75636	3157	49322	1837	−44	2.1
布拉格证券交易所	895979	62132	776574	52694	705619	55514	−113	−55
维也纳证券交易所	6625672	279757	6766881	333769	5565691	352201	−83	12.2
塞浦路斯证券交易所	31893	782	26533	577	24238	487	−128	−211
德意志证券交易所	137827209	11843655	140309311	13009564	133379663	15380599	−16	14
Equiduct 交易平台	10071313	570412	8155569	503666	6302306	418964	−209	−143
泛欧证券交易所	222889417	1601434	234549334	1707503	224413457	1864832	3	7.9
爱尔兰证券交易所	3217679	235432	3208095	241428	3681557	280633	7	9.2
卢布尔雅那证券交易所	81629	3222	49189	3345	30286.335	327682	−391	9
伦敦证所集团	322394903	20703779	326186000	2051513	340371000	2142651	28	17
卢森堡证券交易所	9006	74	10129	782	7786	816	−7	5
马耳他证券交易所	10092	778	10249	88	10401	862	15	53
纳斯达克 N & B	115437788	6439511	135534625	7044253	152687281	7185649	15	56
奥斯陆证券交易所	22908399	980415	24573226	1033118	31436761	1238612	171	12.4
瑞士证券交易所	44668529	7825006	48273205	8351785	57250643	8148296	132	2
华沙证券交易所	18433081	436648	20888240	558194	18807486	483107	1	5.2
特拉维夫证券交易所	12440273	472975	15566299	59016	15203796	55181	106	8
阿奎斯证券交易所	17435889	1057041	29950776	1683552	48731116	2589476	672	56.5
阿姆斯特丹泛欧股票交易平台	288275651	1223924	195764176	8096690	147314485	621097	−285	−288
总计	1223654402	79165864	1758009931	106884792	1822724861	112615366	22	193

资料来源：作者整理自 Hadad 和 Bratianu（2019）的研究。

可以看出，从 2016 年到 2018 年，欧盟 24 个证券交易所的电子交易规模平均每年增长22%，交易总量平均每年增长19.3%。法定货币的非物质化进程正随着电子支付工具的普及而广泛推进。在交易占比方面，匈牙利证券交易所（11.5%）、瑞士证券交易所（13.2%）、挪威证券市场（17.1%）和总部位于伦敦的泛欧独立公司阿奎斯证券交易所（67.2%）的年均增长率最高。就总交易量而言，挪威证券交易所（12.4%）、罗马尼亚证券交易所（14%）、德意志证券交易所（14%）和阿奎斯证券交易所（56.5%）的年均增长率最高。

电子交易在欧洲证券交易市场的占比有所下降。出现下降的大多是在欧洲资本市场中活跃度较低的交易所。尽管在交易次数和成交量方面的年均增长率为负，但这并不能推翻"电子交易的交易比重在不断增加"这一普遍结论。

目前，随着电子（电子货币）交易的推广，作为对新冠疫情引发的限制性政策措施（如封锁、隔离、检测等）以及随之而来的全球价值链扰动的应对措施[①]，货币的非物质化进程也正在以虚拟货币和数字货币形式进行。其中，加密货币市场的发展尤为引人注目。

下一节专门分析了新冠疫情对加密货币市场的影响，以评估货币的非物质化进程在多大程度上是因疫情而加速（或减速），正如 Umar 和 Gubareva（2020）、Majdoub 等（2021）和 Umar 等（2021）观察到的那样，货币的非物质化进程和传统货币交易一样，受到了经济危机的负面影响。从相互联系的角度看，我们猜测法定货币和加密货币之间存在一定的负相关性和传递性。这种关系降低了加密货币在新冠疫情等经济动荡时期的风险缓冲作用。

3. 新冠疫情对加密货币市场的影响

与移动钱包（手机和智能手表）、借助移动支付平台的二维码转账（例如 PayPal、Venmo 和 Zelle 等），以及在线购物（例如浏览器或应用程序）等其他形式的电子支付手段一样，加密货币市场的蓬勃发展也体现了货币非物质化进程的推进。加密货币市场 7×24 小时全天候持续交易，6500 多种加密货币中，有数千种货币都在进行交易。

---

① Duarte 和 Murta（2022）使用反事实分析，详细研究了新冠疫情对欧盟（27 个国家），尤其是对德国、西班牙、意大利和葡萄牙四个经济体的宏观经济影响。

加密货币总市值的增长和使用范围的扩大引起了一些经济主体的关注，他们在 2008 年国际金融危机后加强了对金融行业的监管力度，对那些由加密货币技术衍生而来的创新技术表现出极大的关注。加密货币相关技术的匿名性和去中心化是它有望替代传统融资市场的关键要素。更加灵活和成本更低的支付方式，让加密货币有望取代"固有的"法定货币，从而彻底改变货币的非物质化进程和国际金融体系的运作方式。

然而，尽管加密货币大受欢迎，但作为 2008 年国际金融危机以来最大的全球动荡事件，新冠疫情逆转了加密货币这一数字货币的增长趋势。与所谓"真实"货币的情况类似，疫情造成的供需冲击也降低了加密货币的流通与使用，给数字金融带来了新的挑战和不确定性。

2020 年 3 月 8 日，加密货币市场因大规模的抛售行为而陷入崩溃，加密货币总市值在短短 1 天内损失 210 亿美元。3 月 9 日的股票市场也因此出现了所谓的"黑色星期一"（Umar 等，2021）。市场崩盘的主要原因之一是欧洲许多国家和中国的各个城市已处于隔离状态，且世界其他地区也在考虑采取类似的措施。仅仅 2 天后，即 2020 年 3 月 11 日，世界卫生组织总干事宣布新冠疫情已构成全球大流行事件，加密货币市场形势进一步恶化。包括加密货币市场在内的许多市场都因此陷入恐慌，加密货币市场在 2020 年 3 月 13 日一天就损失了近一半的总市值。主要加密货币的市值、价格和交易量急剧下降，直至 5 月底，加密货币的总市值才得以恢复，但交易量仍然存在较大波动。

图 2 显示了从 2019 年 2 月 27 日到 2021 年 11 月 5 日，六种主要加密货币（比特币－BTC、狗狗币－DOGE、以太坊－ETH、比特币现金－BCH、瑞波币－XRP、以及莱特币－LTC）日均交易量的变化。

所有加密货币均以美元（USD）计价，因此交易额也是加密货币价格的函数。为了消除价格效应，我们用每日成交额除以每日价格，交易量是以加密货币为单位进行衡量的。需要注意的是，由于交易在一天中是以不同的价格进行，因此该过程存在测量误差。但即便如此，以加密货币为单位计量的交易量也可以代表整个加密货币市场的交易情况。

从图 2 中可以看出，大多数选定的加密货币交易量都在新冠疫情之后出现了下降。比特币、狗狗币和以太坊交易量的下降尤为明显。

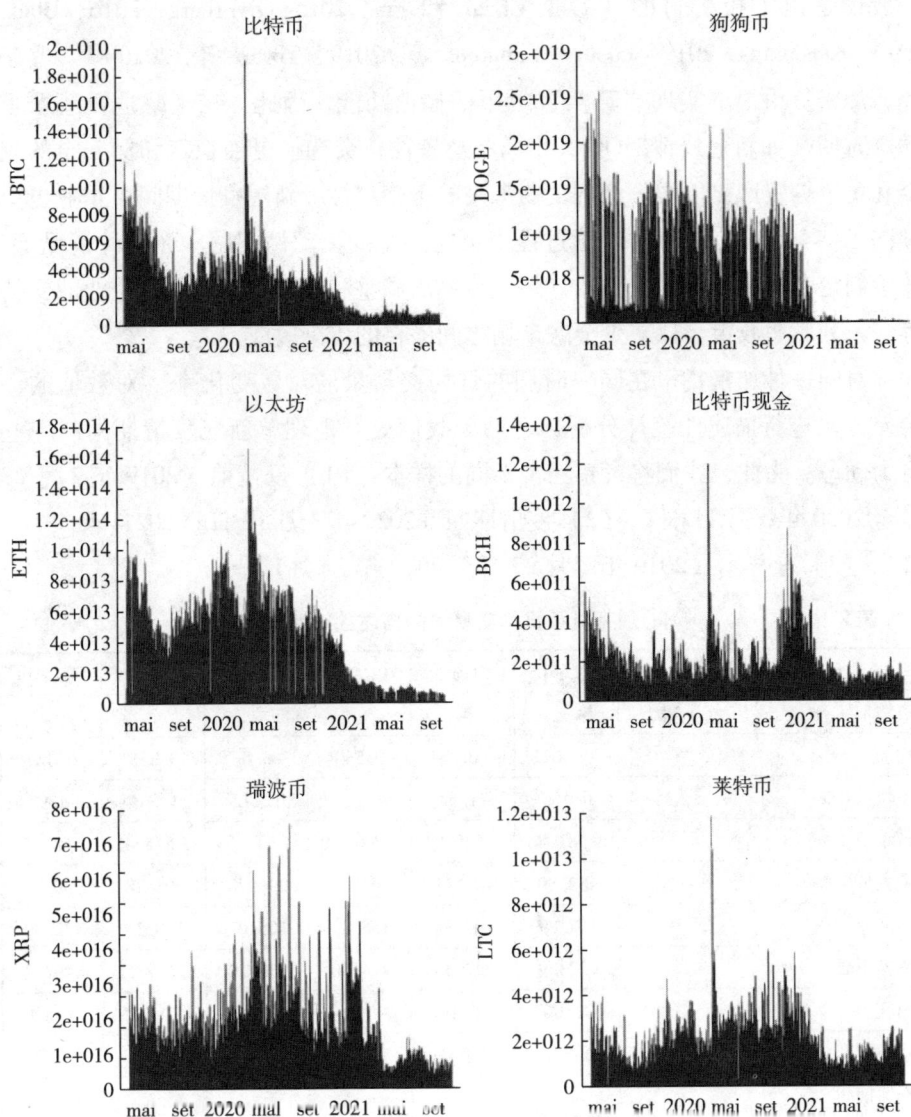

注：数据来源于 CoinDesk（https：//www. coindesk. com/）。交易量为加密货币的"一日活跃供应"。

图 2 六种主要加密货币的日均交易量（2019 年 2 月 27 日—2021 年 11 月 5 日）

以上现象可以被解释为新冠疫情暴发导致投资者现金需求激增，急于抛售加密货币。加密货币的价格一直都处于大幅波动之中，因此人们持有加密货币一般仅是出于投机目的（参见 Cheah 和 Fry，2015，Dyhrberg，2016，Blau，2017，Katsiampa，2019，López–Cabarcos 等，2019，Tiwari 等，2020）[①]。鉴于此，加密货币很难实现"真实"货币的储值功能。因此，在金融危机或严重动荡时期（如新冠疫情期间），市场参与者往往会选择更加稳定和更安全的现金和黄金等资产，以缓解经济动荡带来的不确定性。新冠疫情期间，企业也更倾向于持有现金，来应对经营过程中可能发生的流动性问题。在这种情况下，政策制定者提出了一揽子财政计划、劳动法调整和公共部门对私营企业的支持等一系列刺激政策，以减少金融市场之间潜在的传染效应。

对同一种加密货币在同一时期的日均交易量的对数变化率（对数值的一阶差分）进行描述性统计分析，有助于我们更好地理解新冠疫情期间的一些行为动态。为此，我们将考察三个不同的样本：（1）疫情前（2019 年 2 月 27 日至 2020 年 3 月 11 日）；（2）疫情期间（2020 年 3 月 12 日至 2021 年 11 月 5 日）；（3）全样本（2019 年 2 月 27 日至 2021 年 11 月）。

表2　　　　　　　　　　加密货币日均交易量的描述性统计

项目	比特币	狗狗币	以太坊	比特币现金	瑞波币	莱特币
疫情前						
均值（%）	-0.012	-0.581	0.540	-0.077	0.038	0.029
中位数（%）	0.465	-1.581	-2.201	1.172	1.544	-1.924
最小值（%）	-481.88	-649.91	-684.60	-307.68	-515.41	-687.55
最大值（%）	482.80	701.11	467.09	298.78	503.28	730.33
标准差（%）	107.89	190.35	158.91	105.07	120.34	132.30
变异系数	9223.9	327.38	294.70	1364.0	3162.5	4492.2
偏度	-0.067	-0.164	-0.064	-0.092	-0.035	0.064
超额峰度	6.571	0.653	2.111	1.913	4.515	6.675
疫情期间						
均值（%）	-0.570	-0.906	-0.575	-0.387	0.406	-0.398
中位数（%）	0.346	0.287	-0.076	0.404	-1.296	-2.284
最小值（%）	-487.63	-910.92	-693.09	-925.75	-497.59	-473.99

---

① 欧洲央行行长克里斯蒂娜·拉加德将加密货币描述为高风险资产（彭博社，2021）。例如，有人认为，与"真实"货币相比，比特币应被视为一种投机商品。

续表

项目	比特币	狗狗币	以太坊	比特币现金	瑞波币	莱特币
最大值（%）	478.31	696.98	700.78	870.22	572.36	459.36
标准差（%）	100.83	189.19	189.94	113.40	117.23	110.50
变异系数	176.88	208.90	330.59	293.39	288.56	277.97
偏度	0.001	-0.314	0.020	-0.250	0.217	-0.059
超额峰度	4.502	1.863	0.860	15.971	6.029	2.544
全样本						
均值（%）	-0.263	-0.775	-0.070	-0.159	-0.126	-0.097
中位数（%）	0.459	-0.763	-0.832	0.943	-0.313	-2.2147
最小值（%）	-487.63	-910.92	-693.09	-925.75	-515.41	-687.55
最大值（%）	482.80	701.11	700.78	870.22	572.36	730.33
标准差（%）	103.54	189.44	178.47	110.21	118.95	119.32
变异系数	393.76	244.40	2565.3	693.39	940.56	1228.8
偏度	-0.030	-0.256	-0.005	-0.200	0.089	0.004
超额峰度	5.467	1.3951	1.269	11.602	5.357	5.113

数据来源：CoinDesk（https：//www.coindesk.com/）。

表2显示了我们在上述分析中考察的六种加密货币日均交易量的描述性统计数据。

如表2所示，样本的序列平均值存在显著差异。对比疫情前和疫情期间的数据，我们发现疫情期间日均交易量的平均增长率要低得多。除瑞波币（XRP）外，疫情期间，其他所有加密货币的交易量都出现了下降。这说明疫情对数字货币市场产生了负面影响。以太坊（ETH）交易量的下降尤为明显。疫情前，其交易量的平均增长率为0.540%，在疫情期间却下降到了0.575%。比特币（BTC）、狗狗币（DOGE）和莱特币（LTC）的日均交易量也出现了明显下降，后者从疫情前0.029%的平均增长率降至疫情期间-0.398%的负平均增长率。

最小值方面，除瑞波币（XRP）和莱特币（LTC）外，其他加密货币的最小值在疫情期间表现得更加极端，再次凸显了新冠疫情对数字金融的负面影响。疫情期间，比特币（BTC）、狗狗币（DOGE）和莱特币（LTC）的最大交易量相对较低，反映出数字金融市场地位的下降。回到图2，我们认为以太坊

（ETH）、比特币现金（BCH）和瑞波币（XRP）在疫情期间最大交易量的异常记录，可能仅仅只是异常值，或者因为他们的样本周期相对较长（与疫情前的378个观察结果相比，疫情期间有603个观察结果）。

除以太坊（ETH）和比特币现金（BCH）之外，其余加密货币在疫情期间的波动率都相对较低，这表明数字金融市场的活跃度有所下降。和法定货币的其他支付形式类似，具备去中心化性质的加密货币也没能逃过新冠疫情的负面影响。

面对数字金融市场的这些变化，有关方面需要及时调整政策，增强经济信心。中央银行必须采取新的策略，稳定资本市场，应对经济动荡（例如新冠疫情）。中央银行数字货币就是一项非常重要的应对措施，我们将在下一节对其进行简要而具有前瞻性的分析。

4. 数字金融的未来是什么？

数字支付系统（即加密货币）迅速而彻底地改变了国际金融市场，为投资者、企业家以及融资困难的国家提供了更多机会。然而，新的技术也带来了新的挑战。在缺乏监管框架、专门的货币管理机构，以及防范欺诈、数字盗窃、洗钱或资助非法活动的有关机制的情况下，加密货币市场的发展伴随着不可估量的风险和不确定性。这不仅与加密货币剧烈波动的价格有关，还与数字货币复杂的价值评价体系息息相关。巨大的波动性和不确定性使投资者对数字货币的需求可以迅速转移到另一种货币，进而完全侵蚀前者的市场价值。

为了减少不确定性并提高数字金融的稳定性，包括欧央行（ECB）在内的几家央行，准备在近期推出一种由中央银行支持和发行的法定数字货币，即所谓的央行数字货币（CBDC）。值得关注的是，如果各国央行没有推出自己的数字货币，那么在不久的将来，以Facebook为主要支持者的Diem协会以及其他科技巨头或将接管国际金融领域。央行发行数字货币不是为了印钞，而是希望通过这种政府发行的电子信用货币（或账户），为数字金融提供稳定替代币。

除了更高的稳定性外，这些中心化数字货币还比央行实体货币更具成本效益，交易成本更低。然而，一个国家在推出央行数字货币之前，必须考虑如下问题：市场参与者可能会在同一时间集体从银行提取大量资金购买央行数字货币，进而引发银行挤兑。政府将一个为私人设计的支付系统集中化，可能会引起用户的强烈反对，并引发网络安全风险。但即便如此，央行数字货币依旧可以借助电子设备更简便、更安全地获取资金。这不仅可以提高金融包容性，还有助于货币政策更迅速、更顺畅地实施，而这些在加密货币世界中都是无法实现的①。

如前文所述，全球数字金融市场上目前有 6500 多种加密货币。其中一些也是中心化的，但它们并不属于政府当局。2019 年 1 月，阿拉伯联合酋长国和沙特阿拉伯开展了第一个政府支持的稳定数字货币试点项目，宣布了一项名为"阿伯项目"的央行数字货币双边项目。两国央行一致认为，分布式记账技术（DLT）有助于促进跨境交易。

然而，巴哈马却是第一个启动央行数字货币的国家。巴哈马于 2020 年 10 月启动名为"Sand dollar"的全球央行数字货币项目。2021 年 2 月，阿拉伯联合酋长国与中国、中国香港和泰国共同发起了跨境央行数字货币项目，尝试将分布式记账技术应用于外币支付。

2021 年 2 月以来，瑞典也一直在测试数字货币"eKrona"，旨在将其作为实物货币的补充，建立一个可供所有人使用的系统。2021 年 9 月，瑞典央行在瑞典政府创建的官方网站上将这种数字货币提供给外部客户试用，客户可以在国内或国外商店进行交易。瑞典央行之所以推出这个项目，主要是担心实物货币会在货币非物质化进程中被边缘化，消费者想要使用实物货币进行支付，而卖家却不再接受。瑞典央行的担忧是数字金融发展面临的一个艰巨挑战，而新冠肺炎疫情加速了这一进程。

英国、日本和欧央行也在考虑加入数字货币领域。事实上，央行货币的数字化在全球范围内，尤其是欧元区，都在快速发展。数字欧元的推出或将对欧洲所有市场参与者造成影响，人们的生活方式，尤其是支付方式也将发生巨大改变。

2021 年 7 月，欧央行在新冠疫情期间推出了数字欧元项目。但是，考虑到欧洲立法可能发生的变化，欧央行计划在晚些时候发行数字欧元。正如欧央

---

① 参见 https：//www. atlanticcouncil. org/cbdctracker/。

行所言，数字欧元将确保欧元区的经济主体能够持续免费获得一种简便的、被普遍接受的、安全可靠的支付方式。就像纸币和金属货币一样，数字欧元依旧是欧元，但它将是数字化的。它是一种由中央银行发行的电子形式的货币，是对现金的一种补充，并不会取代现金。欧元区或将因此成为数字金融领域的先行者。

欧元体系在继续确保欧洲公民能够在整个欧元区获得现金的同时，为公民提供更多支付选择，提高支付的便利性，改善金融的可及性和包容性。数字欧元的地位与中央银行实体货币一样，都是由货币当局发行并支持的法定信用货币。数字欧元将成为欧洲进步和一体化的数字象征。

考虑到欧元庞大的流通和使用规模，我们认为数字欧元项目的真正落地会引发一系列"多米诺骨牌效应"。其他货币区的中央银行或许会参照欧央行的经验发行本国的数字货币，进一步推进货币的非物质化。或许，我们今天所了解的央行实物货币以及它们目前所发挥的功能终将成为历史，成为收藏家和钱币学家研究的对象。

5. 结 论

本章专门分析了新冠疫情背景下货币的非物质化进程。当中央银行发行的实物金属货币和纸币被以中心化或去中心化的电子和数字支付手段进行的非现金交易所取代时，货币的非物质化就发生了。

如同在金本位制时期蒸汽技术的引入，或在布雷顿森林体系时期银行部门信息和通信技术的发展，多年来，这一进程在金融系统中随着支付系统的技术创新自然而然地进行着。近期，随着加密货币的发展和普及，货币的非物质化进程明显加快。新冠疫情造成的供需变化的调整更是加速了这一进程，不仅动摇了现金交易的核心地位，而且导致信用转账、直接借记和支票交易的数量不断降低。与之相反的是，使用非接触式技术的电子货币交易和使用银行卡进行支付的交易数量正在逐渐增加。

然而，在分析新冠疫情对加密货币市场的影响时，我们惊讶地发现，自2008年比特币出现以来，加密货币使用的增长趋势在2020年3月11日世界卫生组织宣布新冠肺炎为大流行病时发生了逆转。

对比六种主要加密货币（比特币、狗狗币、以太坊、比特币现金、瑞波币和莱特币）在疫情前和疫情期间的交易量可以发现，加密货币在疫情期间的日均交易量的平均增长率显著降低。其中，以太坊表现得尤为明显，平均增长率从疫情前的0.540%下降到疫情期间的 -0.575%。比特币、狗狗币和莱特币也出现了明显下降，后者的平均增长率从疫情前的0.029%下降到疫情期间的 -0.398%。

尽管加密货币市场的交易量出现了明显下降，但数字支付即中央银行推出的数字货币似乎仍然是国际资本市场的主流发展方向。欧央行最近正在欧元区推出的数字欧元试点项目就是一个很好的例子，相对于现有的其他数字支付形式，这些中央银行数字货币的优势在于能够得到货币当局的支持，价值更加稳定，能够获得更多监管和货币政策工具的支持，这在经济动荡时期（例如新冠疫情期间）显得尤为重要。

致谢：本项目由国家基金FCT Fundação para a Ciência e a Tecnologia, I. P., Project UIDB/05037/2020 资助。

参考文献

Aldridge, J., & Askew, R. (2017). Delivery dilemmas: How drug cryptomarket users identify and seek to reduce their risk of detection by law enforcement. *International Journal of Drug Policy, 41*, 101–109. https://doi.org/10.1016/j.drugpo.2016.10.010.

Blau, B. M. (2017). Price dynamics and speculative trading in bitcoin. *Research in International Business and Finance, 41*(C), 493–499. https://doi.org/10.1016/j.ribaf.2017.05.010.

Bloomberg (2021). Bitcoin investors may lose everything, central bank warns. Retrieved from https://www.bloomberg.com/news/articles/2021-01-29/bitcoininvestors-may-lose-everything-central-banker-warns.

Cheah, E. T., & Fry, J. (2015). Speculative bubbles in bitcoin markets? An empirical investigation into the fundamental value of bitcoin. *Economics Letters, 130*, 32–36. https://doi.org/10.1016/j.econlet.2015.02.029.

Choi, S., Choi, K. S., Sungu-Eryilmaz, Y., & Park, H. K. (2020). Illegal gambling and its operation via the darknet and bitcoin: An application of routine activity theory. *International Journal of Cybersecurity Intelligence & Cybercrime, 3*(1), 3–23. https://doi.org/10.52306/03010220HTLI7653.

Cuervo, C., Morozova, A., & Sugimoto, N. (2019). Regulation of crypto assets, International Monetary Fund. Retrieved from https://www.imf.org/en/Publications/fintechnotes/

Issues/2020/01/09/Regulation-of-Crypto-Assets-48810.

Duarte, A. P. (2015). *O Sistema Monetário Internacional: Uma Perspetiva Histórico-Económica.* Conjuntura Actual Editora, Grupo Almedina, S. A.

Duarte, A. P., & Murta, F. S. (2022). Macroeconomic impacts of covid-19 pandemic in some European Union countries: A counterfactual analysis. In S. Redžepagić, A. P. Duarte, M. Siničáková, & D. Bodroža (Eds.), *Economic and financial implications of Covid-19 crisis.* Université Côte d'Azur. France: Balkan Institute of Science and Innovation (forthcoming).

Durrant, S. (2018). *Understanding the nexus between cryptocurrencies and transnational crime operations.* CUNY Academic Works.

Dyhrberg, A. H. (2016). Bitcoin, gold and the dollar–A GARCH volatility analysis. *Finance Research Letters, 16*, 85–92. https://doi.org/10.1016/j.frl.2015.10.008.

Eichengreen, B. (2019). From commodity to fiat and now to crypto: what does history tell us?, *National Bureau of Economic Research*, Working Paper, No. 25426, January.

European Commission (2020). A digital finance strategy for Europe, DigitalFinanceEU, September.

Guzmán, A., Pinto-Gutiérrez, C., & Trujillo, M.-A. (2021). Trading cryptocurrencies as a pandemic pastime: COVID-19 lockdowns and bitcoin volume. *Mathematics, 9*(15), 1771. https://doi.org/10.3390/math9151771.

Hadad, S., & Bratianu, C. (2019). Dematerialization of banking products and services in the digital era. *Management & Marketing. Challenges for the Knowledge Society, 14*(3), 318–337. https://doi.org/10.2478/mmcks-2019-0023.

Katsiampa, P. (2019). An empirical investigation of volatility dynamics in the cryptocurrency market. *Research in International Business and Finance, 50*(C), 322–335. https://doi.org/10.1016/j.ribaf.2019.06.004.

López-Cabarcos, M. A., Pérez-Pico, A. M., Piñeiro-Chousa, J., & Šević, A. (2019). Bitcoin volatility, stock market and investor sentiment. Are they connected? *Finance Research Letters, 38*, 101399. https://doi.org/10.1016/j.frl.2019.101399.

Majdoub, J., Sassi, S. B., & Bejaoui, A. (2021). Can fiat currencies really hedge Bitcoin? Evidence from dynamic short-term perspective. *Decision in Economics and Finance., 44*(2), 789–816. https://doi.org/10.1007/s10203-020-00314-7.

Samut, S., & Yamak, R. (2021). Did the Covid-19 pandemic affect the relationship between trading volume and return volatility in the cryptocurrencies? *Public Finance Quarterly, 4*, 517–534.

Swammy, S., Thompson, R., & Loh, M. (2019). *Crypto uncovered: The evolution of bitcoin and the crypto currency marketplace.* Springer.

Tiwari, A. K., Adewuyi, A. O., Albulescu, C. T., & Wohar, M. E. (2020). Empirical evidence of extreme dependence and contagion risk between main cryptocurrencies. *The North American Journal of Economics and Finance, 51*(C), 101083. https://doi.org/10.1016/j.najef.2019.101083.

Umar, Z., & Gubareva, M. (2020). A time–frequency analysis of the impact of the Covid-19 induced panic on the volatility of currency and cryptocurrency markets. *Journal of Behavioral and Experimental Finance, 28*, 100404. https://doi.org/10.1016/j.jbef.2020.100404.

Umar, Z., Jareño, F., & González, M. (2021). The impact of COVID-19-related media coverage on the return and volatility connectedness of cryptocurrencies and fiat currencies. *Technological Forecasting and Social Change, 172*, 121025. https://doi.org/10.1016/j.techfore.2021.121025.

Antonio Portugal Duarte：科英布拉大学经济学院高级教授，商业和经济研究中心研究员。2007 年获科英布拉大学经济学博士学位，曾任英国伦敦大学伯贝克学院名誉客座研究员（2015 年 3 月 1 日至 2015 年 5 月 30 日），斯洛伐克布拉迪斯拉发经济大学（2014 年 11 月）和塞尔维亚贝尔格莱德贝尔格莱德银行学院（2014 年 12 月）客座教授。著有 *O Sistema Monetário Internacional*：*Uma Perspectiva Histórico – Económica* 一书，并在国际科学期刊上发表多篇论文。

数字时代的国际金融市场

Michael Frömme[①]

那么，似乎有可能……将股票交易所在计算机网络中具象化可以使交易成本大幅降低，而且不会给股票价格带来任何额外的不稳定性，也不会给小投资者或大投资者带来不公平。

——Black（1971a，b，p. 87）

1. 引　言

尽管金融资产交易有着悠久的历史，但直到最近几十年，才发展成今天的形式。文艺复兴时期，首次出现了永久性交易所，而在此之前，交易会一直是欧洲的主要交易场所。这些交易会是商人们定期交易的地方，主要进行实物交易，但也不乏货币和金钱交易。最著名的交易会主要在法国香槟区的几个城市（普罗文斯、特鲁瓦、拉格尼、奥布河畔巴尔）轮流举行。在香槟伯爵的组织和保护下，1150 年至 1300 年，交易会达到了鼎盛时期（Lo 和 Hasanhodzic，2010，p. 25）。Clough 和 Cole（1952）曾这样描述金融资产在交易会中的交易："在交易会开始时，有八天的时间可以开箱。然后，会有专门的部门，它们被称为……之后按照惯例，开始进行货币兑换商和掮客之间的交易，他们坐在桌子后面称量金银，检查各色金属货币，收发贷款"。

除了那些常规的交易会，意大利几乎没有专门的货币市场。最具影响力的是热那亚的一个交易会（实际上是在热那亚北部的诺维利古雷市），在 1532

---

① Michael Frömme，比利时根特大学，经济与工商管理学院经济系（Faculty of Economic and Business Administration，Department of Economics，Ghent University，Ghent，Belgium），邮箱：michael. froemmel@ UGent. be。

年至 1763 年每 3 个月举办一次，每次持续 8 天（Rime，2003）。另外，还有自 1622 年起在皮亚琴察举办的交易会，自 1631 年起威尼斯人在维罗纳举办的一个独立的交易会，自 1633 年起在博尔扎诺/博赞举办的一个交易会（Marsilio，2015）。

随后，交易会被永久性交易所取代。最初的交易活动是在富人的房子中进行的。"交易所"一词最早可以追溯到拉丁语 bursa，意思是装硬币的钱包或皮包。自 1409 年起，布鲁日有了定期交易所；1453 年，布鲁日的交易所有了自己专门的场所。"交易所"一词源于布鲁日的富人家族范德比尔兹，他们在自己的房子里接待商人，这所房子至今仍被保留着。1460 年，安特卫普成立了一个香料交易所，但阿姆斯特丹的交易所很快就成为该地区最重要的交易所。不久后，邻国也成立了交易所：如 1540 年左右在奥格斯堡和纽伦堡成立的交易所，1585 年在法兰克福（均在德国）成立的交易所，以及 1554 年在伦敦成立的皇家交易所。1602 年左右，第一批股票在阿姆斯特丹交易，由东印度公司发行（古荷兰语拼写为 Vereenigde Oostdische Compagnie，VOC）。VOC 筹集了约 650 万荷兰盾，相当于现在的 1 亿美元。与此同时，欧洲出现了第一批银行（1609 年的阿姆斯特丹银行，1694 年的英格兰银行）和交易所。1792 年，交易者们会聚在纽约，并在曼哈顿的一家咖啡馆进行交易，这便是纽约交易所的起源（Roll，2006）。

在之后的几个世纪里，交易所的交易活动基本保持不变。场内交易是股票和债券的主要交易形式，而货币交易则是经纪人和客户通过"公开喊价"系统进行的直接交易，这是一种通过口头出价和报价来匹配买家和卖家的机制。许多城市都有交易所，并且通常会有一个在全国占主导地位的交易所。货币市场的出现，让伦敦成为全球交易中心。在那里，电话经纪人取代了公开喊价系统。

到了 20 世纪下半叶，情况发生了变化。20 世纪 60 年代，计算机得到广泛应用，出现了第一个自动化交易系统 Instinet。Instinet 交易系统于 1969 年推出，它以数字交易所的流媒体报价技术为基础，面向大型机构投资者。它可以在纯粹的电子场外交易系统中直接交易粉单证券。纳斯达克（NASDAQ）是最早使用电子交易取代实物交易的证券市场之一，在 1971 年实现了完全自动化的柜台交易（OTC）。与早期的 Instinet 系统类似，纳斯达克创建了一个严格的数字交易平台。纽约证券交易所于 1976 年引入了指定订单周转系统（DOT），该系统允许客户和经纪人直接将订单发送给指定做市商，而非雇用经纪人。然而，DOT 仅限小批量交易，最大交易量为 500 股。一旦订单被执行，用户就会收到实时交易的确认报告。该系统的主要优点是提高了交易速度。1984 年，该系统升级到 SuperDOT 系统，进一步提高了交易的速度和准确率。单个订单（限价订单）的最大交易量达到了 99999 股，限价订单平均能在 28 秒内执行（Siebers 和 Weigert，1998）。2009 年，该系统被超级显示簿（SDBK）取代，用于展示、记录和执行证券订单。SDBK 是一个复杂的计算机程序，可以将市价订单和限价订单直接传输到交易站和指定的做市商，提高了交易的速度和准确率，并有助于控制风险。2012 年，统一的交易平台出现。

20 世纪 90 年代，电子通信网络（ECN）的出现，实现了客户之间的交易。客户将自己的订单输入到系统中，这些订单将与交易所外其他客户的订单进行匹配，没有匹配成功的订单，则会被传输到交易所。ECN 大幅减少了执行时间和成本，实现了机构投资者的自动化交易（Lhabitant 和 Gregoriou，2015）。

此后，电子交易迅速发展，成为全球大多数交易所的主要交易系统，伦敦证券交易所是欧洲大陆的先驱。这也是 1986 年大规模计划的一部分，该计划还包括放松管制和重组，即所谓的"大爆炸"（Poser，2001）。1994 年，意大利证券交易所引入了电子交易，1997 年，多伦多证券交易所和法兰克福证券交易所也引入了电子交易。2020 年是一个重要的转折点，纽约证券交易所因新冠疫情暂时关闭了交易大厅。虽然只是一项临时政策，但这进一步提高了投资者对电子交易的接受度。

关于"电子交易"的定义，国际清算银行（BIS，2001）认为，电子交易包含一系列潜在活动，从电子订单发送开始，直到执行系统（或 1976 年纽约证券交易所指定订单周转系统 DOT 中的经销商）交付订单。订单发出到交易完成主要包含预购订单（例如竞价差价、限价订单簿的深度和广度等订单簿信息）和交易完成信息（例如交易价格和交易量的可用性以及市场影响）的电子传播。交易活动可以实现更高水平的电子化。按照电子交易的广义概念，交易的电子化水平在不同类别甚至在相同类别的资本市场之间都可能存在很大差别。狭义的电子交易则是指交易执行本身和上文提到的所有系统。

BIS（2016）评估了2012年至2015年各个细分市场的电子化程度。虽然程度有所不同，但所有资产类别的电子化水平都大幅上升。我们通常认为，具有高流动性和可替代性资产的市场，即标准化和可互换的市场，是最快速、最容易适应电子交易的市场。因此，金融衍生品、CDS、股票和外汇现货市场（后文将重点介绍）成为其中的先行者。由于它们的电子化程度达到了70%~90%，因此BIS将其称为完全电子化市场。其他市场，如美国国库券、欧洲政府债券和担保债券市场，以及其他外汇市场的细分市场（远期、期权和掉期交换）被认为是高度电子化的市场，它们的电子化程度超过了50%。

电子交易极大地改变了市场，其效果"不仅是制造了一个更好的电话"，更是创造了一种新的交易方式（BIS，2001）。电子交易对市场的影响是多方面的，我们将在下一节中对此进行讨论。

2. 电子交易对市场的影响

2.1　对市场结构的影响

电子交易对基础设施的影响包括速度、流动性和准确性。电子交易对交易过程本身的主要影响在于速度的极大提高。纽约证券交易所（NYSE）DOT系统的交易速度大幅提高，平均交易时间仅28秒（Siebers和Weigert，1998）。Hendershott（2003）在报告中称，交易所的交易执行时间为20余秒，而使用ECN的执行时间仅为2~3秒，甚至可达300微秒以下（Ding等，2014）。如今，交易平台公布了以毫秒为单位的执行时间。交易速度对于自动交易和高频交易（以下简称HFT）至关重要（Menkveld，2016）。比起高度复杂的模型，HFT更注重速度（Virgilio，2019），正如Arnoldi（2016，p.46）所说："优先考虑速度而不是复杂的数据处理……算法会变得更快，而不是更智能。"

自21世纪初以来，HFT发展迅速在交易市场中占据了十分重要的地位，但各方对它的估值却大相径庭。据Kaya（2016）估计，2014年，HFT约占美国市场交易量的50%，占欧洲市场交易量的35%（2009/2010年最高达到60%/40%）。英格兰银行（Haldane，2010）、美国证券交易委员会（SEC，2010）及Miller和Shorter（2016）的估值也与之相似，并且都认为亚洲的份额较低，为 5% ～ 10%。很少有研究认为 HFT 的份额在 70% ～ 80%（Adamska，2021），这不仅体现在交易算法上，还体现在执行客户订单的算法上（Glantz 和 Kissell，2014）。

然而，HFT 的利润在 2008 年至 2010 年达到峰值以后，就一直在下降。虽然在早期，HFT 在 4 年内从未经历过日内亏损（Patterson，2012a，b），但 Cookson（2013）的报告称，美国市场的利润从 2009 年的 50 亿美元下降到了 2012 年的 12.5 亿美元。而根据 Kaya（2016）的估计，2009 年和 2013 年美国市场的利润分别为 72 亿美元和 13 亿美元。其中一个原因可能是该行业竞争的加剧（Boehmer 等，2018），使规模较小、实力较弱的竞争者被逐出了市场。每笔 HFT 的利润很少超过几美分，因此只有每天执行数百万笔交易才能获得可观的利润。在一个以微小的价格差异或价格波动为收入来源的细分市场中，技术水平更高的市场更难被击败，盈利机会也会更小。与此同时，速度上的微小差异变得越来越重要：当执行时间在毫秒范围内时，必须将操作的延迟时间降到最小，这主要受物理因素的制约。与交易地点的距离也开始变得重要，"一场代价高昂的电信和网络链接军备竞赛已经开始，这可以为交易者提供小至几十微秒的竞争优势"（Schneider，2011）。远离（电子）交易所的交易者处于竞争劣势（Garvey 和 Wu，2010）。因此，从事 HFT 的交易者为了将用于交易的计算机放置在距离交易所更近的地方，愿意支付高昂的费用。当纽约证券交易所将其数据中心迁至新泽西州莫瓦市（Mahwah）时，他们还特意为高频交易者留出了空间，以获得更高的溢价（Schneider，2011）。

HFT 的兴起和（一定程度的）衰落与 Andrew Lo（2004）提出的适应性市场假说基本完全一致：电子交易这一创新技术的引入，改变了市场环境，创造了一种新型交易模式——高频交易。最初，高频交易者获得了高昂的利润，并且在不断成长的过程中相互竞争。适应性最强的公司生存了下来，但获利的机会却减少了。

在过去几年，竞争的加剧提高了 HFT 的成本，但计算机所实现的劳动密集型流程，在总体上降低了交易成本（Allen 等，2001）。据估计，成本降幅在 50% ～ 75%（Domowitz 和 Steil，2002）。库存风险（持有期内基本面价值向不利方向转变的风险）以及逆向选择（交易对手拥有内幕信息的风险）等隐性成本也在降低，并且都体现在买卖价差中。虽然电子交易直接降低了交易成本，但如前文所述，高频流动性提供者额外提供的流动性进一步降低了库存成本。更高的透明度在一定程度上也减少了逆向选择。

因此，电子交易的每个步骤——电子订单传送、自动交易执行、订单前和订单后信息的电子传播都有可能降低交易成本。

2.2　对性价比的影响

除了降低成本，人们还希望通过电子交易提高交易流程的准确性。我们通常所说的准确性是指避免失误的能力，但只要有人参与交易过程，失误就难以避免。这些失误曾经引发许多轰动一时的价格扭曲事件（所有案例均来自Bremser，2012）。

2002 年 10 月，一位证券交易员在交易瑞安航空股票时混淆了欧元与英镑，导致股价上涨了 61%。

瑞穗（日本）的一名实习生原打算以 61 万日元的价格卖出 1 股日本电信公司 J－Com 的股票，但最终却以每股 1 日元的价格卖出了 61 万股。由于没能成功阻止这笔交易，最终造成了 2.24 亿美元的损失，日经指数也因此下跌了 2%。

2001 年 5 月，雷曼兄弟在伦敦的一位经销商准备卖出蓝筹股。由于失误或其他原因，他卖出的数量是预期数量的 100 倍。最终导致富时 100 指数下跌了 120 点，造成相当于（虽然是暂时的）300 亿英镑市值的损失。事后，监管部门对雷曼兄弟处以 2 万英镑的罚款。

综上所述，电子交易的积极影响在于通过降低成本来增加市场流动性、减少买卖差价，基于更高的透明度和更快的价格发现来减少逆向选择（Hendershott 和 Riordan，2013）。高频交易则大幅提高了市场的流动性。

然而，事实证明，电子交易环境中仍然会发生错误。产生错误的原因不再是"胖手指"（Bremser，2012），而是（主要是）交易算法中的错误（Adamska，2021）。

据Perez（2013）报道，2012 年 8 月 1 日，美国骑士资本集团（Knight Capital Group）出现了一个算法错误，该集团在纽约证券交易所和纳斯达克都表现得很活跃，当时的市场份额为 17%。作为美国从事做市、电子执行、机构销售和交易的最大的股票交易商，骑士资本的日交易量超过 33 亿笔，成交额超过 210 亿美元。Dolng（2019）这样描述了 2012 年 8 月 1 日发生的一切。

那天早上，公司安装了一个新的交易软件，但其中存在一个漏洞，这个漏洞直到纽约证券交易所开盘后才显现出来。错误的算法最终导致公司购买了 150 种不同的股票，总成本约为 70 亿美元。当时，骑士资本可以选择取消订单或立即出售购买的股票。第一种选择，即取消订单，对大多数股票都没能实现，因为美国证券交易委员会主席玛丽·夏皮罗（Mary Schapiro）根据美国证券交易委员会的规定拒绝了这一请求。因此只剩下第二种选择。为了避免股价被大幅压低，骑士资本决定将收购的所有股票都出售给高盛，高盛提出的支付价格让骑士资本损失了 4.4 亿美元。尽管一周后骑士资本获得了 4 亿美元的注资，但一年后，骑士资本还是被其竞争对手 Getco LLC 收购了。

无独有偶，中国国有券商光大证券（Everbright Securities C.）因交易系统设计缺陷产生了 234 亿元人民币（相当于 38.2 亿美元）的巨额买入订单，导致上海证券交易所股价飙升。2013 年 8 月 16 日，上证综指在 3 分钟内上涨超过 5%。为此，中国监管部门对光大证券处以总计 5.23 亿元人民币（相当于 8475 万美元）的罚款。除了罚款，该公司在交易中还损失了 3170 万美元（Kauffmann 等，2015）。

再回到 HFT，从已有文献来看，HFT 的负面影响是增加市场波动（Lewis，2014）和错误定价风险（Jarrow 和 Protter，2012）。自动化和高频交易要求市场参与者能够应用价格引导（Spoofing）和报价填充（order stuffing）等复杂的价格操纵方法（Lee 等，2013），而这可能会增加市场闪崩的风险（Patterson，2012a，b）。Kirilenko 等（2017）分析了 2010 年 5 月 6 日标准普尔 500 指数期货市场的闪崩事件。最终的结论是，在那次闪崩中，非指定频率做市商没有根据流动性失衡情况来进行调整。他们将这次的事件称为"新常态"。对此，学术界一直没有达成共识（参见 Menkveld 的广泛讨论，2016）。Jacob Leal 等（2016）发现，在闪崩发生的过程中，以及在闪崩后市场的快速复苏中，二者都发挥着至关重要的作用。

2.3 对市场稳定性的影响

效率、流动性、秩序和弹性等因素都提高了金融的稳定性（BIS，2001）。

我们已经就流动性和效率等问题进行了讨论：电子交易的普及增加了金融市场的流动性和效率，透明度的提高增加了信息获取的渠道，并有助于信息的传播。这同样有助于降低成本，使价格能够根据更小的基本面变化进行调整。以下几个问题值得我们重点关注。

首先，尽管有人认为频率更低的交易反而会引发更大的波动，但效率的提高可能也伴随着更高且更令人反感的波动。但更重要的是，需要给交易者一些时间来根据订单簿和订单流的变化确定交易策略，避免市场被进一步地划分成低频交易者和高频交易者。换句话说，交易的速度与交易者根据价格信息作反应的时间不再一致。这可能会导致订单无法以预期价格执行，造成价格的超调（BIS，2001）。

其次，尽管市场的一般流动性随着电子交易的增加而增加，但流动性和效率之间围绕市场活动存在某种平衡。电子交易使价格调整变得更加有效，以更高的"订单强度"向新的平衡移动（Jiang 和 Lo，2014）。然而，这些都是以牺牲流动性为代价的。高频交易者处理信息的速度更快、效率更高，但却会消耗市场的流动性（Jiang 等，2014）。这可能是价格上涨所造成的（BIS，2016）。这种高速的价格发现机制的优势还有待进一步研究。一位诺贝尔奖获得者曾坦言，他无法理解在微秒或毫秒范围内进行价格调整的益处（Stiglitz，2014），就像 Krugman（2009）说的那样，"没有比高频交易更能反映这一点（社会无用性）了"。大多数实证研究都证实 HFT 会增加价格波动性（参见 Virgilio，2019，表 1）。

最后，HFT 对市场效率的影响更多时候是积极的（Virgilio，2019，表5）。Brogaard 等（2014a，b）发现，HFT 倾向于朝着永久价格变化的方向进行交易，但也会在临时错误定价期间建立反向头寸。这一研究结果与Foresight（2012）、Manahov 和 Hudson（2014）以及大多数实证研究的结果一致。只有 Hasbrouck 和 Saar（2013），Benos 和 Sagade（2016）等少数学者持不太乐观的看法。

在危机和市场萧条时期，金融稳定显得尤为重要。正如国际清算银行（2001）在电子交易危机初期所说的那样，危机时期的交易方式逐渐从电子市场"逃离"到更传统的市场（例如电话和大厅叫价系统）。21 世纪初，这种情况发生了变化。一种可能的解释是，在市场的压力下，交易者转向了市场份额最高的电子交易市场。Hasbrouck 和 Saar（2013）研究证实了高频交易在市场平静状态下和压力状态下均能够降低短期波动。电子交易对金融稳定的另一个积极影响是为更多的参与者提供了入市机会。

金融稳定的另一个威胁是集群效应（或羊群效应），它可能会助长错误的定价和价格上涨。由于高频交易一直追求"更快但不智能"的方法（Arnoldi，2016），简单的算法在不同的高频交易者之间逐渐趋于一致，最终导致不同交易者的交易出现了高度的相关性。实证研究已基本证实了这种相关性的存在（Chaboud 等，2014）。Brogaard（2010）发现，高频交易者交易策略的多样性远不如低频交易者。Kirilenko 等（2017）分析了 2010 年 5 月 6 日的闪崩事件，发现在明确价格信号出现后的 4 秒内，HFT 顺应了趋势，并采取了反向操作（10 秒钟后）。

3. 外汇市场案例

3.1 技术创新

外汇（FX）市场是世界上规模最大、历史最悠久的金融市场。尽管它在古代国际贸易将不同地区的货币联系起来时就已经出现，但在一开始并不十分规范。除了非正式的外币兑换外，货币有时也在定期举办的交易会上进行兑换。热那亚曾出现过货币交易会，于 1532 年至 1763 年每 3 个月举行一次，每次持续 8 天（Rime，2003）。自黄金时代（the Belle Epoque）以来，电话一直被用于外汇市场通信（Van den Berg，2010）。20 世纪 30 年代以后，电话经纪人形式已得到广泛应用。电话经纪人通过电话给出的报价可以被接受，也可以不被接受。1960 年，出现了一项重要创新，即私人电话网络的接入：经纪人在银行免费安装对讲机（所谓的"应答机"），向相关各方实时传递报价。银行的交易商从此可以通过电话，接收带有"我的"字样的报价，并按要价买入，或接受带有"你的"字样的报价，按出价卖出。换句话说，经纪人可以提交有限制的订单，而交易商可以提交市价订单（Rime，2003）。除了语音经纪人（间接交易），交易商还可以通过电话或电传进行直接交易。1981 年，路透的 RMDS（路透市场数据服务）被投入市场使用。1987 年，高级通信系统路透 d 2000 - 1 被推出。它更像是一种聊天系统，能够增进交易者之间的交流，使直接交易比通过语音经纪人完成的间接交易更具竞争优势。因此，到 20 世纪 90 年代初，直接交易赢得了更多的市场份额。

1992 年，外汇电子交易市场推出了新的路透 D2000 - 2 系统。D2000 - 1 针对的是直接交易，而 D2000 - 2 则主要针对语音经纪人，能够帮助匹配一组交易商的买卖订单（Van den Berg，2010）。交易商可以直接在系统中输入买入或卖出订单指令，而无须经纪人介入。1993 年出现了两个相互竞争的系统，即日本的 Minex 平台和 EBS 平台电子经纪服务，后者由大型贸易银行推出，并于 1997 年接管了 Minex。尽管后来出现了莫斯科银行间货币交易所（MICEX）交易平台［现已并入莫斯科交易所中（MOEX）］。EBS 和路透（现在是高级版本 D3000）等一些较小的本地平台，但上述平台依然占据主导地位，分别服务于不同的细分市场：EBS 主导欧元/美元、美元/日元、欧元/日元、美元/瑞士法郎、欧元/瑞士法郎和美元/离岸人民币，而路透则是大多数英联邦和新兴市场货币的交易场所（Sercu，2009）。

3.2 市场规模和结构

在不同货币市场中占据主要市场份额的电子交易平台使外汇市场更加集中。

在全球化背景下，电子交易的出现大幅增加了外汇市场的交易规模。国际银行在 3 年一次的中央银行调查（BIS，2019）报告中称，外汇市场的日交易额已接近 6.6 万亿美元，而 1989 年的交易额仅为 5000 多亿美元（见图 1）。现货交易主要通过电子交易完成，在 2019 年约占市场规模的 30%，而外汇掉期则占 50%（BIS，2019）。

外汇市场与其他市场的不同之处在于其明显的双重结构。它是一个纯粹的交易商市场，客户无法直接进入核心市场。交易商接受客户的订单并在银行间市场进行交易。交易商也可以在没有客户订单的情况下在交易商市场（即外圈）进行交易。银行间市场（即内圈）的交易额甚至不到总交易额的一半，面向的客户既可以是金融机构，也可以是非金融客户。

国际清算银行将交易对手分为以下三类（BIS，2010，p. 33）。

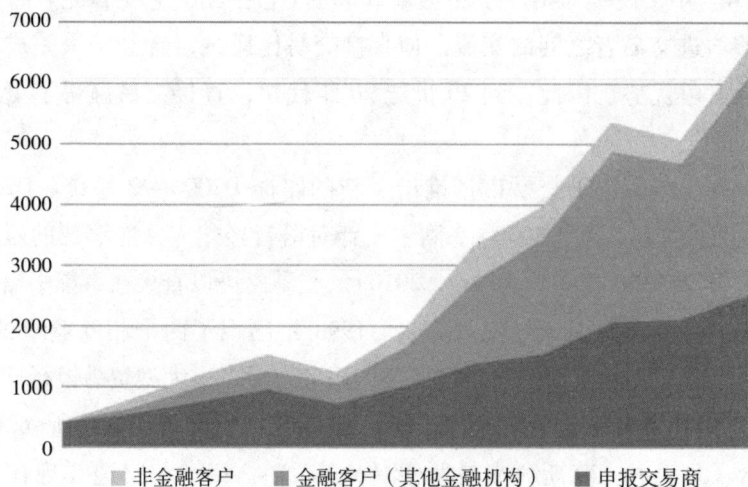

图 1 外汇市场每日交易额的演变

[资料来源：BIS（2019）]

"申报交易商"：指积极参与本地和全球外汇及衍生品市场的金融机构。主要包含大型商业和投资银行以及证券公司，它们（i）参与交易商市场或（ii）与大客户（例如大型企业、政府和其他非申报金融机构）有频繁的业务往来。

"其他金融机构"：指未被归类为申报交易商的金融机构。该名词涵盖了所有其他类型的金融机构，例如小型商业银行、投资银行和证券公司，此外还包括共同基金、养老基金、对冲基金、货币基金、货币市场基金、建筑协会、租赁公司、保险公司、企业的金融子公司和中央银行。

"非金融客户"：指除上述主体以外的任何交易方，主要是企业和政府等非金融终端客户。

1992 年，申报交易商在总交易量中所占的份额达到了 70%，在所有类别中居主导地位。几十年来，其市场份额不断下降，近期已经下降到 38%（BIS，2019，详见图 2）。包含金融客户的申报交易目前占据主导地位，占总交易量的 55%（1992 年为 12%）。

这既反映了金融市场的深化，也反映了交易商市场竞争程度和集中度的增强，下文将对此进行详细讨论。从总数上看，交易商与金融客户的交易额增加了 37.5 倍，从 1992 年的 960 亿美元增加到 2019 年的 36000 亿美元。而与非金融客户的交易份额则从18%（1992年）下降到7%（2019年）。

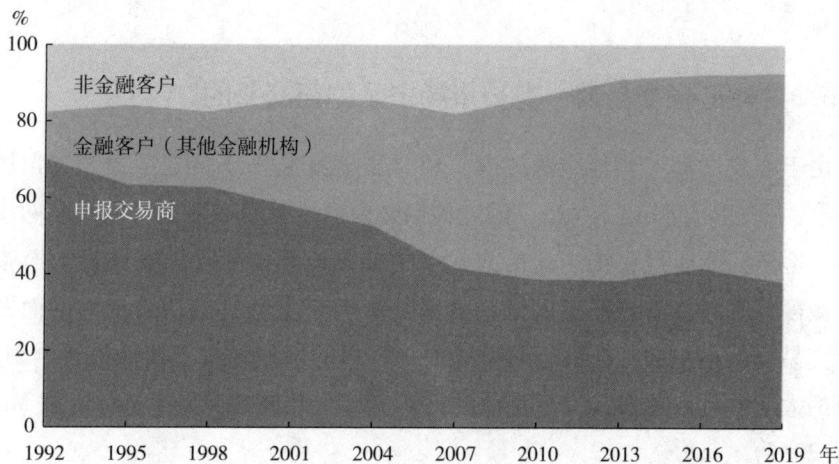

图2 注册交易者的交易对手份额占总交易量的百分比

［资料来源：BIS（2019）］

电子交易的出现是市场结构发生变化的主要原因之一，金融机构目前占据市场主导地位。King和Rime（2010，p.29）认为引起变化的原因主要有以下四个。

第一个原因是电子交易的市场占有率的提高。和我们在其他市场观察到的情况一样，这在一定程度上增强了市场的流动性，降低了交易的成本。因此，电子交易的出现是交易量快速增长的先决条件。

第二个原因是算法交易和高频交易在外汇市场的广泛应用。这与电子通信网络（其中包括EBS和路透）的发展是分不开的，后文将对此进行详细讨论。

第三个原因是货币市场的聚集性较强。伦敦是最重要的外汇交易中心。1998年，24%的银行占据了银行业75%的营业额。到了2010年，9%的银行占据了银行业75%的营业额。2019年，伦敦在全球外汇交易中的份额为43%，并且在持续增加（美国17%，BIS，2019）。货币市场聚集性的增强又进一步推动了电子交易的增长。许多规模较小的银行已经离开了这个竞争日益激烈的市场，申报交易商和金融客户之间交易份额的改变也体现了这一点。最终导致交易商之间的成本不断增加（以前自行交易的小型银行后来成为顶级交易商的客户，被归类为金融客户）。

第四个原因（和后果）是在过去几年中散户投资者通过Oanda FXTrade、

FXConnect 或 Currenex 等交易平台进行的外汇交易显著增加（Nolte 和 Nolte，2012）。

3.3 外汇在交易商—客户市场中是如何交易的？

由于客户（即"其他金融机构"和"非金融客户"）不能直接进入市场的"内圈"（即银行间外汇市场），因此他们必须通过交易商下单。在互联网出现之前，客户只能通过直接沟通的方式（主要是电话）下单，因此客户对银行的忠诚度非常高。需要注意的是，交易是由客户主动打电话给交易商而开始的，交易商从不主动。在银行间市场上，客户的价差远大于其他银行。因此，银行的大部分收入源自（并且仍然源自）其客户开展的交易（Mende 和 Menkhoff，2006）。

近期，随着电子通信网络（ECN）的引入，这种情况发生了变化，其中一些改变是针对小型企业客户，而另一些则针对散户投资者（Rime，2003）。ECN 不是独立的市场，而是跨网络市场。散户投资者从银行同业拆借市场获取价格，因此 ECN 不具备价格发现功能，它们只是扩展了现有的交易平台，但无法取而代之。然而二者之间依然存在一些竞争关系。ECN 的订单是相互匹配执行的，所以在 ECN 执行的交易拉低了传统细分市场的交易量。

然而，ECN 在实践中的重要性仍然很低（Rime，2003），几个 ECN 已经被关闭（外汇市场结构见图3）。

Lyons（2002）提出了客户市场未来演变的三个潜在场景。

（1）互联网交易变得更加重要，银行失去了客户交易业务。

（2）银行占据一席之地，电子客户交易平台仍然是一种利基产品。

（3）EBS 等传统银行间电子经纪商向零售客户开放其平台。

Lyons（2002）认为场景（2）是最有可能发生的，其次是场景（3）。事实上，互联网交易已经变得越来越重要（Schrimpf 和 Sushko，2019），电子交易商间的交易目前占比已不足三分之一，这在很大程度上是由内部化造成的。在电子化的帮助下，交易商以牺牲库存风险为代价，获得了越来越多的净客户流量，但这也导致了电子交易商市场订单量的下降。自 20 世纪 90 年代引入电子交易以来，市场的集中度已经在逐渐恢复。然而，部分交易商间的电子交易平台仍然是价格发现的源头（市场委员会，2018）。事实上，它们的重要性是随着时间的变化而变化的，并且会随着波动性的增加而增加（Moore 等，2016）。

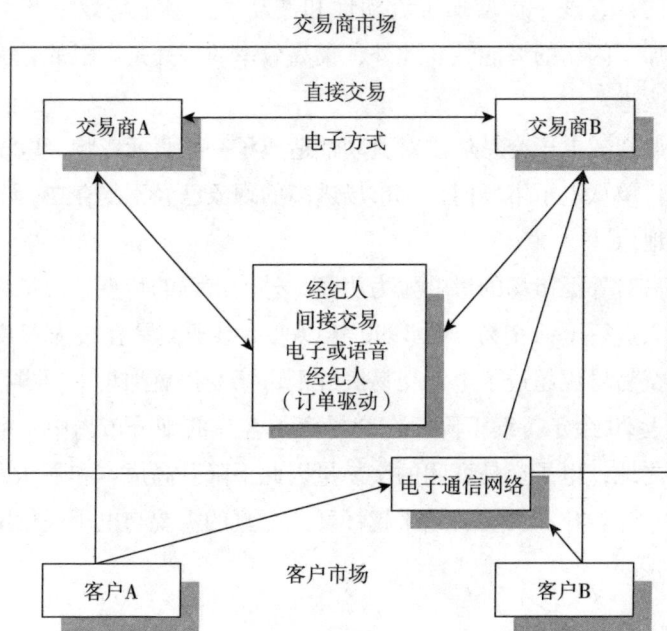

交易商市场

交易商A — 直接交易 / 电子方式 → 交易商B

经纪人
间接交易
电子或语音
经纪人
（订单驱动）

电子通信网络

客户市场

客户A   客户B

图 3　外汇市场结构

［资料来源：Frommel（2017）］

与此同时，电子化进程似乎达到了顶峰，这主要是由市场的碎片化造成，客户和贸易商需要连接大量的 ECN，经常连接 40 个到 50 个不同的 ECN 系统（Schimpf 和 Sushko，2019）。

4. 总　结

自 1970 年引入电子交易以来，金融市场发生了翻天覆地的变化。场内交易几乎消失，语音经纪人的重要性也在下降。直接和间接交易的成本均出现了下降，而交易量和执行速度却出现了上升。"胖手指"不再频繁出现，交易过程的准确性有所提高，但错误算法和同质交易策略引发的闪崩风险却有所增加。

新的市场参与者与高频交易者一起，利用他们的速度优势获得了可观的市场份额。然而，过于激烈的市场竞争导致市场份额和盈利能力在过去 10 ~ 15

年均有所下降，现在甚至开始在毫秒范围内争夺时间优势。高频交易对市场的影响是双面的：它进一步增加了流动性和波动性，对市场效率产生了积极影响，但也增加了闪崩的可能性。此外，提高效率的好处是有限的，因为它涉及超短视野的改进。

在危机期间，电子交易似乎对流动性造成了一些负面影响。电子化初期曾发生的交易订单从电子市场向传统市场逃离的现象已经不复存在，电子交易占据市场主导地位。

电子交易对外汇市场的影响尤为明显，外汇市场的特点是市场参与者直接和语音经纪人进行电话交易。自1990年以来，电子交易在很大程度上取代了电话交易，交易量也超过了电话交易。外汇市场变得更加集中。申报交易商的市场份额在近20余年持续下降。在交易商与客户的细分市场中，电子通信网络占据一席之地，电子交易商间的交易量因此下降。高成本和强压力带来的潜在结算风险，让客户和交易员越来越怀疑是否真的需要与电子通信网络进行如此深度的连接。

参考文献

Adamska, A. (2021). The impact of information and communication technologies on the equity market. In A. Marszk & E. Lechman (Eds.), *The digitalization of financial markets* (pp. 3–18). Routledge.

Allen, H., Hawkins, J. R., & Sato, S. (2001). *Electronic trading and its implications for financial systems*. BIS Papers No. 7 – Electronic Finance: A New Perspective and Challenges, pp. 30–52. Retrieved from https://www.bis.org/publ/bppdf/bispap07d.pdf.

Arnoldi, J. (2016). Computer algorithms, market manipulation and the institutionalization of high frequency trading. *Theory, Culture & Society, 33*(1), 29–52. https://doi.org/10.1177/0263276414566642.

Bank for International Settlements [BIS] (2001). *The implications of electronic trading in financial markets, Bank for International Settlements, Report by the Committee on the Global Financial System*. Retrieved from https://www.bis.org/publ/cgfs16.htm.

Bank for International Settlements [BIS]. (2010). *Triennial Central Bank Survey of Foreign Exchange and Derivatives Market Activity 2010 – Final results*. Retrieved from https://www.bis.org/publ/rpfxf10t.htm.

Bank for International Settlements [BIS] (2016). *The implications of electronic trading in financial markets, electronic trading in fixed income markets, Report submitted by a Study Group established by the Markets Committee*, Retrieved from https://www.bis.org/publ/mktc07.htm.

Bank for International Settlements [BIS] (2019). *Triennial Central Bank Survey: Foreign exchange turnover in April 2019*. Retrieved from https://www.bis.org/statistics/rpfx19_fx.pdf.

Benos, E., & Sagade, S. (2016). Price discovery and the cross-section of high-frequency trading.

Journal of Financial Markets, 30, 54–77. https://doi.org/10.1016/j.finmar.2016.03.004 Black, F. S. (1971a). Towards a fully automated stock exchange, part I. *Financial Analysts Journal, 27*(4), 29–34. https://doi.org/10.2469/faj.v27.n4.28.

Black, F. S. (1971b). Towards a fully automated stock exchange, part II. *Financial Analysts Journal, 27*(6), 24–87. https://doi.org/10.2469/faj.v27.n6.24.

Boehmer, E., Li, D., & Saar, G. (2018). The competitive landscape of high-frequency trading firms. *Review of Financial Studies, 31*(6), 2227–2276. https://doi.org/10.1093/rfs/hhx144.

Bremser, F. (2012). Skurrile Börsenpannen: Wenn Bugs und Wurstfinger Kursstürze auslösen, *Der Stern*, 2 August 2012. Retrieved from https://www.stern.de/wirtschaft/news/skurrile-boersenpannen-wenn-bugs-und-wurstfinger-kursstuerze-ausloesen-3965022.html.

Brogaard, J. (2010). *High frequency trading and its impact on market quality*. Northwestern University Kellogg School of Management Working Paper, 66. Retrieved from http://efa2011.efa-online.org/fisher.osu.edu/blogs/efa2011/files/MM_1_1.pdf.

Brogaard, J., Hendershott, T., & Riordan, R. (2014a). High-frequency trading and price discovery. *Review of Financial Studies, 27*(8), 2267–2306. https://doi.org/10.1093/rfs/hhu032.

Brogaard, J., Hendershott, T., Hunt, S., & Ysusi, C. (2014b). High-frequency trading and the execution costs of institutional investors. *Financial Review, 49*(2), 345–369. https://doi.org/10.1111/fire.12039.

Chaboud, A. P., Chiquoine, B., Hjalmarsson, E., & Vega, C. (2014). Rise of the machines: Algorithmic trading in the foreign exchange market. *The Journal of Finance, 69*(5), 2045–2084. https://doi.org/10.1111/jofi.12186.

Clough, S. B., & Cole, C. W. (1952). *The economic history of Europe* (3rd ed.). D.C. Heath and Company.

Cookson, C. (2013). Time is money when it comes to microwaves. *Financial Times*, 12 May 2013. Retrieved from https://www.ft.com/content/2bf37898-b775-11e2-841e-00144feabdc0.

Ding, S., Hanna, J., & Hendershott, T. (2014). How slow is the NBBO? A comparison with direct exchange feeds. *Financial Review, 49*(2), 313–332. https://doi.org/10.1111/fire.12037.

Dolfing, H. (2019). *Case Study 4: The $440 Million Software Error at Knight Capital*, Retrieved from https://www.henricodolfing.com/2019/06/project-failure-case-study-knight-capital.html.

Domowitz, I., & Steil, B. (2002). Securities trading. In R. Nelson, D. Victor, & B. Steil (Eds.), *Technological innovation and economic performance* (pp. 314–326). Princeton University Press. https://doi.org/10.2307/j.ctv1mjqv2j.17.

Frömmel, M. (2017). *Finance II: Asset allocation and market efficiency*. BoD.

Garvey, R., & Wu, F. (2010). Speed, distance, and electronic trading: New evidence on why location matters. *Journal of Financial Markets, 13*(4), 367–396. https://doi.org/10.1016/j.finmar.2010.07.001.

Glantz, M., & Kissell, R. L. (2014). *Multi-asset risk modeling: Techniques for a global economy in an electronic and algorithmic trading era*. Elsevier.

Haldane, A. (2010). Patience and finance, paper presented at the Oxford China Business Forum in Beijing. Retrieved from https://www.bis.org/review/r100909e.pdf.

Hasbrouck, J., & Saar, G. (2013). Low-latency trading. *Journal of Financial Markets, 16*(4), 646–679.

Hendershott, T. (2003). Electronic trading in financial markets. *IT Professional Magazine, 5*(4), 10–14. Retrieved from http://faculty.haas.berkeley.edu/hender/itpro.pdf.

Hendershott, T., & Riordan, R. (2013). Algorithmic trading and the market for liquidity. *Journal of Financial and Quantitative Analysis, 48*(4), 1001–1024. https://doi.org/10.1017/S0022109013000471.

Hendershott, T., Jones, C. M., & Menkveld, A. J. (2011). Does algorithmic trading improve liquidity? *The Journal of Finance, 66*(1), 1–33. https://doi.org/10.1111/j.1540-6261.2010. 01624.x.

Jacob Leal, S., Napoletano, M., Roventini, A., & Fagiolo, G. (2016). Rock around the clock: An agent-based model of low-and high-frequency trading. *Journal of Evolutionary Economics, 26*(1), 49–76. https://doi.org/10.1007/s00191-015-0418-4.

Jarrow, R. A., & Protter, P. (2012). A dysfunctional role of high frequency trading in electronic markets. *International Journal of Theoretical and Applied Finance, 15*(3), 1–15. https://doi.org/ 10.1142/S0219024912500227.

Jiang, G. J., & Lo, I. (2014). Private information flow and price discovery in the U.S. treasury market. *Journal of Banking & Finance, 47*, 118–133. https://doi.org/10.1016/j.jbankfin.2014. 06.026.

Jiang, G. J., Lo, I., & Valente, G. (2014): *High-frequency trading around macroeconomic news announcements: evidence from the U.S. treasury market*, Bank of Canada Working Papers, 14–56. Retrieved from https://www.bankofcanada.ca/2014/12/working-paper-2014-56/.

Kauffmann, R. J., Hu, Y., & Ma, D. (2015). Will high-frequency trading practices transform the financial markets in the Asia Pacific Region? *Financial Innovation, 1*(1), 1–27. https://doi.org/ 10.1186/s40854-015-0003-8.

Kaya, O. (2016). *High-frequency trading: Reaching the limits*, Deutsche Bank Research, Retrieved from https://www.dbresearch.de/PROD/RPS_DE-PROD/PROD0000000000454703/ Research_Briefing%3A_High-frequency_trading.PDF;REWEBJSESSIONID=D9199391 790229F5062BB597BD70BFF0.

King, M. R., & Rime, D. (2010). The $4 trillion question: What explains FX growth since the 2007 survey?, *BIS Quarterly Review*, December, pp. 27–42. Retrieved from https://www.bis.org/ publ/qtrpdf/r_qt1012e.htm.

Kirilenko, A., Kyle, A. S., Samadi, M., & Tuzun, T. (2017). The flash crash: High-frequency trading in an electronic market. *The Journal of Finance, 72*(3), 967–998.

Krugman, P. (2009). Rewarding bad actors, *New York Times*, opinion, Aug. 2, 2009, p. A21. Retrieved from https://www.nytimes.com/2009/08/03/opinion/03krugman.html.

Lee, E. J., Eom, K. S., & Park, K. S. (2013). Microstructure-based manipulation: Strategic behavior and performance of spoofing traders. *Journal of Financial Markets, 16*(2), 227–252. https://doi. org/10.1016/j.finmar.2012.05.004.

Lewis, M. (2014). *Flash boys: A Wall Street revolt*. W.W. Norton & Company.

Lhabitant, F. S., & Gregoriou, G. N. (2015). High-frequency trading: Past, present, and future. In G. N. Gregoriou (Ed.), *Handbook of high frequency trading* (pp. 155–166). Elsevier.

Lo, A. W. (2004). The adaptive markets hypothesis. *The Journal of Portfolio Management, 30*(5), 15–29. https://doi.org/10.3905/jpm.2004.442611.

Lo, A. W., & Hasanhodzic, J. (2010). *The evolution of technical analysis: Financial prediction from Babylonian tablets to Bloomberg terminals*. John Wiley & Sons.

Lyons, R. K. (2002). The future of the foreign exchange market, *Brookings-Wharton Papers on Financial Services*. pp. 253–292. Doi: https://doi.org/10.1353/pfs.2002.0014.

Manahov, V., & Hudson, R. (2014). The implications of high-frequency trading on market efficiency and price discovery. *Applied Economics Letters, 21*(16), 1148–1151. https://doi. org/10.1080/13504851.2014.914135.

Markets Committee. (2018). *Monitoring of fast-paced electronic markets*. Markets Committee Papers No. 10. Retrieved from: https://www.bis.org/publ/mktc10.htm.

Marsilio, C. (2015). The Genoese exchange fairs and the Bank of Amsterdam: Comparing two financial institutions of the 17th century. *História Econômica & História de Empresas, 18*(1), 39–59. https://doi.org/10.29182/hehe.v18i1.425.

Mende, A., & Menkhoff, L. (2006). Profits and speculation in intra-day foreign exchange trading. *Journal of Financial Markets, 9*(3), 223–245. https://doi.org/10.1016/j.finmar.2006.05.003.

Menkveld, A. J. (2016). The economics of high-frequency trading: Taking stock. *Annual Review of Financial Economics, 8*, 1–24. https://doi.org/10.1146/annurev-financial-121415-033010.

Miller, R. S., & Shorter, G. (2016). *High frequency trading: Overview of recent developments* (Vol. 4). Congressional Research Service. https://sgp.fas.org/crs/misc/R44443.pdf.

Moore, M., Schrimpf, A., & Sushko, V. (2016). Downsized FX markets: causes and implications, *BIS Quarterly Review*, December, pp. 35–51. Retrieved from https://www.bis.org/publ/qtrpdf/r_qt1612e.pdf.

Nolte, I., & Nolte, S. (2012). How do individual investors trade? *European Journal of Finance, 18*(10), 921–947. https://doi.org/10.1080/1351847X.2011.601647.

Patterson, S. (2012a). *Dark pools: The rise of AI trading machines and the looming threat to Wall Street*. Crown Business.

Patterson, S. (2012b). *Dark pools: High-speed traders, AI bandits, and the threat to the global financial system*. Crown Business.

Perez, E. (2013). *Knightmare on wall street: The rise and fall of knight capital and the biggest risk for financial markets*. Edgar Perez.

Poser, N. S. (2001). The stock exchanges of the United States and Europe: Automation, globalization and consolidation. *University of Pennsylvania Journal of International Law, 22*(3), 497–540. Retrieved from https://scholarship.law.upenn.edu/jil/vol22/iss3/2.

Rime, D. (2003). New electronic trading Systems in Foreign Exchange Markets. In D. C. Jones (Ed.), *New economy handbook* (pp. 469–504). Emerald Publishing.

Roll, H. R. (2006). Electronic trading in stock markets. *Journal of Economic Perspectives, 20*(1), 153–174. https://doi.org/10.1257/089533006776526067.

Schneider, D. (2011). Trading at the speed of light. *IEEE Spectrum, 48*(10), 11–12. https://doi.org/10.1109/MSPEC.2011.6027232.

Schrimpf, A., & Sushko, V. (2019). FX trade execution: Complex and highly fragmented. *BIS Quarterly Review*. December. Retrieved from https://www.bis.org/publ/qtrpdf/r_qt1912g.htm.

Securities and Exchange Commission [SEC] (2010). *Concept release on equity market structure*, Release No. 34–61358. File No. S7–02–10. Retrieved from https://www.sec.gov/rules/concept/2010/34-61358.pdf.

Sercu, P. (2009). *International finance: Theory into practice*. Princeton University Press.

Siebers, A. B. J., & Weigert, M. M. (1998). *Börsen-Lexikon*. Oldenbourg.

Stiglitz, J. E. (2014). *Tapping the brakes: Are less active markets safer and better for the economy?*. Presented at the 2014 Financial Markets Conference, 15 Apr 2014. Federal Reserve Bank of Atlanta, Atlanta. Retrieved from https://academiccommons.columbia.edu/doi/10.7916/d8-rgb4-3f52/download.

The Government Office for Science, London. (2012). *Foresight: The future of computer trading in financial markets*. Final project report. Retrieved from: https://www.cftc.gov/sites/default/files/idc/groups/public/@aboutcftc/documents/file/tacfuturecomputertrading1012.pdf.

Van den Berg, H. (2010). *International finance and open-economy macroeconomics: Theory, history, and policy*. World Scientific.

Virgilio, G. P. M. (2019). High-frequency trading: A literature review. *Financial Markets and Portfolio Management, 33*(2), 183–208. https://doi.org/10.1007/s11408-019-00331-6.

Michael Frömmel：自 2007 年起担任根特大学金融学教授，校银行与金融硕士项目主任。曾任多家央行的客座研究员，以及欧洲、亚洲多所大学的客座教授。研究领域为外汇市场，重点关注微观结构、新兴市场金融以及机构投资者作用，对冲基金和管理期货等。累计出版 5 本著作，并定期在金融领域主要国际期刊上发表文章。

比特币市场对社交媒体情绪的反应：
基于 Bootstrap 交叉量化图的分析

Kazi Sohag，Mirzat Ullah[①]

1. 引 言

2008 年 11 月，中本聪（Satoshi Nakamoto）在《比特币：一种点对点的电子现金系统》（*Bitcoin：A Peer – to – Peer Electronic Cash System*）一文中创造了比特币。在当今的数字货币时代，比特币备受关注，尤其受到大众传媒、社交媒体、计算机行业和金融投资者的追捧（Urquhart，2018）。独特的结构赋予了比特币多种特质和功能，包括"点对点"系统、去中心化架构和低交易成本等。电子货币可以直接从一方传输到另一方，而无须任何第三方（如政府或银行）的参与（Atsalakis 等，2019）。与其他金融资产相比，比特币具有以下几个特点：它与任何"中心化"机构（如政府和金融机构）无关，没有"中心化"机构担保且不受其控制；不存在标的商品；没有物理形式，其价值依赖计算机程序的安全性，能够跟踪买卖双方的所有交易。此外，比特币的发行不依赖政府、银行或其他任何组织，具备较高的安全性和匿名性（Wook，2020）。

2013 年，即比特币问世的第 3 年，其价格开始飙升。至 2019 年，其价格达到了 680 美元左右。单个比特币的价格最高曾接近 40000 美元，成为价值最高的科学发明。新冠疫情暴发后，比特币受到了更广泛的关注，价格波动也明显增加，目前价格已经达到 42377 美元。不同于传统的金融资产，比特币在社

---

① Kazi Sohag，Mirzat Ullah，俄罗斯乌拉尔联邦大学经济与管理研究生院（Ural Federal University, Yekaterinburg, Russia）。邮箱：ksokhag@ urfu. ru；mirzat. ullakh@ urfu. ru。

交媒体上的热度会对个人投资者的情绪产生影响（Aharon 等，2022；Caferra，2022；Khan，2021；Sohag 等，2021）。剧烈的价格波动和投机属性增加了比特币的市场热度，互联网活跃用户数量和在线搜索数量对投资者情绪的影响，有助于对比特币的价格和回报率（Tandon 等，2021）进行预测。同样，在谷歌等数字平台上进行的搜索也会对比特币的定价产生影响（Guegan 和 Renault，2021）。比特币独特的革命性、朴素性、透明度和流行性，增加了经济学家、投资者和政治家研究其价格决定、回报率和交易量等问题的难度。

比特币相关的推文数量和 Twitter 趋势是体现投资者关注度的重要指标。Cary（2021）研究了 Twitter 用户情绪与金融市场之间的联系，发现比特币的回报率、波动率和交易量可以通过统计包含"比特币"一词的推文数量来预测。推文数量越多，则价格波动越大，比特币的收益率也将因此受到影响（Philippas 等，2019）。参考上述研究结论，我们可以在一定程度上认为，社交媒体用户对比特币的关注度会影响比特币的回报率。在比特币回报率的不确定性较高时，Twitter 趋势对投资者情绪的影响会更大。Huynh（2022）研究了埃隆·马斯克和特朗普等名人的推文如何影响比特币价格。最终发现，投资者可能会被这些名人的推文误导，在没有正确认识市场风险的情况下，进行超出承受范围的投资，并且因为市场走向的突然转变而产生损失。

自 2013 年问世以来，迅猛的发展和飞涨的价格让比特币的热度越来越高，投资者们迅速捕捉到了其中蕴含的巨大投资机会。近期有关新冠疫情对金融市场（包括比特币市场）影响的一些研究表明，比特币已经发展成为一种重要的风险投资工具，甚至与美国股市存在一定的相关性（Conlon 和 McGee，2020）。Grobys 等（2020）借助动态相关模型，发现比特币可以在一定程度上对冲美股的极端尾部风险。Yarovaya 等（2020）研究了股市波动与公众在社交媒体上对政策的情绪反应之间可能存在的羊群效应。

Yadav 等（2021）就推文情绪（即公众情绪）对比特币价格的影响程度进行了研究。他们使用多元线性回归模型，根据一小时内 Twitter 上出现的关于比特币的正面、中立和负面消息，预测比特币的平均价格。Symeonidis 等（2018）首次评估了几种基于 Twitter 的公众情绪相关数据对比特币的影响，此前的研究都没有关注过 Twitter 等社交媒体所表达的公众情绪对比特币价格的影响。后续研究表明，比特币价格与公众情绪存在相关性，并且在价格剧烈波动时表现得更加强烈（Guégan 和 Renault，2021）。对基于 Twitter 的公众情绪文本数据的预处理方式是提高模型准确性的重大难点。如果相关数据处理不当，那么预测模型的准确性将会受到影响。

疫情和金融危机引发的全球经济形势的剧烈变动，加重了经济形势的不确定性以及投资者对未来经济形势的消极情绪所带来的负面影响。当金融市场前景不明朗时，比特币价格的稳定性对投资者会显得更加重要，尤其是在比特币被当作替代投资选择的时候（Aharon 等，2022）。Aharon 等使用了一种基于 Twitter 的经济不确定性的新方法来研究这种独特的不确定性对比特币回报率的影响。互联网带来的信息革命影响了投资者对于信息的理解，投资者的偏好也因此发生了变化。拥有实时数据的投资者更容易成功（Ma 和 Hao，2022）。在市场前景不明朗时，投资者对在线交易平台的关注度更高，关于在线交易平台的谷歌搜索量出现增加（Aharon 和 Qadan，2020）。

社交媒体是数字时代最重要的信息来源之一。拥有庞大用户群体的 Twitter 每时每刻都在向大众提供最新的信息，并通过"Twitter 趋势"实时发布热点事件。Twitter 与报纸发挥着相同的作用，充当信息发布者和客户之间的媒介，以及判断公众情绪的潜在工具。许多研究都试图通过分析社交媒体所传达的公众情绪对虚拟加密货币的影响，来评估其风险水平。其中大部分研究都使用波动率指数来代表经济的不确定性。例如 Naeem（2021）等采用的比特币对冲全球经济政策不确定性指数、原油波动率指数（Demir 等，2018；Fang 等，2019），Al–Yahyaee（2019）等使用的地缘政治风险指数等（Caferra，2022；Khan，2021；Mokni 等，2022；Ortu 等，2022）。大部分研究都着重分析 Twitter 所展现的经济不确定性与特定加密货币（如比特币）的联系（Bejaoui 等，2021，Lucey 等，2022；Mai 等，2018；Smuts，2019；Verma 和 Sharma，2020），很少有研究涵盖整个加密货币市场。

Wu 等（2021）发现基于 Twitter 的不确定性指标与比特币、莱特币、以太坊和瑞波币等几种加密货币之间存在强格兰杰因果关系，推文数量可以解释已发生的价格波动和交易量变化，但无法预测未来的价格和回报率（Khalfaoui 等，2022；Philippas 等，2019）。我们研究了最新发布的不确定性指标——基于 Twitter 的经济不确定性（Twitter–based economic uncertainty，TEU）对高市值加密货币——比特币的影响，探索 TEU 是如何以及为什么会影响比特币的回报率。TEU 是 Baker 等（2021）基于 Twitter 上表达的公众情绪所创造的经济不确定性指标。2008 年国际金融危机之后，新兴的加密货币市场给个人造成了前所未有的损失，因此我们认为所有的加密货币，尤其是比特币，都有可能受到经济不确定性的影响（Sohail 等，2021）。加密货币具有许多独特的属性：去中心化的结构独立于传统金融体系，以及针对投资者的推进进化机制。投资者开始将比特币作为一种替代投资品，以对冲当前金融市场的波动（Aharon 等，2022）。其次，我们猜测 Twitter 可能会影响加密货币走势。基于上述关于价格形成、回报传播和交易机制的观点，我们预计 Twitter 反映的公众情绪将在加密货币价格形成过程中发挥核心作用。此外，我们认为，在回报率分布的较低和较高分位点之间，基于 Twitter 的经济不确定性与比特币回报率的关系将有所不同（Khalfaoui 等，2022；Mensi 等，2021；Song 等，2023）。换句话说，我们的研究，可以合理地推断出 TEU 与比特币收益率之间的非线性关系。

本研究主要在以下几方面取得了突破。第一，早期的研究通常使用经济政策不确定性（Economic Policy Uncertainty，EPU）来探究经济不确定性对比特币的影响（Demir 等，2018；Bouri，2017；Fang 等，2019）。由于月度数据的易得性，他们大多使用热度最高的社交媒体平台上的文章数量月度数据来量化不确定性。与之不同的是，我们尝试使用 TEU 的日度高频数据，以更好地捕捉投资者在短时间内（如 1 天）的纠结心理。第二，不同于其他社交媒体平台，TEU 是基于 Twitter 的不确定性指标，能更好地反映投资者的纠结程度。第三，我们参照已有研究，在分析不确定性的影响时考虑了不同分位数（Demir 等，2018；Wang 等，2020）。为了研究两个变量方向可预测性检验之间的二元因果关系，我们借助 Han 等（2016）的交叉量子图技术。

基于 Twitter 的不确定性指标

实时跟踪（捕捉）经济的不确定性，及时捕捉金融市场变化，有助于评估经济政策对市场情绪的影响，特别是在危机时期。为了更好地利用这些观测数据，Baker 等（2021）基于 Twitter 平台发送的短信来构建经济不确定性的感知指标。基于 Twitter 的不确定性指标能够在一定程度上代表成人用户的想法，Twitter 拥有庞大的用户群体，推文标记了精准的发布时间，这些特点让基于

Twitter 的相关数据能够更好地解释特定的市场行为。为了能够准确、清楚地描述 Twitter 用户对比特币回报率的看法，本研究将 Twitter 的用户推文分为三组。

（1）基于 Twitter 的经济不确定性指数对比特币回报率的影响（TEU&BTC）。

（2）基于 Twitter 的经济不确定性加权（转发）指数对比特币回报率的影响（Wgt. &BTC）。

（3）基于 Twitter 的经济不确定性比例指数对比特币回报率的影响（Sc. &BTC）。

（4）基于所有英文推文的经济不确定性指数对比特币回报率的影响（Eng. &BTC）。

由于转发量可以作为推文影响程度的量化指标（Park 和 Cha，2019），因此也能够作为经济不确定性的加权指标。Baker 等（2021）用每条推文的转发数据，建立了一个基于转发次数对数的 TEU 加权指数。美国的 Twitter 经济不确定性指数（TEU – USA）是通过跟踪包含与经济相关的术语以及与不确定性相关的关键词的推文数量来构建的。另外，所有英文推文（不仅仅是来自美国用户的推文）都将纳入本研究的样本统计。这些指数的名称分别是 TEU – SCA（标度指数）、TEUWGT（加权指数）和 TEU – Eng（英文指数）（所有英文推文都将纳入统计）。通过访问 https：//www. policyuncertainty. com/ 可以获取这些指数的具体数据。

2. 文献综述

对于不确定性的研究是高速发展的加密货币，尤其是比特币市场面临的一个重要课题。Bourl 等（2017）尝试对比特币收益波动指数的影响因素进行初步探索。他们研究了 14 个发展中国家和发达国家的股票市场，利用 OLS 估计发现了不确定性与比特币回报率之间的负相关关系。同时，分位数回归表明，比特币可以对冲最小的不确定性风险，尤其是在收益率的高分位点。同时，我们的研究还表明，与月度和季度数据相比，日度和周度数据展现出了更高的经济不确定性。

Demir 等（2018）在一项类似的研究中，以经济政策不确定性作为经济不确定性的替代变量，探究其对比特币的影响，发现借助贝叶斯 VAR 模型和 OLS 估计，可以用经济政策不确定性预测比特币的回报率，经济政策不确定性和比特币回报率之间存在负相关关系，但在更高和更低的分位点，负相关关系将转变为正相关关系。Gozgor 等（2019）与 Bouri 等（2017）均发现比特币在更高和更低的分位点上可以用来对冲风险。Gozgor 等（2019）运用小波分析法，以包含贸易政策变化的制度变化作为替代变量，研究比特币回报率对美国经济的影响。他们发现比特币回报率与贸易政策不确定性之间存在显著的正相关关系。经济政策被认为是比特币超额回报率的重要诱因。Caviggioli 等（2020）研究了不同加密货币之间的联系，发现全球经济政策的不确定性是影响比特币回报率的重要因素。同样，Cary（2021）使用 GARCG 和分位数回归模型证明，当经济政策不确定性处于常规水平时，比特币可以完美对冲黄金的价格风险。Cheng 和 Yen（2020）发现中国经济政策不确定性的月度数据能够用来预测比特币的回报率。亚洲、美国的经济政策不确定性程度不同，而其他一些发展中经济体甚至没有预测过比特币的回报率。

Khalfaoui 等（2022）使用 GARCH 模型分析了中国经济政策的不确定性与比特币回报率的月度数据，发现二者之间存在负相关关系。Wang 等（2020）考察了中国、美国和英国的经济政策不确定性对比特币回报率的影响，以及对人民币、美元和英镑的影响。比特币的回报率在政策不确定性最低和最高的时候都会显著降低。他们采用 DGCC – GARCG 模型，证明美国经济政策的不确定性对美元和比特币回报的影响大于英国经济政策的不确定性对英镑和比特币的影响。

结合上述研究，我们猜测比特币在一定程度上可用于对冲市场不确定性。在一天或一周内可以对冲，但在一个月或者一个季度内，这种关系可能会发生变化。本文采用创新性的研究方法，探究基于 Twitter 用户所展现的经济不确定性与比特币回报率之间的关系。

3. 方法和数据

3.1 数据和来源

为了预测比特币的收益率，我们引用了比特币的每日价格（回报）指数，数据来自两个主流的加密数据库（www. investing. com 和 www. Bitcoinchart. com）。基于 Twitter 的经济不确定性数据来自对社交媒体情绪与比特币回报率相关性拥有长期深入研究的专业数据库。选择的数据是 2017 年 3 月到 2022 年 3 月的周度数据（每周 5 天交易日）。

3.2 交叉量子图

在本研究中，我们使用了加密货币和社交媒体情绪的高频数据，借助 Han 等（2016）开发的用于研究两个序列之间的二元因果关系的现代交叉量子图（CQ）技术开展相关研究。交叉量子图主要具备以下优势：一是交叉量子图放宽了假设，适用于厚尾分布，并且可以通过该技术用更长的滞后长度来评估两个变量在持续时间和方向上的强度关系（Sohag 等，2021）；二是能够在不同的分位点捕捉不同市场之间的冲击；三是能够在极端观测值和异常分布情况下检验序列之间的波动溢出效应。

我们采用了最前沿的技术——应用 Han 等（2016）的交叉量子图来研究基于 Twitter 的经济不确定性和比特币收益率之间的二元因果关系。交叉量子图很好地解决了厚尾分布的问题。同时，它允许引入较长的滞后期，以便同时评估两个变量在持续时间和方向上的强度关系（Sohag 等，2021）。还可以计算出不同分位数下从一个市场到另一个市场的冲击程度。因此，当存在极端观测值和异常分布的情况下，交叉量子图技术能够准确预测基于 Twitter 的经济不确定性和比特币回报率之间的波动溢出效应。

等式（1）表示 TUE 与比特币之间的交叉量子图，这是严平稳时间序列 $\{(y_t, x_t): t \in Z\}$，其中，$y_t = (y_{1t}, y_{2t}) \in R^2$ 且 $x_t = (x_{1t}, x_{2t}) \in R^{d1} \times R^{d2}$，$x_{it} = \lceil x_{it}^1, \cdots, x_{it}^{di} \rceil \setminus hskip3 \setminus vskip - 7 \setminus rot180\{ \setminus rm. \therefore \perp \} \in R^{di}, d_i \in \mathbb{N}$，两个级数之间的条件分布遵循该函数：$F_{yi|xi}(\cdot | x_{it})$ 表明了给定 TEU 下的财政立场，相当于 $q_{i,t}(\tau_i) = inf(\nu: F_{yi|xi}(\nu | x_{it} \geq \tau_i))$，其中 $\tau_i \in (0,1), i = 1,2$。该框架将 Γ 看作（0，1）中两个闭区间的笛卡尔乘积，$\Gamma \equiv \Gamma_1 \times \Gamma_2$，其中 $\Gamma_i = [\underline{\tau_i}, \overline{\tau_i}]$，且 $0 < \underline{\tau_i} < \overline{\tau_i} < 1$。CQ 框架包含了两个冲击之间的序列相关关系 $\{y_{1t} \leq q_1, t(\tau_1)\}, \{y_{2,t-k} \leq q_2, t - k(\tau_2)\}$，对于特定的一对 $(\tau_1, \tau_2) \setminus hskip3 \setminus vskip - 7 \setminus rot180\{ \setminus rm. \therefore \perp \} \in \Gamma$ 滞后 k 阶。交叉量子图可以通过等式（1）来估计。

$$\rho_{\tau}(k) = \frac{E\left[\Psi_{\tau 1}(y_{1t} \leqslant q_{1t}(\tau_1))\Psi_{\tau 2}(y_{2t-k} \leqslant q_{2t-k}(\tau_2))\right]}{\sqrt{E\left[\Psi_{\tau 1}^2(y_{1t} \leqslant q_{1t}(\tau_1))\right]}\sqrt{E\left[\Psi_{\tau 2}^2(y_{2t-k} \leqslant q_{2t-k}(\tau_2))\right]}} \quad (1)$$

CQ 对两个序列中的任何单调变换都是稳定的，并且能发现 TEU 和比特币回报率之间的序列相关关系。在研究两个事件时，$\{y_{1t} \leqslant q_{1t}(\tau_1)\}$ 且 $\{y_{2t-k} \leqslant q_{2t-k}(\tau_2)\}$，$\rho_{\tau}(k) = 0$ 表明没有横截面相关性，从 $\{y_{2t-k} \leqslant q_{2t-k}(\tau_2)\}$ 到 $\{y_{1t} \leqslant q_{1t}(\tau_1)\}$，在考虑条件分位数偏离方向的依赖性时，$\rho_{\tau}(k)$ 相对于滞后长度 k 的变化，可以测量从一个变量到另一个变量的定向可预测性。假定 k = 1，5，22，66，$\hat{\rho_{\tau}}(k)$ 的交叉量子图遵循如下公式：

$$\hat{\rho_{\tau}}(k) = \frac{\sum_{t-k+1}^{T}\Psi_{\tau 1}(y_{1t} - \hat{q}_{1t}(\tau_1))\Psi_{\tau 2}(y_{2t-k} - \hat{q}_{2t-k}(\tau_2))}{\sqrt{\sum_{t-k+1}^{T}\Psi_{\tau 1}^2(y_{1t} - \hat{q}_{1t}(\tau_1))}\sqrt{\sum_{t-k+1}^{T}\Psi_{\tau 2}^2(y_{2t-k} - \hat{q}_{2t-k}(\tau_2))}} \quad (2)$$

$\hat{q}_{it}(\tau_i)$（$i = 1$，2）表示估计的分位数函数。交叉量子图（1）和 Q 统计量（2）的零分布通过应用平稳自举来近似。考虑到不确定性的影响，我们计算了 TEU 和比特币收益率之间的部分交叉量子图。假定 $z_t = [\Psi_{\tau 3}(y_{3t} - q_{3t}(\tau_3)), \cdots, \Psi_{\tau l}(y_{lt} - q_{lt}(\tau_l))]$。

我们将命中过程的相关矩阵及其逆矩阵定义为：$R_{\bar{\tau}} = E[h_t(\bar{\tau})h_t(\bar{\tau})^T]$；$P_{\bar{\tau}} = R_{\bar{\tau}}^{-1}$，其中 $h_t(\bar{\tau}) = \Psi_{\tau_1}(y_{1t} - q_{1t}(\tau_1)), \cdots, \Psi_{\tau_1}(y_{lt} - q_{lt}(\tau_l))$，是分位数命中过程（quantile hit process）的 $l \times 1$ 向量。对于 $i, j \in [1, \cdots, l]$，$r_{\underline{\tau}ij}$ 和 $\rho_{\underline{\tau}ij}$ 是 $R_{\bar{\tau}}$ 和 $P_{\bar{\tau}}$ 的 (i, j) 矩阵元素。交叉量子图是 $r_{\bar{\tau}12}/\sqrt{r_{\bar{\tau}11}r_{\bar{\tau}22}}$。部分交叉量子图定义如下：

$$\rho_{\bar{\tau}|z} = -\frac{p_{\bar{\tau}12}}{\sqrt{p_{\bar{\tau}11}p_{\bar{\tau}22}}}$$

$\rho_{\bar{\tau}|z}$ 可以看作基于控制变量 z 在 y_{1t} 和 y_{2t} 之间的交叉量子图。

4. 结果与论证

我们通过几个热图矩阵展示了交叉量子图的结果。研究的滞后期长度分别为日、周、月和季度，选取时间为股票交易日，即一周中的 5 天。通过在 5% 置信水平上将分位数拆分为 19 × 19 的分位数矩阵，来研究波动性较大，观测期长达 5 年的高频数据。

4.1　基于 Twitter 的经济不确定性指数对比特币收益率的影响

根据图 1，我们可以推断，基于 Twitter 的经济不确定性的波动只会在滞后 1 期和滞后 5 期显著影响比特币的回报率，在较低的分位点相关性更大，在滞后 22 期和滞后 66 期的相关性则较小。这可能意味着，市场在刚刚收到消息时

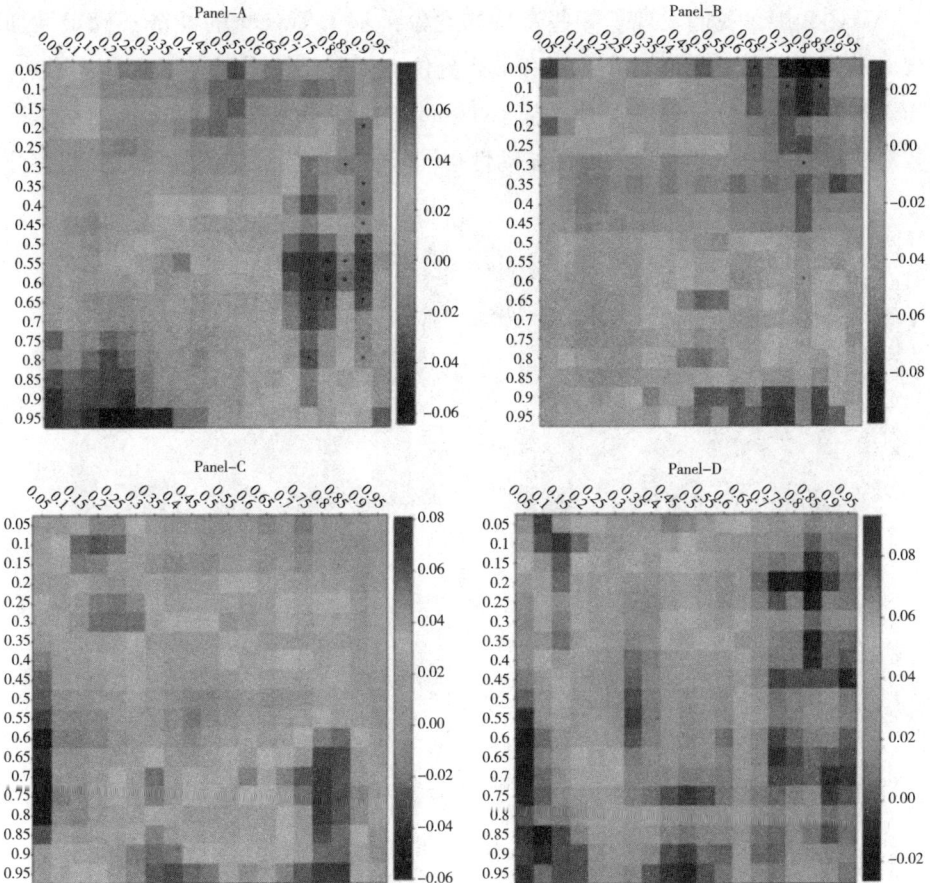

图 1　基于 Twitter 的经济不确定性指数对比特币收益率的波动

溢出效应的交叉量子关联矩阵

（数据来源：作者计算）

的反应会非常强烈（如滞后 1 期所示），但随着市场动量效应的调整，基于
Twitter 的经济不确定性带来的新闻效应会随着时间的推移而消失。同样，在更
高的分位点上，基于 Twitter 的经济不确定性对比特币回报率的波动溢出效应
变得更加显著。根据图 1，所有结果，尤其是日度数据与周度数据表明，相关
性与滞后期的关联性非常强，到 66 期的滞后期时，热图显著性大幅降低。

4.2 基于 Twitter 的经济不确定性加权指数对比特币收益率的影响

从图 2 中，我们发现了一些奇特的现象：基于 Twitter 的经济不确定性加
权（转发）指数的波动性在最低和最高分位点都对比特币回报率有显著影响。
随着这两个变量分位数的上升，基于 Twitter 的经济不确定性加权（转发）指
数对比特币回报率的溢出效应的波动性也同步上升。增加周度数据滞后期的分

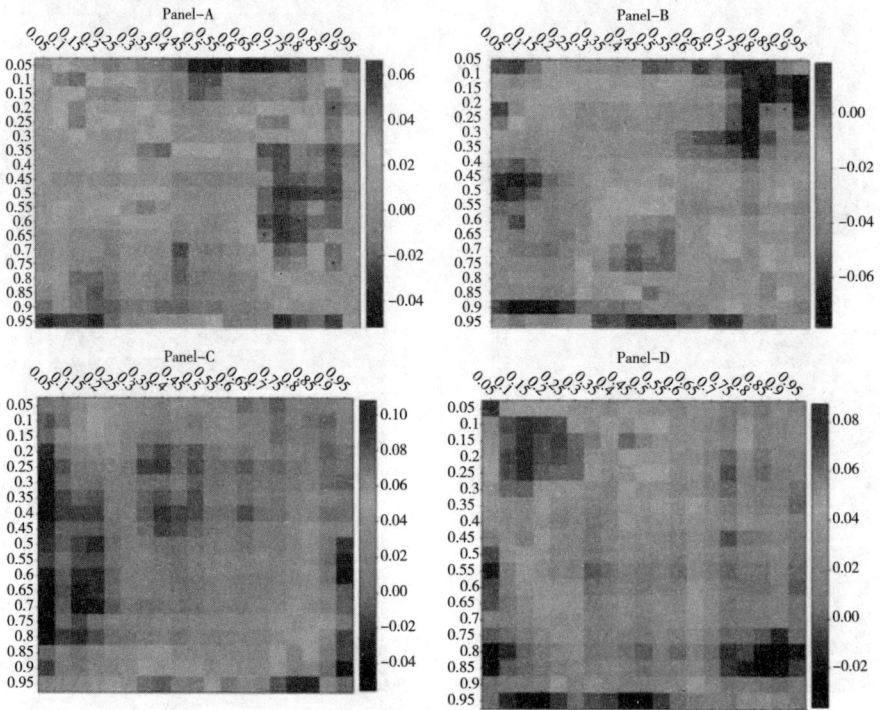

**图 2　基于 Twitter 的经济不确定性加权（转发）指数对比特币收益率的
波动溢出效应的交叉量子关联矩阵**

（数据来源：作者计算）

位数会增加基于 Twitter 的经济不确定性加权（转发）指数对比特币回报率的溢出效应的不稳定性。此外，当滞后期频率从每月或每季度增加到每天甚至每小时时，相关性显著的热图数量也会增加。推文转发数量的影响力会随着时间的推移而降低，这与理论推导的结果基本相同。

4.3 基于 Twitter 的经济不确定性加权指数对比特币收益率的影响

在图 3 中，研究结果表明，基于 Twitter 的经济不确定性规模指数在最高分位点和较低分位点时，对比特币回报率的影响更显著。在滞后 22 期和 66 期后，基于 Twitter 的经济不确定性指数在最低分位点下对最低或最高分位点下的比特币回报率基本没有影响。滞后 1 期和滞后 5 期后，在两个变量的最高分

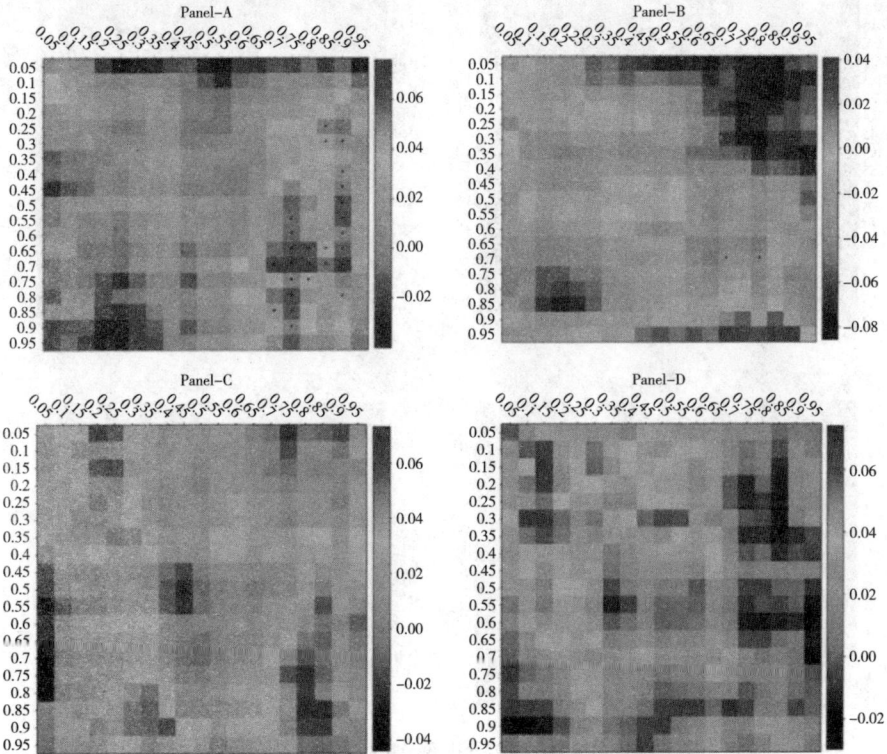

图 3　基于 Twitter 的经济不确定性加权指数对比特币收益率的
波动溢出效应的交叉量子关联矩阵

（数据来源：作者计算）

位点均表现出更强的显著性。根据图 3，滞后期为 22 期和 60 期的热图矩阵所表现的显著性更强。

4.4 基于所有英文推文的经济不确定性指数对比特币的影响

图 4 显示了基于所有英文推文的经济不确定性指数与比特币回报率之间的交叉量子关系。在基于所有英文推文的经济不确定性指数的最高分位点，不确定性指数对比特币存在显著影响。这与之前的研究结果相一致，两个变量的相关性随着分位数的增加而增加，随着滞后期的增加而减少。

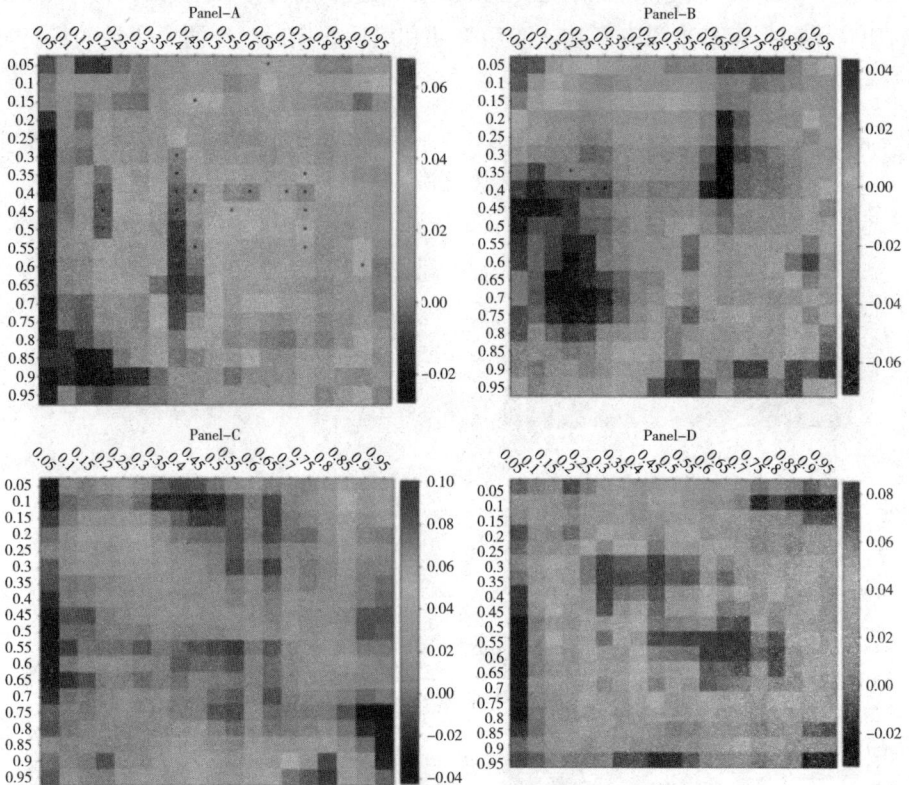

图 4　基于所有英文推文的经济不确定性指数与比特币收益率的
波动溢出效应的交叉量子矩阵

（数据来源：作者计算）

108

5. 实证研究结果分析

研究结果显示，基于 Twitter 的经济不确定性与比特币回报率之间存在同步滞后关系，且在所有情况下都存在显著相关性。与此前的许多研究一样（Mokni 等，2022；Sohag 等，2021；Suardi 等，2022），我们发现在常规市场条件下比特币回报率与经济不确定性之间存在显著相关性。然而，Aysan 等（2019）的研究却显示，地缘政治风险与比特币之间不存在滞后关系。

在结果的展现中，我们参考 Aharon 等（2022）的做法，使用最新的交叉量子图技术，探究比特币回报率与基于 Twitter 的情绪指标之间的关系。（＊）表示 90% 的自举置信度。图 1 至图 4 展现了我们的研究结果。根据图 1，比特币的回报率在较高的分位点上与基于 Twitter 的经济不确定性呈正的同期相关性，换言之，当比特币处于高效的牛市行情时，经济的不确定性会推动比特币回报率进一步上升，对比特币的回报率产生正向影响。图 2 展现了一些奇特的现象（Aharon 等，2022）：基于 Twitter 的经济不确定性加权指数的波动在最高和最低分位点均会显著影响比特币的收益率。随着这两个变量分位数的上升，基于 Twitter 的经济不确定性加权指数对比特币回报率的波动溢出效应也随之上升。增加周度滞后期的分位数会使基于 Twitter 的经济不确定性加权指数对比特币回报率的溢出效应变得更加不稳定。

此外，当滞后期从每月或每季度的频率增加到每日甚至每小时，相关性显著的热图数量会随之增加。推文转发的影响力会随着时间的推移而降低，基本符合理论推导结果，而比特币投资者此时可能会面临巨大的损失。图 3 的结果比图 4 更有前瞻性，基于 Twitter 的经济不确定性指数滞后期的增加会使其对比特币收益率的影响转为正向，动量效应开始上升。

本研究对基金经理和投资者的投资决策以及资产配置的风险管理均具有重要参考意义。基于 Twitter 的不确定性变化能显著影响比特币回报率。这种超前—滞后关系让比特币成为投资组合中能够对冲市场不确定性的投资。此外，对于短线投资者来说，比特币也是一种十分理想的投资选择。

6. 结 论

在本研究中，我们从社交媒体平台中选择了资历最老的 Twitter。应用了 Baker（2021）等提出的基于 Twitter 的经济不确定性历史数据，并借助 Han 等（2016）提出的最新的统计技术——交叉量子图，创新性地利用基于 Twitter 的经济不确定性来确定真正的 TEU 效应，探究社交媒体所表达的情绪对比特币回报率的影响。当前，金融市场面临着动荡的地缘经济形势以及新冠疫情带来的巨大风险，本研究记录了社交媒体信息对比特币投资产生的重大影响，对于帮助基金经理和比特币个人投资者在设置投资组合，管理控制风险敞口方面具有重要意义。

我们还进一步研究了 TEU 和比特币在四种滞后条件下的关系，发现日度数据表现出的相关性更大，TEU 对比特币回报率的影响更大，周度数据和日度数据趋势相同。然而，在月度和季度数据中，TEU 对比特币回报率的影响变得微不足道。未来的研究可能会重点关注不同市场中，不同加密货币与相同水平的不确定性之间的关系。

不同于一些只关注加密货币截面数据的研究，我们更关注比特币收益率的日度高频时间序列。未来的研究可以扩展到截面数据，并将其他加密货币纳入其中。此外，我们的数据集（2017—2022 年）在有限的时间跨度内涵盖了最新的比特币数据。本研究的局限性在于只专注于一种加密货币，未来可以考虑扩大研究的时间跨度，探究基于 Twitter 的经济不确定性波动对不同资本化程度的主要加密货币的影响。

致谢：感谢俄罗斯联邦科学和高等教育部（乌拉尔联邦大学 2030 优先项目发展计划）的研究资助。

参考文献

Aharon, D. Y., & Qadan, M. (2020). When do retail investors pay attention to their trading platforms? *The North American Journal of Economics and Finance, 53*, 101209.

Aharon, D. Y., Demir, E., Lau, C. K. M., & Zaremba, A. (2022). Twitter-based uncertainty and cryptocurrency returns. *Research in International Business and Finance, 59*(November 2020), 101546. https://doi.org/10.1016/j.ribaf.2021.101546.

Al-Yahyaee, K. H., Rehman, M. U., Mensi, W., & Al-Jarrah, I. M. W. (2019). Can uncertainty indices predict Bitcoin prices? A revisited analysis using partial and multivariate wavelet approaches. *The North American Journal of Economics and Finance, 49*, 47–56.

Atsalakis, G. S., Atsalaki, I. G., Pasiouras, F., & Zopounidis, C. (2019). Bitcoin price forecasting with neuro-fuzzy techniques. *European Journal of Operational Research, 276*(2), 770–780. https://doi.org/10.1016/j.ejor.2019.01.040.

Aysan, A. F., Demir, E., Gozgor, G., & Lau, C. K. M. (2019). Effects of the geopolitical risks on bitcoin returns and volatility. *Research in International Business and Finance, 47*(September 2018), 511–518. https://doi.org/10.1016/j.ribaf.2018.09.011.

Baker, S. R., Bloom, N., Davis, J., & Renault, T. (2021). Twitter-derived measures of economic uncertainty. *Policyuncertainty.Com*, 1–14. https://www.policyuncertainty.com/media/Twitter_Uncertainty_5_13_2021.pdf.

Béjaoui, A., Mgadmi, N., Moussa, W., & Sadraoui, T. (2021). A short-and long-term analysis of the nexus between bitcoin, social media and Covid-19 outbreak. *Heliyon, 7*, 7. https://doi.org/10.1016/j.heliyon.2021.e07539.

Bouri, E., Gupta, R., Tiwari, A. K., & Roubaud, D. (2017). Does bitcoin hedge global uncertainty? Evidence from wavelet-based quantile-in-quantile regressions. *Finance Research Letters, 23*, 87–95. https://doi.org/10.1016/j.frl.2017.02.009.

Caferra, R. (2022). Sentiment spillover and price dynamics: Information flow in the cryptocurrency and stock market. *Physica A: Statistical Mechanics and its Applications, 593*, 126983. https://doi.org/10.1016/j.physa.2022.126983.

Cary, M. (2021). Down with the #dogefather: Evidence of a cryptocurrency responding in real time to a crypto-tastemaker. *Journal of Theoretical and Applied Electronic Commerce Research, 16*(6), 2230–2240. https://doi.org/10.3390/JTAER16060123.

Caviggioli, F., Lamberti, L., Landoni, P., & Meola, P. (2020). Technology adoption news and corporate reputation: Sentiment analysis about the introduction of Bitcoin. *Journal of Product and Brand Management, 29*(7), 877–897. https://doi.org/10.1108/JPBM-03-2018-1774.

Cheng, H.-P., & Yen, K. C. (2020). The relationship between the economic policy uncertainty and the cryptocurrency market. *Finance Research Letters, 35*, 101308.

Conlon, T., & McGee, R. (2020). Safe haven or risky hazard? Bitcoin during the COVID-19 bear market. *Finance Research Letters, 35*, 101607.

Demir, E., Gozgor, G., Lau, C. K. M., & Vigne, S. A. (2018). Does economic policy uncertainty predict the Bitcoin returns? An empirical investigation. *Finance Research Letters, 26*(January), 145–149. https://doi.org/10.1016/j.frl.2018.01.005.

Fang, L., Bouri, E., Gupta, R., & Roubaud, D. (2019). Does global economic uncertainty matter for the volatility and hedging effectiveness of Bitcoin? *International Review of Financial Analysis, 61*, 29–36.

Gozgor, G., Tiwari, A. K., Demir, E., & Akron, S. (2019). The relationship between Bitcoin returns and trade policy uncertainty. *Finance Research Letters, 29*(March), 75–82. https://doi.org/10.1016/j.frl.2019.03.016.

Grobys, K., Ahmed, S., & Sapkota, N. (2020). Technical trading rules in the cryptocurrency market. *Finance Research Letters, 32*, 101396.

Guégan, D., & Renault, T. (2021). Does investor sentiment on social media provide robust information for Bitcoin returns predictability? *Finance Research Letters, 38*(December 2019), 1–7. https://doi.org/10.1016/j.frl.2020.101494.

Han, H., Linton, O., Oka, T., & Whang, Y. J. (2016). The cross-quantilogram: Measuring quantile dependence and testing directional predictability between time series. *Journal of Econometrics, 193*(1), 251–270. https://doi.org/10.1016/j.jeconom.2016.03.001.

Huynh, T. L. D. (2021). Does Bitcoin react to Trump's tweets? *Journal of Behavioral and Experimental Finance, 31*, 100546. https://doi.org/10.1016/j.jbef.2021.100546.

Huynh, T. L. D. (2022). When Elon Musk changes his tone, does bitcoin adjust its tune? *Computational Economics.* https://doi.org/10.1007/s10614-021-10230-6.

Khalfaoui, R., Ben Jabeur, S., & Dogan, B. (2022). The spillover effects and connectedness among green commodities, Bitcoins, and US stock markets: Evidence from the quantile VAR network. *Journal of Environmental Management, 306*(November 2021), 114493. https://doi.org/10.1016/j.jenvman.2022.114493.

Khan, M. (2021). *Predicting cryptocurrency value, based on sentimental analysis of social media post Mohsin Khan.*

Lucey, B. M., Vigne, S. A., Yarovaya, L., & Wang, Y. (2022). The cryptocurrency uncertainty index. *Finance Research Letters, 45*(May 2021), 102147. https://doi.org/10.1016/j.frl.2021.102147.

Ma, H., & Hao, D. (2022). Economic policy uncertainty, financial development, and financial constraints: Evidence from China. *International Review of Economics and Finance, 79*(June 2021), 368–386. https://doi.org/10.1016/j.iref.2022.02.027.

Mai, F., Shan, Z., Bai, Q., Wang, X. S., & Chiang, R. H. L. (2018). How does social media impact bitcoin value? A test of the silent majority hypothesis. *Journal of Management Information Systems, 35*(1), 19–52. https://doi.org/10.1080/07421222.2018.1440774.

Mensi, W., Lee, Y. J., Vo, X. V., & Yoon, S. M. (2021). Quantile connectedness among gold, gold mining, silver, oil and energy sector uncertainty indexes. *Resources Policy, 74*(November), 102450. https://doi.org/10.1016/j.resourpol.2021.102450.

Mokni, K., Bouteska, A., & Nakhli, M. S. (2022). Investor sentiment and bitcoin relationship: A quantile-based analysis. *North American Journal of Economics and Finance, 60*(January), 101657. https://doi.org/10.1016/j.najef.2022.101657.

Naeem, M. A., Mbarki, I., & Shahzad, S. J. H. (2021). Predictive role of online investor sentiment for cryptocurrency market: Evidence from happiness and fears. *International Review of Economics and Finance, 73*(June 2020), 496–514. https://doi.org/10.1016/j.iref.2021.01.008.

Ortu, M., Vacca, S., Destefanis, G., & Conversano, C. (2022). Cryptocurrency ecosystems and social media environments: An empirical analysis through Hawkes' models and natural language processing. *Machine Learning with Applications, 7*(November 2021), 100229. https://doi.org/10.1016/j.mlwa.2021.100229.

Park, M., & Cha, S. (2019). A study on the information asymmetry among cryptocurrency traders. *Journal of Information Technology Applications and Management, 26*(3), 29–41.

Philippas, D., Rjiba, H., Guesmi, K., & Goutte, S. (2019). Media attention and bitcoin prices. *Finance Research Letters, 30*(January), 37–43. https://doi.org/10.1016/j.frl.2019.03.031.

Smuts, N. (2019). What drives cryptocurrency prices? An investigation of Google trends and telegram sentiment. *Performance Evaluation Review, 46*(3), 131–134. https://doi.org/10.1145/3308897.3308955.

Sohag, K., Shams, S. M. R., Gainetdinova, A., & Nappo, F. (2021). Frequency connectedness and cross-quantile dependence among medicare, medicine prices and health-tech equity. *Technovation, 2022*, 102483. https://doi.org/10.1016/j.technovation.2022.102483.

Sohail, H. M., Zatullah, M., & Li, Z. (2021). Effect of foreign direct investment on bilateral trade: Experience from Asian emerging economies. *SAGE Open, 11*, 4. https://doi.org/10.1177/21582440211054487.

Song, L., Tian, G., & Jiang, Y. (2022). Connectedness of commodity, exchange rate and categorical economic policy uncertainties—Evidence from China. *North American Journal of Economics and Finance, 60*(January), 101656. https://doi.org/10.1016/j.najef.2022.101656.

Suardi, S., Rasel, A. R., & Liu, B. (2022). On the predictive power of tweet sentiments and attention on bitcoin. *International Review of Economics and Finance, 79*(February), 289–301. https://doi.org/10.1016/j.iref.2022.02.017.

Symeonidis, S., Effrosynidis, D., & Arampatzis, A. (2018). A comparative evaluation of pre-processing techniques and their interactions for twitter sentiment analysis. *Expert Systems with Applications, 110*, 298–310.

Tandon, C., Revankar, S., Palivela, H., & Parihar, S. S. (2021). How can we predict the impact of the social media messages on the value of cryptocurrency? Insights from big data analytics. *International Journal of Information Management Data Insights, 1*(2), 100035. https://doi.org/10.1016/j.jjimei.2021.100035.

Urquhart, A. (2018). What causes the attention of Bitcoin? *Economics Letters, 166*(July 2017), 40–44. https://doi.org/10.1016/j.econlet.2018.02.017.

Verma, M., & Sharma, P. (2020). *Money often costs too much : A study to investigate the effect of twitter sentiment on bitcoin price fluctuation. September.* https://doi.org/10.20944/preprints202009.0216.v1.

Wang, C., Chu, X., & Qin, Y. (2020, July). Measurement and analysis of the bitcoin networks: A view from mining pools. In *2020 6th International Conference on Big Data Computing and Communications (BIGCOM)* (pp. 180–188). IEEE.

Wook, K. (2020). Advanced social media sentiment analysis for short-term cryptocurrency price prediction. *Expert Systems, 37*(2), 1–16. https://doi.org/10.1111/exsy.12493.

Wu, W., Tiwari, A. K., Gozgor, G., & Leping, H. (2021). Does economic policy uncertainty affect cryptocurrency markets? Evidence from Twitter-based uncertainty measures. *Research in International Business and Finance, 58*, 101478.

Yadav, A., Yadav, D., & Jain, A. (2021). An improvised feature-based method for sentiment analysis of product reviews. *EAI Endorsed Transactions on Scalable Information Systems, 8*(29), e5.

Yarovaya, L., Matkovskyy, R., & Jalan, A. (2020). The effects of a 'Black Swan' event (COVID-19) on herding behavior in cryptocurrency markets: Evidence from cryptocurrency USD, EUR, JPY and KRW Markets. EUR, JPY and KRW Markets (April 27, 2020).

Kazi Sohag：乌拉尔联邦大学经济与管理研究生院副教授、博士生导师，以及国际和区域经济学实验室负责人；沙特阿拉伯吉达阿卜杜勒阿齐兹国王大学可再生能源和电力系统卓越研究中心外部研究员；联合国气候变化框架公约（UN-FCCC）下的政府间气候变化专门委员会（IPCC）第三工作组撰稿人；印尼玛琅独立大学印度尼西亚教育、文化、研究和技术部 2021 年世界级教授计划（WCP）客座教授；RePEc（经济学研究论文）世界前 200 名年轻经济学家；俄罗斯排名第四的经济学家（根据过去 10 年的出版物情况评定）。

Mirzat Ullah：乌拉尔联邦大学经济与管理研究生院博士生，师从 Kazi Sohag 教授；国际和区域经济学实验室初级研究员；巴基斯坦伊斯兰堡首都大学理学硕士（MS）和工商管理（荣誉）学士。研究领域包括金融风险管理、决策制定、政策分析、影响评估、金融市场效率、事件研究、股票市场以及加密货币等。

数字化对银行、金融服务与保险领域创新的影响

Elena M. Grigorieva[①]

引　言

随着银行、金融服务和保险机构（BFSI）的技术发展和原有技术的更新，BFSI 的传统商业模式发生了重大转变，人们也开始重新认识到金融部门在全球和国家经济中的作用。金融部门主要在金融科技、合规科技和监管科技三个领域应用数字技术。价值链的转型为转变客户对金融机构的看法提供了契机。当数字技术逐步发展，形成生态系统时，需要关注嵌入式金融的发展趋势。复杂的业务模型让监管面临巨大压力，监管要求需要适时调整，以适应复杂的技术，防范金融风险。这需要监管机构及央行与 BFSI 密切合作。应用技术和软件的协调配合以及全面及时的数据更新，确保了监管科技的效率最大化。研究数字技术在金融领域的应用以及创新的 BFSI，复制最成功的商业模式及其与监管机构的有效互动模式，对防范系统性金融风险具有重要意义。

1　金融创新概述及其对 BFSI 商业模式的影响

银行、金融服务和保险机构是指提供金融产品和服务的相关企业，主要包括提供一系列金融服务的全能型银行，以及专注一项或多项金融业务的公司。

① E. M. Grigorieva，俄罗斯人民友谊大学经济学院金融与信贷系（Finance and Credit Department, Faculty of Economics, People's Friendship University of Russia, Moscow, Russia），邮箱：grigorieva - elena@ rudn. ru。

BFSI 主要包括商业银行、保险公司、非银行金融机构、合作社、养老基金、共同基金和其他小型金融实体（BFSI，2022）。

BFSI 在市场经济中发挥着重要作用，它们是实现资金有效分配的重要主体，对全球金融体系的稳定至关重要。许多国家的 BFSI 一直通过引入新产品、创新技术、扩大分销、建立经销网络以及提高客户对金融产品的认识等方式实现行业的持续发展。

几乎在世界各个角落，金融服务行业，尤其是银行业，都在经历着技术变革。发生变革的主要原因有两个：一是为了改变客户对金融服务的预期，提高技术能力；二是因为金融科技初创公司带来的激烈竞争压力。这些初创公司通过创新技术为客户带来了前所未有的金融服务体验。此外，网络安全漏洞的威胁也给银行带来了前所未有的挑战，它们比以往任何时候都更需要先进技术的保障（银行技术，2022）。

近年来，由于法律的变化和创新数字技术的快速发展，银行和金融服务领域发生了许多变化。虽然技术进步对金融部门来说并不新鲜，但数字创新让金融部门在系统连接、CPU 功率、成本管理以及数据创建和使用等方面都取得了划时代的进步。公司经营成本得以降低，新的商业模式由此产生，新的投资者也因此进入金融市场（Feyen 等，2021）。

数字技术在金融科技（FinTech）、合规科技（RegTech）和监管科技（SupTech）这三个领域的应用需要引起高度重视。根据图1，金融服务部门引入创新的重要手段之一是金融科技的推广。一般来说，金融科技是指用于改善和自动化金融服务的创新技术。其核心是使金融服务的供需双方都能通过金融科技提高财务管理效率。目前，金融科技已经被应用到与金融相关的各行各业当中。与金融科技相关的创新技术已成为金融部门快速数字化的基础（普华永道，2016）。

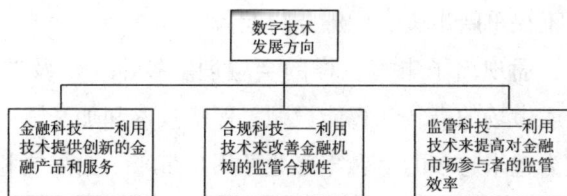

图1　金融领域的数字技术发展方向

[资料来源：作者根据文献（Zhdanovich，2021）整理]

根据金融稳定委员会（FSB）的官方定义，金融科技是指可以创造新的商业模式、应用程序、流程或产品，对金融市场、金融机构以及金融服务产生重大影响的成熟金融创新技术（BCBS，2018）。合规科技也一直和金融科技快速同步发展。

技术创新不仅从根本上改变了银行的业务模式，还帮助银行更好地适应不断变化的监管要求。一般意义上的"合规科技"是指能够帮助金融市场参与者更方便、更快捷、更有效地满足监管要求的创新技术类别（Zhdanovich，2019）。流程的自动化可以实现比目前更好、更有效的风险识别功能，进一步提升流程合规性。合规科技建立的更强大、更有效的监管合规体系颠覆了银行和金融实践的传统经验（Solms，2021）。

以往的文献通常将合规科技描述为一种旨在提高金融监管能力的技术。但这更像是在形容监管科技，监管科技的目标是确保金融机构合规经营。合规科技的主要作用是降低金融机构履行合规责任的难度，这是被国际组织认可的功能定位。巴塞尔银行监管委员会（BCBS）将合规科技定义为金融机构为遵守监管要求和目标而使用的创新技术，监管技术的开发和应用除了可以促进跨部门和跨司法管辖区的合作以提高合规性外，还可以提高监管报告和合规性要求（BCBS，2018）。

监管科技是指监管机构借助创新技术来支持监管。这有助于监管机构将其报告和监管流程数字化，从而对金融机构的风险及合规性进行更有效、更积极的监控。那些为金融公司和银行提高效率、创造机会的新技术，如 AI/ML/高级数据分析技术、DLT、云计算和 API 等，也有助于提高监管的效率和有效性（BCBS，2018）。金融科技的推广是金融服务创新的关键组成部分。人工智能（在创建机器人和算法时使用）、机器学习（用于数据处理、评分）、分布式数据技术（如区块链）、云技术（用于降低数据存储成本和维护 IT 基础设施）等数字技术创新正在重新定义金融服务行业。

在世界各地，涌现出了丰富多样的金融创新技术，涉及领域包括移动支付、个人对个人或市场的借贷、智能投顾、保险技术和加密资产。在过去的十年里，金融科技为越来越多的金融零售业务用户带来了更加便利的服务。与此同时，人工智能（AI）、云服务和分布式记账技术（DLT）正在改变金融市场的交易、合规和监管技术。许多初创的金融科技公司利用创新技术，更好地满足了消费者的金融服务需求，面对日益激烈的市场竞争，传统金融机构也将数字化转型作为战略优先事项（BCBS，2021）。

在 21 世纪的第一个十年，创新的重点是创造和推广金融创新产品，债务抵押和信用违约掉期等产品在全球金融危机期间成为关注的焦点。相比之下，今天的创新不仅涉及金融产品，还包括业务流程、与客户的互动以及合作方式等方面的创新（Eichengreen，2021）。在全球经济发生深刻变革的背景下，新冠疫情的暴发加速了这一进程。新冠疫情暴发之初，客户需求的变化、新晋参与者和现有参与者竞争的加剧、监管要求的变化以及技术的进步，促使金融机构加快了服务升级的脚步。但是，不同的人群、市场和地区对于数字技术的态度仍然大相径庭。新冠疫情暴发的几周之后，客户行为发生了巨大转变，数字技术迅速推广，数字金融服务质量显著提高（德勤，2020）。

现代数字技术正在改变支付、贷款、保险和财富管理等传统业务。金融领域创新技术的发展，数字平台、数字系统、云解决方案、分布式注册系统和其他技术的密集引入，对全球 BFSI 商业模式产生了深刻影响。借助数字技术，金融机构可以通过全新的方式向客户提供全新的金融服务模式。

传统银行从内部管理、产品生产到销售基本是以流水线模式运作。传统的纵向集成商业模式正在瓦解，取而代之的是碎片化的价值链和全新的商业模式（Sanat Rao，2021）。金融服务价值链主要由四部分组成：前台、中后台功能、基础设施和资产负债表，前三者属于金融服务的"生产"过程。在金融科技出现之前，交易成本与规模经济、范围经济的结合创造了纵向和横向一体化的大型金融中介机构，一个企业主要包含以下四个部分（以及许多子组成部分）。

（1）前台（Client interface）。由分支机构、ATM 和销售点等物理网络组成，用于提供基本的金融产品和服务。客户以往都需要亲自到场填报大量表格，经过各种复杂的流程，获得账户开立、产品购买、交易实施以及咨询等服务。尽管在互联网时代出现了网上银行和手机银行，但这些只能由特定的金融机构拥有并运营（BIS Papers，2021）。

（2）中后台（Back and middle office）。由管理银行产品和资产负债表的所有部门、流程和内部系统组成，主要功能包括风险管理、合规、信贷决策、欺诈检测、客服中心、交易对账、流程操作（process operations）和记录保存。

在金融科技出现之前，这些功能都需要在机构间的协调配合下，由人工来完成。复杂的机构协调管理以及过时的 IT 系统推高了交易成本，使客户数据闲置，阻碍创新，也影响客户体验。

（3）基础设施（Infrastructure）。它将金融部门的不同参与者（包括中央银行）联系在一起，共同组成金融体系。主要包括支付和结算系统（零售和批发）、信贷局（credit bureaus）和跨境交易便利设施等。由于运行时间短，并且存在兼容性限制，许多基础设施的功能十分有限。另外，非银行金融机构直到现在仍无法直接访问上述基础设施，对银行的依赖度仍然很高。

（4）资产负债表（Balance sheet）。将客户存款（或其他资金来源）通过资产负债表中介转化为生产性贷款（和其他资金用途），是金融体系最古老的功能之一。现代资产负债表则更为复杂，经过优化以吸引混合零售和批发资金，在多个维度（条款、货币种类等）匹配资产和负债，同时要保持充足的资本和流动性水平。受监管的金融机构资产负债表需要满足一系列的要求和限制。大多数金融机构，如支付服务提供商、共同基金经理，以及最新出现的P2P 或市场放款人，都受到严格的监管限制，因此不得在自身资产负债表上创造客户负债和资产。但是，表内融资依然是银行最主要的业务之一（BIS Papers，2021）。随着技术的发展，交易成本显著降低，金融服务的边界也发生了变化，金融服务价值链上出现了更多的细分领域（垂直解体）。信息和通信的兴起也使金融服务的种类更加丰富（横向解体）。

消费者需求的变化是推动金融创新的重要基础。消费者希望金融服务更加便捷，产品种类更加丰富、交易方式更加灵活（麦肯锡，2020）。

BFSI 各部门的组织管理和运营创新内容主要包括改变商业模式、转变银行业务、创建金融生态系统、与其他公司建立合作伙伴关系以及提升创新能力等（Kosinova 和 Atova，2020）。金融部门快速的数字化发展创造了许多全新的商业模式，甚至改变了银行在金融市场中的地位。这些全新的商业模式主要包括数字银行（digital bank）、开放银行（open banking）、银行即服务（bank - as - a service，BaaS）、银行市场（Marketplace banking）和嵌入式金融等。

数字银行模式是指银行所有活动仅以数字方式运营，通过数字端口提供所有（或几乎所有）服务。其主要竞争优势是高质量的自助服务体验和远低于传统银行的交易成本。虽然数字银行主要面向数字或技术消费者和小微企业，但一些银行已经开始从更狭窄的细分市场入手，扩展客户群体。除了网上银行服务，数字银行还提供以智能客服为主的客户服务系统。国际上主要的数字银行包括高盛的消费者银行 Marcus，阿联酋国家银行的数字银行 Liv，Digibank、Monzo 和 Kakao 银行（Bubnova，2019）等。另外，以 Tinkoff 银行为代表的俄罗斯数字银行一直处于行业领先地位。

开放银行是银行和其他金融机构创新经营模式的基础，为银行提供了一套全新的工作方案和业务流程，使银行和第三方服务提供商能够在客户同意的情况下，以数字方式安全地交换金融信息和服务。软件开发商为金融机构提供创新产品和服务所需的数字技术，并将其融入到单一的数字生态系统中（路透社，2021）。

银行即服务（BaaS）是一种端到端的业务模式，允许数字银行和其他第三方服务提供商通过 API 直接与银行系统相连，在受监管的金融基础设施之上获取银行数据，构建银行产品。为客户提供更多金融交易选择的同时，也为开放银行和金融服务全球化发展创造更多机会（Shelagh Dolan，2021）。

银行即服务平台已成为开放式银行的重要组成部分，通过向第三方服务提供商开放 API 为账户持有人提供更多金融交易选择。

金融科技公司、数字银行及其他第三方服务提供商（TPP）需要向银行支付费用以访问银行即服务平台，获取白标服务所需的银行系统权限和数据。

BaaS 的实质是银行将其基础设施（许可证、支付系统、发卡业务、合规业务）与其他第三方服务提供商的终端用户应用程序和企业资源计划（ERP）等业务系统相结合。银行服务领域由此扩展，金融交易的数量和效率迅速上升。银行即服务平台应用开放 API、智能合约和分布式记账等技术，实现了第三方服务提供商和银行信息系统之间的无缝衔接，进而可以通过标准安全协议实时传输数据（Abdrakhmanova 等，2021）。

新技术的发展和金融科技公司的出现加剧了市场竞争，并对金融机构，尤其是银行的传统商业模式造成冲击。银行即服务平台让传统金融机构可以通过与第三方服务提供商共享数据和基础设施，来应对新兴金融科技公司带来的威胁。

在银行即服务的业务模式下，银行的金融产品（如支付、贷款和存款业务）可以与第三方服务提供商的业务相结合，形成创新金融产品（如汽车经销商提供的即时汽车贷款）。银行即服务基于运行良好的 API 和商业合作伙伴关系提供服务，包括高盛、西班牙对外银行（BBVA）、萨顿银行（Sutton Bank）、印度工业信贷投资银行（ICICI Bank）和德国金融科技公司 Solaris 在内的各类金融机构都开始借此开拓市场。专门的银行即服务平台企业，如 Galileo、Marqeta 和 Setu 等也都在努力借助银行即服务发展自身业务。头部的银行即服务平台企业分为专攻银行即服务平台的金融科技企业和拥有自建银行即服务平台的商业银行（Global Finance，2021）。

新兴银行正在转变思维方式，尝试将第三方产品和服务（如医疗保健服务）与自身业务相结合，为客户提供透明度高且价格合理的个性化服务。

开放平台是 eBay、亚马逊、Etsy 和阿里巴巴等科技公司成功的关键，它们满足了客户对一站式购物的所有期待，能够提供最新、最有针对性的产品，为消费者的生活带来最大便利。商业银行也开始关注开放平台蕴藏的商机。《支付服务指令 2（PSD2）》的开发让金融产品的安全性和用户便利性能够同时得以实现。

开放银行平台的创建有赖于基础设施建设，但却远不止于此。目前市场上最常见的平台类型主要有以下三种。

（1）银行自身即开放平台。这种模式的特点是即插即用，获得访问权限的第三方（交易对手和开发人员）可以连接、开发和管理客户端接口，与银行共享商业信息。

（2）银行平台作为补充。第三方通过整合银行业务（如借贷款业务、电子身份证、信用评分和 AML/KYC）、深入分析客户数据，分析客户行为、支持访问相关银行业务平台等方式，实现交叉销售，扩大市场规模。

（3）银行平台即市场。银行自主搭建平台，并结合自身特点在平台上向客户提供自营业务及第三方服务提供商的相关服务。

以上三种平台类型都符合市场发展规律，有助于提高市场效率，解决了长久以来困扰银行业的去中介问题。客户通过平台获取服务，银行通过平台直接获取客户信息，掌握数据所有权以及对合作关系的控制权（德勤，2021）。同时，银行高度重视平台为客户带来的优化体验，希望借此加强与其他行业的合作，共同应对监管合规、信贷决策和信贷服务等方面的复杂挑战。金融生态系统的建立有助于金融机构与其他行业的深入合作，更好地满足消费者的多元化需求（Christian Rupp 等，日期不详）。

未来，金融生态系统将在与客户的互动中发挥重要作用。借助生态系统来整合金融和非金融服务将成为吸引客户、抢占市场份额的先决条件（Kosarev 和 Iarajuli，2020）。

现代银行业生态系统的特点如下：

——有效整合多种产品和服务。

——搭建数字平台，实现金融部门与各部门的无缝衔接。

——让金融生态系统融入客户生活的方方面面。

——在单一平台上提供多种多样的服务和产品。

嵌入式金融是技术发展带来的另一种创新经营模式。与企业互动良好，对企业需求了如指掌的第三方服务提供商将支付业务在内的银行相关业务与非金融产品和服务进行了整合。各行各业都对嵌入式金融寄予厚望。电子商务、零售及旅游等行业都在积极地将金融产品与自身产品相融合，与银行合作，为供应商提供基于现金流的信贷产品（如"先买后付"服务等）。Shopify 就是一个典型案例，其依托针对批发商的商业借记卡业务，为客户提供"先买后付"服务，并计划在 Stripe Treasury 平台上开设商业银行账户（麦肯锡，2020）。

新冠疫情期间，金融业的数字化转型进入一个新阶段。欧洲和亚洲国家的金融机构开始致力于将所有的业务数字化。金融机构与第三方主要从以下五个方面开展技术合作：

（1）提供个性化、特色化的产品和服务。

（2）积极利用自动化和新技术，提升第三方的服务质量。

（3）提高服务的质量和效率。

（4）利用大数据分析进行流程和报价管理。

（5）实现流程统一化管理，简化操作流程。

以数字技术为代表的创新技术，对金融、银行和保险业产生了深远影响。在数字化背景下，战略选择和优先发展事项的确定对 BFSI 的发展愈发重要。先进技术的应用有助于公司增加收入、降低成本，并为客户提供更好的服务。

2. 监管实践的转变和数字技术的发展

创新的数字金融技术已经被企业和消费者广泛应用（如数字支付手段、

众筹、数字借贷、供应链金融和智能投顾等），深刻影响了企业和社会的发展。然而，创新技术的应用在为金融部门提供新的增长动力的同时，也蕴含着令人难以忽略的金融风险。对此，监管部门需要高度重视。

金融市场的高效、稳定运转离不开监管机构严格有效的监督管理。这一点在创新技术快速发展、市场运作机制发生变化的背景下显得更加重要。伴随着银行业务模式的转变，银行监管模式也在发生改变。数字技术的使用直接改变了监管方式，新的会计规则、数据管理要求以及信息技术管理系统正在逐步建立，金融服务的放宽规则也在研究制定中。

金融监管机构数字创新技术的发展，不仅解决了金融科技创新带来的风险和挑战，还在一定程度上化解了监管机构自身所面临的困境。

数字货币、货币的去中心化，以及区块链、物联网和机器学习等新技术不仅为银行等金融机构以及消费者带来了新的发展机遇，也带来了不容忽视的风险挑战。

金融创新带来的风险主要包括盈利能力下降、相关技术（如客户信息保护、洗钱风险防范等技术）更新不及时、金融机构创新商业模式导致银行的关键业务可能被转移到不受监管的行业等问题（www. rbc. ru，2017）。金融部门的技术创新在提高运营效率、完善风险管理、加强合规性管理和提升客户满意度的同时，也带来了网络安全威胁等新的挑战（Mohd Naved 等，2022）。

软件和数字流程在金融部门的广泛应用意味着 BSFI 将面临更大的信息和通信技术风险。银行业和金融业经常需要统计和处理大量客户敏感数据，确保数据安全是数据管理的重中之重，而数字技术的快速发展大幅增加了数据保护的难度。金融机构与客户之间全新的互动模式也给数据保护、欺诈保护带来了巨大挑战。同时，不同行业的跨界合作，以及亚马逊、谷歌、蚂蚁和腾讯等科技巨头对金融部门的虎视眈眈，也将迫使监管机构重新评估金融科技的影响和监管挑战（Eichengreen，2021）。

在金融监管部门转变监管方式的过程中，针对银行及其他金融机构传统业务的监管方式的转变显得尤为重要。银行监管规则的关键转变之一是巴塞尔银行监管委员会逐步建立的国际监管标准，从《巴塞尔协议Ⅰ》逐步发展至《巴塞尔协议Ⅲ》（Larionova，2018）。此外，监管转型依旧是《巴塞尔协议Ⅳ》的重中之重。巴塞尔委员会表示，《巴塞尔协议Ⅲ》的主要目标是引入银行层面的监管或宏观审慎监管，使银行具备更强的风险抵御能力。最大限度地减少并防范可能在银行业积累的宏观审慎风险和全系统风险是新标准的核心目标之一（BCBS，2011）。

尽管《巴塞尔协议 III》弥补了《巴塞尔协议 II》的问题和不足，但在风险管理和监管方面依然存在不足，《巴塞尔协议 IV》已经被提上议事日程。《巴塞尔协议 IV》是一系列正在拟定的国际银行业改革措施的非正式名称，计划于 2023 年 1 月 1 日生效，并在 5 年内全面实施。协议的一个重要目标是通过包含风险管理规则在内的国际银行监管规则，加强银行体系对风险的抵御能力（BCBS，2022）。

考虑到不同国家的监管机构对创新发展的态度不同，我们可以考虑借鉴欧盟经验。在欧盟，第三方公司可以直接通过客户的账户开展支付活动及其他金融服务。为了适应智能手机等金融服务相关技术的发展，欧盟在《支付服务指令 2（PSD2）》中修改了区块链交易规则（路透社，2018）。为了适应金融科技行业的高速发展，从法律上认可开放银行业务，《支付服务指令 2（PSD2）》于 2016 年生效。《支付服务指令 2（PSD2）》旨在规范欧盟（EU）和欧洲经济区（EEA）的支付服务和支付服务提供商资质。该指令于 2018 年 1 月生效。主要包括以下规定：

——让互联网支付服务的使用变得更简单、更安全。

——确保客户安全，防止欺诈、支付问题的发生。

——推动创新移动和互联网支付服务的发展。

——加强消费者权益保护。

——在技术标准草案中加强欧洲银行管理局（EBA）对监管机构的协调职能（欧盟委员会，2018）。

现有的监管范围可能无法完全覆盖所有的创新金融服务供应商，新的参与者可能会给日常监管带来不小挑战。我们需要在消费者保护、隐私问题以及金融系统的稳定性和完整性之间寻求平衡。消费者可能无法完全理解那些复杂而新奇的创新金融产品，为此相关法规专门制定了详细的标准，确保消费者对产品风险的全面了解，避免金融科技公司通过提供带有额外隐藏限制的低利率贷款来哄骗消费者购买产品。

市场诚信的概念是指为金融服务提供商营造一个公平的竞争环境，防止具有市场力量的参与者操纵结果。最常见的案例是大型机构投资者试图凭借自身规模优势，利用其他参与者操纵市场。监管机构的职责之一是防范市场操纵行为，确保公平竞争（Eichengreen，2021）。为了确保金融系统的稳定发展，监管机构需要努力避免系统重要性金融机构倒闭、市场崩溃和其他可能扰乱金融系统的危机事件发生。信息不对称、杠杆作用、网络效应以及它们产生的附加效应，让金融系统变得十分脆弱（FSI Insights，2020）。

表1 为满足监管要求而实施的创新技术

创新技术	利用创新技术满足合规要求的方式
生物识别	采用自动化客户识别技术（KYC），提高效率和安全性。
密码学	在金融机构内实现更安全、更快捷、更有效的数据交换，主要用于风险数据聚合。
区块链和其他分布式记账技术	确保在金融机构内部和金融机构之间建立更高效的交易平台、支付系统和信息交换机制。结合生物识别技术，提供及时、经济、高效且可靠的客户验证服务。
应用程序编程接口（API）	借助API，金融机构可以直接从监管机构检索系统中获取可读的报告规则和数据模型，提高报告质量，减少制表时间，降低报告出错率。API能够自动提交监管报告，除了自动收集数据外，API还为机器对机器（M2M）的报告和机器学习奠定了基础。
机器学习、人工智能	数据挖掘算法能够组织和分析大型数据集，尤其是在数据为非结构化且质量较差的情况下。人工智能软件自动使金融机构适应监管要求的新变化。
云技术	允许金融机构在单一平台上整合一些合规功能，提高运行效率。

资料来源：作者根据文献（Zhdanovich，2021）整理。

针对创新技术对金融部门的影响，我们可以确定两个与监管实践转型相关的创新领域，即合规科技和监管科技。

金融机构将合规科技视为优化合规成本的机遇。面对不断变化的金融监管环境，金融机构经营过程中面临的不确定性也在增加，对于合规科技的需求也越来越强烈。表1介绍了金融机构用于降低合规风险的创新技术。

值得注意的是，不同的国家对合规科技公司，以及其他向金融机构提供合规技术服务的金融机构采取了不同的准入标准和监管方式。欧洲银行管理局表示，它们不会对消费者保护、市场完整性和金融稳定构成威胁，因此不会对它们进行监管。而中国的监管部门则要求它们满足一定准入标准并接受监管（FSI Insights，2020）。随着银行业对数字技术的应用越来越多，银行监管机构也必须改进监管方式，以适应数字化发展。数字化转型为监管机构提供了很多新型监管工具，帮助它们及时全面地掌握金融机构的风险状况（欧央行，2021）。

提高监管法规的针对性、引入创新监管方式以及发展监管科技是金融监管未来的发展趋势，监管转型的第二个方向是发展监管科技。监管科技主要指帮助监管机构更好地履行监管职能的创新技术。国际清算银行（BIS）将监管科技定义为"监管人员用来支持监管的创新技术"（见表2）。

表2　　　　　　　　　实施创新技术以提高金融监管的效率

创新技术	利用创新技术提高监管效率的方式
云技术	使用云解决方案作为数据交换平台，监管机构可以访问金融机构的数据、存储报告，并与多个系统进行实时联通。
机器学习、人工智能	监管数据管理是监管过程的重要环节。未来的金融监管所面临的数据量和复杂性对数据系统的要求会更高。人工智能和机器学习在处理复杂数据方面的优势，正好能够满足金融数据监管要求。
应用程序编程接口（API）	机器学习模型可以帮助监管机构对收集到的数据进行更加深入、准确的分析预测，增强监管部门的风险识别能力，化解未来可能面临的金融风险。
区块链和其他分布式记账技术	一种去中心化的信息交换和存储方式。在应对金融普惠、支付效率、支付系统运营和网络弹性等问题方面具有很大潜力。

资料来源：作者根据相关文章（Regnology，2022）和报告（World Economic Forum，2022）整理。

根据俄罗斯银行的报告，表3罗列了各国监管机构所应用的监管科技相关技术。监管机构和金融机构都需要应用创新技术来实现自身目标，监管科技与合规科技的良性互动有助于监管机构与被监管机构之间的协调配合，促进数据共享和规则的有效执行，节省监管过程中的时间成本和经济成本，提高数据质量。监管科技与合规科技的同步更新，有助于金融机构及时调整经营方式，适应最新的监管规则。

表3 各国对监管科技的应用情况

创新技术	欺诈检测系统	反洗钱/ 资金转移确认	风险评估和管理	行为监督	准入流程
数据收集、处理 和存储技术	澳大利亚 美国 英国	意大利 墨西哥 巴西	荷兰	立陶宛	
机器学习、 人工智能	澳大利亚 美国 英国 新加坡	新加坡 意大利	意大利 荷兰 欧盟	西班牙 意大利	欧盟
自然语言处理		新加坡 墨西哥	意大利 美国 欧盟	西班牙 意大利 澳大利亚	欧盟
聊天机器人				菲律宾	菲律宾 澳大利亚

资料来源：作者根据文献数据整理（Regnology，2022）。

2019年，国际清算银行（BIS）专门成立了创新中心，以加强各国央行在金融科技领域的国际合作。创新中心主要有以下三个方面的功能。

（1）以结构化和系统化的方式，深入了解各国央行的技术发展情况，共享创新技术。

（2）开发技术领域的公共产品，帮助改善全球金融体系的运作方式。

（3）定期举办经验交流活动，促进相关领域专家的沟通和交流（BIS，2021）。

2021年1月，国际清算银行创新中心启动了国际清算银行创新网络，以支持创新中心重点工作，分享科技项目信息，探讨央行有关问题的创新解决方案，欧央行也在积极参与创新。随着大数据时代的来临，欧洲银行监管局于2019年底启动数字转型，着手进行监管数字化改革（欧央行，2022）。

亚洲国家的做法则截然不同。监管机构指导金融机构和外部专家共同开发和实施创新监管技术，维护金融稳定。新加坡金融监管局（MAS）和东盟金融创新网络（MAS）共同开发了API交换平台——APIX，允许参与者（金融机构和金融科技公司）通过云架构整合，测试他们的数字解决方案（CBR，

2021a）。APIX 是由印度总理纳伦德拉·莫迪和新加坡副总理尚达曼在 2018 年 11 月 14 日的新加坡金融科技节上推出的，目的是促进市场参与者之间的沟通交流，共同开发、测试并实施新的数字解决方案（新加坡金融监管局，2022）。

澳大利亚的做法独树一帜。澳大利亚审慎监管局（APRA）试图借助一个名为 APRA Connect 的创新数据收集平台取代其现有的 Direct to APRA（D2A）系统。新系统于 2021 年 9 月启动，新系统的测试提交功能可以根据 APRA Connect 的数据验证规则进行验证，以识别数据中的错误和危险信号。监控端由金融机构掌握，借助该软件和通用数据规则，能够立即识别监管变化并作出相应调整。金融机构需要时刻与 APRA Connect 所报告的监管标准保持一致（APRA Connect，2022）。

英国启动了数字监管报告项目（DRR），以简化金融机构的报告流程。数字监管报告项目由英格兰银行和英国金融行为监管局（FCA）联合发起，目前已完成第二阶段目标。第一阶段讨论了如何通过计算机程序实现监管规则的机器可执行（MER），帮助监管机构自动适应监管规则的变化，同时借助目标运营模式（TOM）实现监管报告格式的标准化。第二阶段侧重于借助领域特定语言（DSLs）来实现机器可执行目标。作为第三阶段的一部分，英国金融行为监管局正在制定针对 MRR 和 MER 的标准要求、修改数据提交要求及使用规则，以满足当前和未来的监管需要（FCA，2020）。

监管科技与合规科技的结合将大大节约合规成本，提高资源利用效率。协调金融监管机构及其使用的系统可以避免重复工作，降低新规的实施难度以及与迟交或不准确的文件相关的成本。一项国际经验研究表明，许多金融市场参与者和监管机构已经开始采用新的合规技术和监管技术来优化双方的互动模式，简化监管流程，提高监管效率。

研究表明，金融机构主要在个人身份识别、风险评估和管理、维护市场公平、监控欺诈活动（如反洗钱及打击恐怖主义融资等活动）等领域应用合规技术。监管机构主要通过监管科技来管理数据、规范报告、监测金融市场、执行审慎监管和鉴别非法行为。然而，监管机构的技术革新依然落后于飞速发展的数字技术。要想在经济数字化背景下抓住机遇，就必须转变 BFSI 领域的监管方式。面对新型金融科技服务的迅速兴起，政府机构需要以前所未有的速度更新监管规则，适应市场的变化。

俄罗斯联邦央行于 2021 年编写了一份关于 2021 年至 2023 年监管科技与合规科技技术发展趋势的报告。报告涉及监管科技与合规科技的各种应用领域。监管科技的应用主要涉及以下内容。

——通过优化数据的收集、存储和处理来提高数据分析的有效性。

——提高识别金融风险（包括金融市场存在的不公平竞争问题）的效率和准确性。

——允许员工投入时间解决复杂（有动机）的任务（CBR，（2021b），2021—2023 年监管科技与合规科技发展趋势报告。报告来源：https：//www. cbr. ru/Content/Document/File/120709/SupTech_ RegTech_ 2021—2023. pdf（检索于 2022 年 2 月 25 日）CBR，2021a）。

合规科技的主要应用范围包括：

——实现业务流程的自动化和标准化，满足监管要求。

——精准把握监管要求，降低合规风险和成本。

——提高识别和处理欺诈活动的效率（CBR，（2021b），2021—2023 年监管科技和合规科技发展趋势报告。报告来源：https：//www. cbr. ru/Content/Document/File/120709/SupTech_ RegTech_ 2021—2023. pdf（检索于 2022 年 2 月 25 日）CBR，2021a）。

俄罗斯银行正努力依照巴塞尔银行监管委员会制订的方案，加强本国监管科技及合规科技领域的技术发展，提高监管水平，适应金融领域的数字化发展（见表 4）。

表 4　　　　　　俄罗斯银行在监管科技与合规科技方面的举措

举措	监管科技/合规科技	技术使用者	执行效果
实施银行操作风险监测分析系统	监管科技	俄罗斯银行	（1）针对信贷机构财务报表提出交叉核对内部和外部信息的要求。 （2）制定了信贷机构的操作风险比对标准。
创建 KYC 平台	合规科技	（1）俄罗斯银行 （2）金融市场的参与者	业务计划和流程已确定。

续表

举措	监管科技/合规科技	技术使用者	执行效果
建立统一的信用登记册	监管科技	(1) 俄罗斯银行 (2) 信用组织	已经建立了一个被贷款机构接受的抵押品登记册，其中包含质押品数量和质量信息，有助于识别其产权负担。
改进对客户交易的监控以识别市场操纵行为	合规科技/监管科技	(1) 俄罗斯银行 (2) 金融市场的参与者	(1) 建立了能够更好地监控客户交易行为的系统，保证公平竞争，更好地监控客户交易，避免操纵市场、内幕交易，以及对金融机构已达成交易的控制行为。 (2) 已通过合规科技相关技术，对金融交易行为展开监控。
筹备证券投资组合自动评估和分析系统	监管科技	俄罗斯银行	确定了业务流程以及自动化证券投资组合的评估和分析方面的研究方向，并且创建了一个应用程序。
信息安全外审制度	监管科技	(1) 俄罗斯银行 (2) 监管金融市场的参与者	(1) 为了验证金融组织是否符合国家信息安全标准的要求，包括自愿认证的手段、合格主体的组成，以及该系统的组织结构，开发了一个自愿认证软件系统。 (2) 开发了一个软件信息安全评估结果自动化分析系统并投入运行。
压力测试（网络演习）	合规科技	(1) 俄罗斯银行 (2) 金融市场的参与者	(1) 建立了金融机构压力测试的理念，包括在信息安全相关问题上对金融机构进行压力测试的方法和场景。 (2) 拥有全面评估信贷和金融部门网络弹性的能力。

资料来源：俄罗斯银行（CBR，2021a）。

　　数字创新使金融服务的经济属性发生了重大改变，监管规则和措施需要作出相应调整。数字金融服务的创新可以提升客户的体验感和金融服务的便利性，但监管机构必须看到这些优势中潜藏的风险，保护好消费者的利益，维护市场完整性（充分竞争）和经济系统稳定性。

参考文献

Abdrakhmanova, G. I., Bykhovsky, K. B., Veselitskaya, N. N., Vishnevsky, K. O., Gokhberg, L. M., & others; head of the writing team P. B. Rudnik. (2021). *Digital transformation of industries: starting conditions and priorities: report. to XXII* (p. 239). Ed. house of the Higher School of Economics.

APRA Connect. (2022). Retrieved from https://www.apra.gov.au/apra-connect (retrieved February 25, 2022).

BCBS (2011). *Basel III: international regulatory framework for banks.* Retrieved from: https://www.bis.org/publ/bcbs189.htm (retrieved February 25, 2022).

BCBS (2018). *Basel Committee on Banking Supervision: The Sound Practices on the implications of fintech developments for banks and bank supervisors.* Retrieved from: https://www.bis.org/bcbs/publ/d431.htm (retrieved February 17, 2022).

BCBS (2021).*Fintech and the digital transformation of financial services.* Retrieved from https://www.bis.org/publ/bppdf/bispap117.pdf (retrieved February 17, 2022).

BCBS (2022). *Basel IV.* Retrieved from: https://www.investopedia.com/basel-iv-5218598 (retrieved February 25, 2022).

BFSI (2022). *Banking, Financial Services and Insurance.* Retrieved from https://www.allsectech.com/bfsi/ (retrieved February 20, 2022).

BIS (2021). *About the BIS Innovation Hub.* Retrieved from https://www.bis.org/about/bisih/about.htm (retrieved February 25, 2022).

BIS Papers (2021). *Fintech and the digital transformation of financial services.* [Electronic resource]. URL: https://www.bis.org/publ/bppdf/bispap117.pdf (retrieved February 17, 2022).

Bubnova, Y. B. (2019). Transformation of the Bank's business model in the digital economy. *Izvestiya BGU., 3,* 425–433.

CBR (2021a). *An action plan ("road map") in the field of SupTech and RegTech at the Bank of Russia.* Retrieved from http://www.cbr.ru/fintech/reg_sup/#5 (retrieved March 5, 2022).

CBR (2021b).*Major directions for development of Suptech and RegTech technologies in the period 2021–2023.* Retrieved from https://www.cbr.ru/Content/Document/File/120709/SupTech_RegTech_2021-2023.pdf (retrieved February 25, 2022).

Deloitte (2020). *Realizing the digital promise.*: Retrieved from https://www2.deloitte.com/global/en/pages/financial-services/covid-19/realizing-the-digital-promise-covid-19-catalyzes-and-accelerates-transformation.html (retrieved February 17, 2022).

Deloitte (2021). *The rise of marketplace platforms.* Retrieved from https://www2.deloitte.com/nl/nl/pages/financial-services/articles/the-rise-of-marketplace-platforms.html (retrieved February 27, 2022).

Dolan, S. (2021). *How the banking-as-a-service industry works and BaaS market.* Retrieved from https://www.insiderintelligence.com/insights/banking-as-a-service-industry/ (retrieved February 19, 2022).

ECB (2021). *The necessity of using supervisory technology.* Retrieved from https://www.bankingsupervision.euro-pa.eu/press/speeches/date/2021/html/ssm.sp210527~8b69fbb1de.en.html (re-trieved February 27, 2022).

ECB (2022). *Building an innovative supervisory culture.* Retrieved from https://www.bankingsupervision.euro-pa.eu/press/publications/newsletter/2022/html/ssm.nl220216_3.en.html (re-trieved February 28, 2022).

Eichengreen, B. (2021). Financial regulation in the age of the platform economy. *Journal of

Banking Regulation. https://doi.org/10.1057/s41261-021-00187-9. Retrieved from https://link.springer.com/article/10.1057/s41261-021-00187-9#citeas (retrieved February 17, 2022).

European Commission (2018). *EU rules on payment services.* Retrieved from https://ec.europa.eu/info/business-economy-euro/banking-and-finance/consumer-finance-and-payments/payment-services/payment-services_en#psd1 (retrieved March 5, 2022).

FCA (2020). *Digital regulatory reporting.* Retrieved from https://www.fca.org.uk/innovation/regtech/digital-regulatory-reporting (re-trieved March 7, 2022).

Feyen E., Frost J., Gambacorta L., Natarajan H. & Saal M. (2021). *Fintech and the digital transformation of financial services: implications for market structure and public policy.* Retrieved from https://www.bis.org/publ/bppdf/bispap117.htm (retrieved February 20, 2022).

FSI Insights (2020). *Regulating fintech financing: digital banks and fintech platforms.* Retrieved from https://www.bis.org/fsi/publ/insights27.htm (retrieved February 27, 2022).

Global finance (2021). *BaaS, Embedded Finance and more—The Evolving Business Models for the Digital Age.* Retrieved from https://www.gfmag.com/topics/sponsored-content/baas-embedded-finance-and-more-evolving-business-models-digital-age (retrieved February 27, 2022).

Kosarev, V. E., & Iarajuli, G. M. (2020). Ecosystem as a new model of bank development. *Financial Markets and Banks, 1,* 58–62.

Kosinova, K. V., & Atova, E. A. (2020). Implementation of innovative technologies in the banking business. *Intellectual resources for regional development, 2,* 338–344.

Larionova, I. V. (2018). *On bringing banking regulation in line with the standards of the Basel Com-mittee on Banking Supervision (Basel III) in an unstable economic situation.* KNORUS.

McKinsey (2020). *Innovation in Russia - inexhaustible source of growth.* Retrieved from https://www.mckinsey.com/~/media/McKinsey/Locations/Europe%20and%20Middle%20East/Russia/Our%20Insights/Innovations%20in%20Russia/Innovations-in-Russia_web_lq-1.ashx (retrieved February 17, 2022).

Monetary Authority of Singapore (2022). *API Exchange (APIX).* Retrieved from https://www.mas.gov.sg/development/fintech/api-exchange (retrieved March 4, 2022).

Naved, M., Ajantha Devi, V., & Gupta, A. K. (2022). *Title of work: Fintech and Cryptocur-rency Transformation.* Wiley-Scrivener. Retrieved from https://easychair.org/cfp/fintech-crypto-2022 (retrieved February 27, 2022).

PWC (2016). *How FinTech is shaping Financial Services.* Retrieved from https://www.pwc.com/il/en/home/assets/pwc_fintech_global_report.pdfpubl/bppdf/bispap117.htm (retrieved February 18, 2022).

Rao, S. (2021). *Eight new digital business model archetypes for a post-Covid banking future.* Retrieved from https://ibsintelligence.com/blogs/eight-new-digital-business-model-archetypes-for-a-post-covid-banking-future/ (retrieved February 17, 2022).

REGNOLOGY (2022). *The next wave of innovation: SupTech trends 2022.* Retrieved from https://resources.vizorsoftware.com/the-next-wave-of-innovation-suptech-trends-2022 (retrieved February 25, 2022).

Reuters (2018). *Factbox: EU rules aim to increase choice in customer payments.* Retrieved from https://www.reuters.com/article/us-eu-payment-regulation-facts-idUSKBN1EZ2CY (retrieved February 27, 2022)

Reuters (2021). *Explainer: What is open banking?.* Retrieved from https://www.reuters.com/business/finance/what-is-open-banking-2021-07-09 (retrieved February 17, 2022).

Rupp, C., Liesenkötter, B., Hahn, E., Wall, J.-C., Kneisel, S. (n.d.). Ecosystems-Definition and success factors. Retrieved from: https://www.bankinghub.eu/themen/ecosystems (retrieved February 18, 2022).

Solms, J. (2021). Integrating Regulatory Technology (RegTech) into the digital transformation of a bank Treasury. Publisher. *Journal of Banking Regulation, 22*, 152–168.

Technology in Banking: 10 Innovations That Will Impact Future of Banking. (2022).Retrieved from https://www.wowso.me/blog/technology-in-banking (retrieved February 17, 2022).

The Basel Committee saw fintech as a risk for banks. (www.rbc.ru, 2017) Retrieved from https://www.rbc.ru/finances/04/09/2017/59ad67f39a79477e3de93754 (re-trieved February 27, 2022).

WORLD ECONOMIC FORUM (2022). *Central Banks and Distributed Ledger Technology.* Retrieved from https://www3.weforum.org/docs/WEF_Central_Bank_Activity_in_Blockchain_DLT.pdf (retrieved Febru-ary 25, 2022).

Zhdanovich, V. V. (2019). *RegTech as a way to improve the efficiency of compliance with regulatory requirements* (Vol. 3, pp. 267–277). Moscow Economic Journal.

Zhdanovich, V. V. (2021). *The transformation of banking regulation in the context of digital technologies development: Capital letter also for subtitle.* Moscow, Russia: Publisher: diss. Candidate of Science in Economics: 08.00.10. - «Financial University under the Government of the Russian Federation.

Elena M. Grigorieva：俄罗斯人民友谊大学经济学院负责科学工作的副院长兼经济学院金融和信贷系主任；硕士项目"投资和银行业务中的现代金融技术"项目主任。研究方向主要包括银行业、金融管理、创新金融工具和可持续发展，在金融和经济学领域发表论文一百多篇。

人工智能、区块链和物联网

Ankit Som，Parthajit Kayal[①]

1. 引 言

近年来，物联网（IoT）技术逐渐进入公众视野，从单纯的技术用语发展为企业重要的创新技术。物联网包含大量的传输数据，因此网络已经成为企业传输海量数据，以改善决策、升级性能和增加收入的即时通道（Perera 等，2014）。然而，通过人工智能系统增强数据分析的有效性在实际操作中存在一定阻碍，例如中央生态系统、网络安全、资源限制和缺乏足够的训练数据等问题。一个全新的领域——区块链，为物联网生态系统顶端之间的信息和功能的安全交换提供了一个去中心化的框架，消除集权并解决数据问题（Atlam 等，2020）。众所周知，区块链和与之相关的分布式记账技术彻底颠覆了科技行业。在去中心化网络背景下，企业间区块链价值的安全交换将催生出全新模式的物联网应用程序。物联网、人工智能和区块链技术的结合将促进科技产业以前所未有的速度发展（Reyna 等，2018）。人工智能（AI）具备分析数据以提取有用信息的能力，这对于物联网也有一定的积极意义。区块链、物联网和人工智能将是未来推动数字转型的关键技术。本文将探讨如何综合运用这些技术，创造全新的自主商业模式，以及三种技术的融合将对企业提升营销、销售、客户服务和防范黑客等领域的技术竞争力带来怎样的影响（Salah 等，2019）。

首先，本文将介绍三种技术的定义和实际应用。接着探讨如何利用区块链解决海量数据的安全问题。其次，我们将研究如何借助人工智能和物联网创建

---

① Ankit Som，Parthajit Kayal，印度马德拉斯经济学院（Madras School of Economics, Chennai, India）。

包含海量数据的数据库，并通过区块链技术保护现实世界和支付结构。最后，我们将研究金融科技如何将这三种技术结合起来，以解决金融行业目前所面临的问题。

2. 物联网

物联网通常是指由多个互联的物理和虚拟设备组成，并且能够快速扩展的设备集群，这些设备通过无线网络互相传输数据，无须人工介入。"物联网"一词由麻省理工学院（MIT）的凯文·阿什顿（Kevin Ashton）于1998年提出，指"允许任何人和任何事物在任何时间、任何地点，借助任何路径（网络）和任何服务与任何事物和任何人连接"的技术（Sundmaeker等，2010）。汽车、冰箱、灯、恒温器和其他各种嵌入传感器的设备都能够实时收集和共享信息，并且由此衍生出全新的数字化生活方式。随着Amazon echo等智能家居设备、Apple Watch和Fitbit等可穿戴设备、AT&T的联网汽车等智能产品的流行，物联网技术获得了广泛应用（Atlam等，2018）。物联网最初只是两台计算机相连，之后借助万维网发展为一个庞大的系统网络，然后是移动互联网（mobile–Internet），即移动设备与互联网的链接，接着是人互联网（people–Internet），即社交媒体平台支持的链接，最终发展成为物联网，实现了物品之间的相互关联（Perera等，2015）。早在2008年，物联网的通信对象数量就超过了全球人口数量。根据Statista的预测，到2025年，全球将拥有超过750亿个物联网设备（见图1）。

物联网不仅能够作为基于互联网的消费终端，还可以被应用于医疗卫生部门，让医院可以对患者进行远程诊疗，通过数据的分析和整理形成治疗方案。像巴塞罗那一样的智能城市正在兴起，交通状况能够被预测，行车路线能够被合理规划，废物收集也得到优化。在金融行业，物联网正在慢慢改变BFSI。银行面临的数据收集和传输任务越来越重，物联网能够帮助银行和金融机构优化和精简相关任务。另外，支付系统的出现让客户无须借助银行即可直接完成各种交易。自助式客户服务终端的出现，能够直接通过机器人解决客户遇到的问题，物联网能够帮助金融机构提高客户满意度，降低风险，提高安全性。

以十亿计

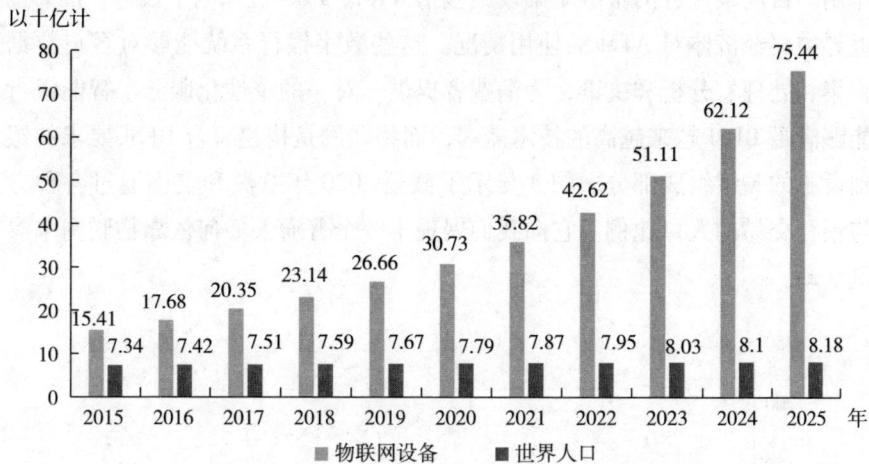

图1　据估算，到 2025 年，平均每个人将拥有 10 台联网设备

（数据来源：Statista）

人口百分比（%）

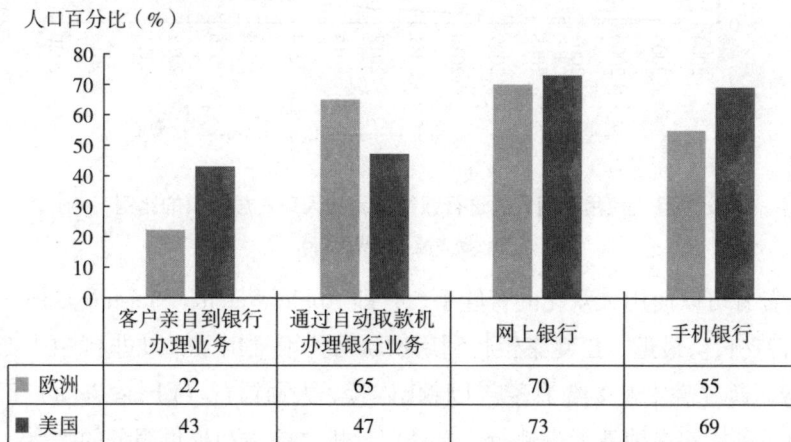

	客户亲自到银行办理业务	通过自动取款机办理银行业务	网上银行	手机银行
欧洲	22	65	70	55
美国	43	47	73	69

图2　ATM 用户数量的比较

（数据来源：世界银行）

3. 物联网在金融部门的应用

物联网是智能基础设施的重要组成部分，对银行业的发展起到了十分关键

的作用。目前最先进的金融基础设施包括 ATM、POS 机和电子钱包。图 2 描述了世界主要经济体对 ATM 的使用情况。这些数字银行系统能够对客户数据进行收集、处理、分析和决策，为消费者提供一对一的个性化服务。智能银行系统能够满足 BFSI 越来越高的技术需求，而物联网是构建符合 BFSI 要求的银行基础设施的关键组成部分。图 3 显示了截至 2020 年欧洲和美国通过各种方式参与银行交易的人口比例。它向我们展现了一个普通人如何依靠物联网来参与金融活动。

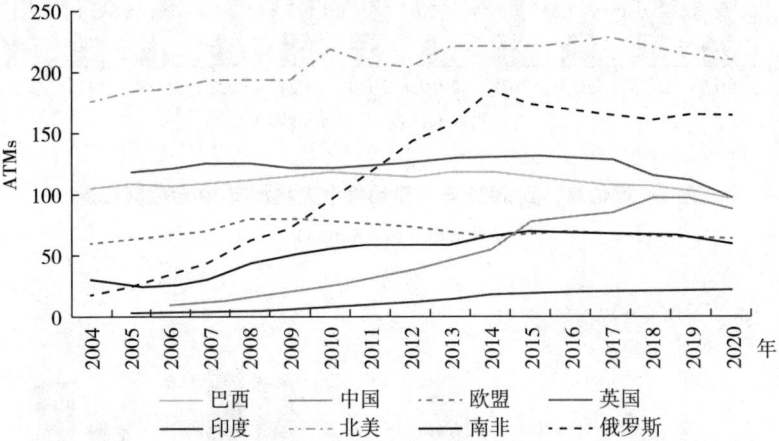

图 3　使用不同方式进行银行交易的人口占总人口的比例

（数据来源：世界银行）

消费者可以使用大众化的智能手表，即 Apple Watch、Samsung Gear 和 Fit-Pay 进行支付。最近，巴克莱银行利用物联网技术推出了移动非接触式支付平台 bPay，通过蓝牙连接给予客户个性化体验。大通银行（Chase Bank）正在尝试构建一种能够在消费者去银行或自动取款机之前主动提供服务的平台。巴克莱银行通过信标技术帮助患有残疾的游客浏览它们的营业部。家居智能设备能够使家庭生活更加智能，使服务更加个性化，并且能够更好地整合各种服务。客户可以通过 Amazon Alexa 或谷歌获得更多智能服务。总部位于美国的 Capital One 和英国挑战者银行让消费者可以使用 Amazon Alexa 完成付款。物联网的连接功能帮助个人客户实现业务数字化的同时也衍生出自助 ATM、触控银行（touch - enabled banking）和亚马逊智能音箱（Amazon Echo）等许多创新技术。这些都有助于提升客户的服务体验（Drinkwater，2017）。

根据 Technavio（2022）的数据，2021 年至 2026 年，零售企业物联网市场规模预计将增加 448 亿美元。然而，数据网络安全漏洞等问题可能会使年均增长率放缓至 16.48%（Technavio，2022）。以云为基础的射频识别解决方案将成为推动零售企业物联网技术发展的关键因素。

为了保持竞争力，银行业必须抓住网络服务的发展机遇。消费者对企业，尤其是数字企业的创新能力提出了更高的要求，希望这些企业能够创造出更多基于互联网的新技术，为他们的生活提供智能化解决方案（Petracek，2018）。随着数字化运营模式的不断发展，客户们希望能够简单、流畅、快速地获得所有金融服务。物联网技术让人们可以在任何虚拟环境中管理自己的银行账户。生物特征信息（DNA、指纹等）的唯一性和独特性，让金融机构可以借助相关技术通过外部、生理甚至行为特征准确识别客户。许多金融产品的交易过程都需要客户签字，未来可能会被"保湿供墨（Wet Ink）"系统所取代，该系统可以复制任何传感器中的物理签名文件（Khanboubi 等，2019），客户在进行交易的时候不必亲自到场。物联网技术使金融机构能够随时随地识别和分析固定资产（汽车、电器、机器等）的状态。个人和资产数据的数字化，使金融交易和所有权委托等业务能够在线上实现流程自动化。物联网的普及使自动化流程的应用范围和信息率都持续扩大。对数据的利用越充分，开发出更加高效的算法的概率就越大，实现更大效益的机会也就越大。在网络犯罪愈演愈烈的背景下，为了保证金融业务的顺利运行，银行必须推出能够借助生物识别系统进行人员识别的创新解决方案。交易流程中的两个环节需要不同级别的安全证明和验证技术。巴克莱银行已经发明了一种指静脉识别技术，用于交易确认、付款和报价登记。未来，可以通过对贵重物品的检查来决定是否需要持有实物。例如，当某项业务没有获得偿付时，银行可能会立即停止服务。人们总是希望能够快速高效地解决各种问题，政策制定者应该多鼓励这方面的创新活动。无线技术的发展正在推动网络适配器行业的前进，RFID 系统为创新产品提供了更加合理安全的保护。因此，金融机构需要加强创新，拓展业务范围。资金的存放可以不借助任何银行卡还有账户，客户可以在任何销售终端完成购买操作。任何项目或技术都对应一个预先设定的专属钱包，可以即时、快速地完成付款。智能合约使金融机构能够以电子化的方式更加快速地提供金融产品。智能合约还可以将支付条款与特定服务自动连接，房东可以将支付租金的操作与电梯开关相关联，以确保租客按时支付租金。智能众筹是一种通过线上平台从众多小型投资者那里收集流动资金，以资助单一企业的系统，它通过评估和检验各种物联网统计数据，来帮助投资者确认债务人信息和信誉。物联网与区块链技术的结合或将对经济体系的几个领域造成影响：首先是金融服务，它使用户能够以明确、安全和分散的方式保存信息，如同一个庞大的数据库，记录着成员之间的所有交易信息。区块链可以和物联网平台相结合，跟踪记录物联网生成的数据分析模型，执行严格的身份识别要求，确保数据安全，最终解决网络成员和设备之间的即时支付计算等数字问题（麦肯锡，2018）。有关区块链技术的更多信息，将在后文进行详细阐述。个人理财服务是一项诞生于21世纪的创新业务。21世纪初，虚拟个人财务管理（PFM）服务在美国推出，服务内容十分简单：让消费者客观地了解他们的账户余额、收入和支出。这类服务可以通过多种方式来实现，但它们的实质内容基本一致。PFM清楚地了解发生在其账户中的每一笔交易。物联网提供的统计数据，让PFM的服务更加定制化、个性化。唯一的限制是要用物联网传输指标来衡量消费者的使用情况，判断是否启用（禁用）特定的银行管理项目。"了解你的客户（KYC）"通常被应用于银行业，是关于身份和消费者信息要求的专业术语。在银行业，KYC的主要目标是满足监管要求，防范交易欺诈。当然，为了满足监管要求而收集的信息也可能被用于商业目的。物联网与独特的全球公钥的结合能够让银行更好地了解客户的交易特点（如通过银行卡了解客户经常光顾的商户的优惠信息），进而向客户提供更好的服务。

4. 区块链技术

尽管物联网技术具备很多优点，但承载着所有物联网终端的服务器需要应对大量的端口连接、数据处理等工作，运行压力巨大。网络基础设施的限制是物联网应用发展过程中不可忽视的阻碍之一。服务器崩溃虽然只是一种常见的小故障，但这会让所有物联网相关应用和服务设备全线崩溃，严重影响物联网生态系统的服务质量（Atlam等，2020）。收集和存储各种物联网设备生成信息的集中式数据库对任何网络黑客而言都是极具吸引力的攻击目标。个人数据安全面临前所未有的挑战，物联网数据库需要更加精细的保护措施。分布式记账技术可能是最佳的解决方案。区块链是分布式记账技术中最常见，也是最常用的一类。它是一种去中心化的、可共享的、不可篡改的记账方式，记录了点对点（P2P）网络中的所有交易。交易目录被合并后分配到分类账本中的特定区块，这些包含带有日期时间戳的日志文件以及用于连接各区块散列函数（hash function）的区块共同组成了区块链。Sultan 等（2018）对此给出了精准定义：带有数字签名的资产交易记账信息的区块按照时间顺序排列，并基于共识机制形成的去中心化数据库。只有获得区块链平台中大多数网络参与者的同意，才能在公共账本中记录交易信息。为了实现信息交换，区块链借助分布式记账技术让所有贡献用户（或节点）能够随时以账本形式获得最新的交换信息及其他区块信息。

物联网和区块链的结合具备很多优势。区块链的共享系统可以完美地处理集中式物联网生态平台存在的漏洞和故障，不再需要借助数据库控制器来管理物联网设备及其联通网络；区块链采用复杂的加密算法、散列函数和时间戳来构建更加安全的云基础设施，能够确保数据的隐私性和安全性；区块链技术不可篡改、不可造假的特性，能够保证数据不被恶意篡改，所有被归属用户确认过的交易数据都会被系统准确无误地记录并保存，无法被更改（Karafiloski 和Mishev，2017）。区块链技术的加入让物联网变得更加可靠，只有获准进入物联网生态系统的应用终端才能将真实的交易数据写入系统（Reyna 等，2018）。图 4 展示了区块链与物联网相结合所带来的好处。

物联网系统生成的海量数据很难通过常规方法进行分析，大数据分析工具能够帮助区块链更好地完成网络数据存储和处理任务。此外，许多交易信息都是以格式统一的分布式账本记录的，因此在数据分析时需要更多操作。智能合约是分布式记账技术的另一个基本要件，它能够依照预先确定的触发条件启动相应的人工智能技术。智能合约是区块链上远程执行源代码的组件，当某些条款被满足或验证时，就会触发预先设定的一系列操作。

区块链最初被用于货币政策操作和加密货币，区块链平台上的所有节点都被用来执行和存储交易记录。以物联网为代表的许多领域都开始应用区块链技术。区块链和物联网的结合能够带来许多好处（Atlam 和 Wills，2019）。个人主权掌控和不可追踪性使区块链技术成为医疗、智能化家居、

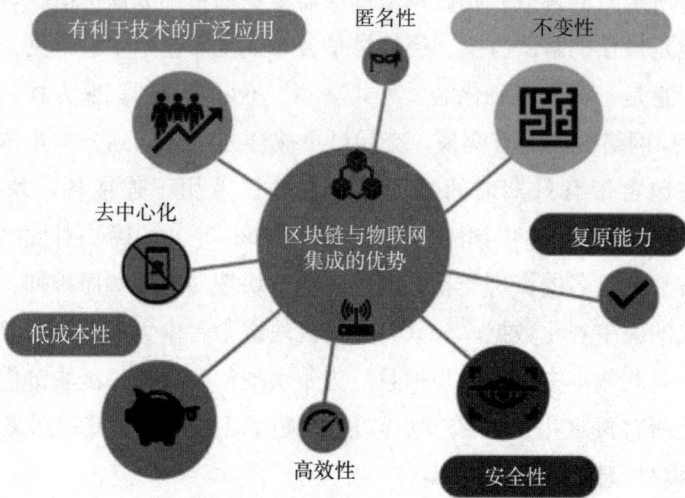

图 4　区块链与物联网的集成优势

（资料来源：作者整理）

智能交通、智慧城市等物联网应用领域的理想选择。在物联网系统中融入区块链技术是一项具有挑战性的工作，构建融合区块链技术和物联网系统的区块链平台是其中的重中之重。目前使用最多的区块链平台包括以太坊（Ethereum）、埃欧塔（IOTA）和超级账本（Hyperledger），这些都是免费提供区块链接、单个区块交易记录的加密保护、创新追踪、共识机制和智能合约等服务的开源平台。

区块链通常与比特币紧密相关，它的可应用范围包括但绝不仅限于保护银行交易、信用和抵押贷款记录、公共交通、在线广播、医疗保健等。另外，信息访问控制、金融科技、物联网、云服务、多媒体、教育和旅游也都是区块链技术的应用领域（Maiti 和 Ghosh，2021；Yeasmin 和 Baig，2019）。

供应链和物流是应用物联网与区块链集成技术的重要领域。各方参与的全球价值链给端到端的监控带来了更大的挑战。区块链和物联网的结合，可以大大地提高数据的可靠性和可塑性（Liu 等，2021）。物联网将流动能力、气候、地理位置等数据收集并记录在分布式账本中，方便日后进行分析识别。基于区块链技术的去中心化生态系统，让嵌入物联网技术的无人驾驶汽车能够安全快速地传输数据。另外，它还能被应用于自助加油、自动驾驶、智能停车管理、智能建筑等领域。智能建筑也是物联网的一个重要应用领域，智能家居系统让客户可以在各种电子设备（如手机）上远程遥控家中的电器。然而，中心化的智能家居存在一定的数据安全风险。共享经济是一种创新的市场模式，交易主体依靠互联网进行资源的交换。区块链能够以安全和分散的方式转移财富，不再需要中间人介入。任何主体都可以在云市场进行资源的租赁、购买和交换（Reyna 等，2018）。

5. 区块链金融

到 2022 年，金融服务部门的市场规模预计将达到 2.6 万亿美元。全球金融体系每天要处理数万亿美元的交易，为全世界提供数十亿美元的资金，但同时也带来了许多风险和问题。高昂的交易成本、混乱的规则、繁复的文件手续和隐私问题给整个行业造成了巨额损失。普华永道的报告显示，45% 的金融中介机构，如证券交易所、汇款服务商和支付网络，都存在一定的财务问题，这些问题都可以通过区块链来解决。区块链技术的应用能够实现金融业务的去中心化（DeFi），借助智能合约减少中介机构的参与。研究表明，区块链可以显著降低成本，从长期来看甚至能够改变金融机构的财务状况（Nguyen，2016）。

恰当地使用区块链可以为银行节省数十亿美元的成本。在 KYC 规则下，每个银行都需要构建专门的数据库来留存客户数据，相关花费在 6000 万美元到 5 亿美元。区块链技术让银行可以访问分布式数据库，避免数据库的重复建设（Nelito，2018）。整个系统是去中心化的，存储库不再由单一机构控制，因此不存在系统故障等问题。智能合约在一定程度上取代了金融中介的职能。基于区块链的微电网技术就是一个很成功的案例，它改变了能源购买和使用方式，另一个成功的案例是借助区块链技术来清理整顿房地产市场，消除影子经济。

随着区块链技术的应用越来越普遍，金融机构也开始加强对相关技术的研究和应用，希望改变目前的中心化货币体系。金融机构尝试借助区块链的加密功能、不可追踪性和透明性来摆脱金融中介（Underwood，2016）。分布式记账技术的应用改变了传统银行的市场战略和技术水平，显著降低了交易成本。由于端点的维护和收购费用过高，银行不得不在集中式注册表上投入大量人力物力。即便如此，对账和结算业务中依然存在个人业务流程风险点。机械化程度更高的区块链技术以及分布式记账技术的应用在降低业务成本的同时，也增加了流程的透明度（Nguyen，2016）。其次，它还可以精准识别业务流程中存在的漏洞。银行高度重视对贷款业务的监督管理，但实际效果却不太理想。此外，全球范围内的资本流动控制难度极高。区块链的多中心特征将每个参与者都作为网络系统中的一个组成部分，贷款人和借款人之间可以直接点对点交易，不再需要银行作为双方的中介。在信息不对称环境下，银行的财富管理优势能够显著降低风险溢价。最终，银行业会尝试探索新的盈利方式，越来越多的大型企业，尤其是银行机构都参与到与区块链技术相关的研发与合作项目。银行业必须创新业务模式，才能在激烈的市场竞争中取得胜利（Chang 等，2020）。图 5 介绍了区块链技术在金融领域的应用。

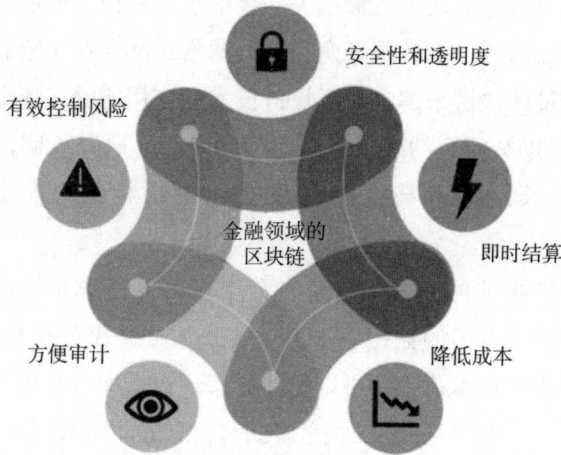

图 5　区块链技术在金融领域的应用

（资料来源：作者整理）

区块链公共自治、多中心和不可篡改的属性，彻底改变了集中化的金融业务，优化了财务后台和基础设施，提升了客户体验，让金融机构看到了传统支付业务向网上银行过渡的可能。分布式记账技术在贷款业务中体现出了明显优势，金融机构在面对债务危机时总是表现得脆弱而敏感。从某种意义上说，分布式记账技术让客户和金融机构都能够对贷款活动进行全流程追踪，有助于提高贷款的安全性，降低债务风险。

区块链技术或将彻底改变贸易融资业务。这项业务的实现需要在全球范围内传输纸质验证文件，而文件的验证需要特定的邮戳来实现。如果将整个过程放在线上，则不再需要验证。信息化的分销网络程序，让文件的管理和监督变得更加方便和简单。金融科技公司尝试通过加密技术来满足合规要求。区块链的不可修改性，使其完全不存在被造假的可能，确保了会计和审计的可靠性。监督部门也不需要干预区块链的交易活动，因为所有参与者的活动都将被如实记录。身份识别系统让客户个人账户的安全，客户的身份、声誉以及信息安全都得到了保障，客户能够放心地将交易文书、报表和协议上传至系统。美国金融科技公司 R3 正在创建 DLT 框架 Corda，服务于多领域的交易需要（Eyal，2017）。

6. 智能合约

智能合约是两个或多个实体之间以电子手段签署并确认的协议。软件代理，即虚拟第三方，可以实施并（至少在一定程度上）强制执行此类合同条款（Sotirios Stampernas，2018）。智能合约是一种自动计算模型（自动执行代码，self – executing codes），一旦启动，就会强制自动执行底层条件，协调、确认、强制执行协议或合同条款，以及资金转账等。这是一种基于区块链的"加密经济安全代码执行功能"（Wang 等，2019a，b，基于区块链的物联网相关方调查。《计算机通信》，136，第 10～29 页）。一旦满足事先确定的条件，智能合约就会在没有第三方协助的情况下自动执行相应的合同条款。在完成身份识别的前提下，所有操作都会以交易信息的形式记录在去中心化的区块链账本中，因此能够随时审核交易记录。这些交易的可追溯性和独特性，显著提高了硬件安全性。1994 年，美国密码学家尼克·萨博（Nick Szabo）发明了智能合约。萨博经常以卡车租赁为例来介绍什么是智能合约，卡车被写入了智能合约代码，当租车人未按时缴纳租金时，卡车的控制权将回到车主手中。物联网设备和数字资产等个人资源在区块链上转换为虚拟账户，便于资源互换。智能合约是由区块链网络中的每个节点独立自主实现的，具备可靠性和有效性，能够很好地替代传统合约。许多区块链相关技术，如比特币和以太坊等，都应用了智能合约技术。智能合约有助于提高物联网系统的性能和可靠性。这是因为物联网在无人区域一般以分散形式运行，以便能够对特定请求做出快速响应。在公共账本上部署智能合约的最大好处是区块链中无法更改合约细节。区块链技术能够防止协议条款被篡改或遭受黑客入侵。因此，部署在区块链上的智能合约将为确认、操作、裁决和反欺诈预留空间。此外，智能合约还能够预防道德风险。

根据图6的"经过验证的市场研究"，2020年全球智能合约的市场价值为14495万美元，预计到2028年将增加至77052万美元，2021年至2028年的复合年增长率为24.55%。

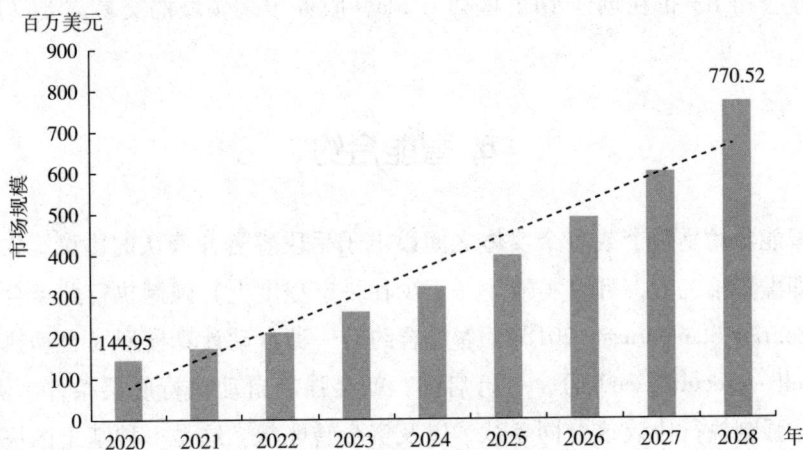

图6 全球智能合约市场规模

（数据来源：经过验证的市场研究，图表为作者编制）

BFSI（银行、金融服务和保险）行业已经认识到区块链技术在确保支付安全方面的重要性。此外，从中心化网络系统到分布式生态系统的重大转变正在为支付、网上银行和转账模式的创新发展铺平道路。

7. 人工智能

区块链技术虽然非常强大，但也存在一些缺点。其中一部分是技术性问题，但更多的是金融行业一直以来的顽疾，深深根植于行业文化中。人工智能的出现将有助于扭转这一切。在人工智能的现实应用中，分布式记账技术有其独特的优势。区块链的去中心化、可靠性，以及路径加密所提供的不变性和透明度，为人工智能数据、程序和模型的安全传输创造了条件。

人工智能（AI）是对复制人类智能认知机制或行为的探索，通常由人脑执行，但需要借助计算机或软件的帮助。它是一个关于实现、推理和纠正的系统（指令或算法），让计算机能够自主生成算法，而不需要事先设定程序。人工智能是一个跨学科领域，涉及（并且需要）自然语言处理、计算机视觉、物联网和机器人等多个学科。从这个意义上讲，它是一个广泛的定义，涵盖多个概念（如统计和机器学习）。我们可以将人工智能看作一个功能完整的有机体，通过比较来确定人工智能与其他（子）领域之间的关联性。如果将人工智能比作一个人，我们就必须有一个能完成许多任务的大脑，实现语言（NLP）、感知（计算机视觉）等功能。机器学习可以被看作成长过程中的个性培养，形成自身独特的动作和想法。人类的情感以及对周围环境的感知是物联网的核心。大数据可以被看作我们吃的食物、呼吸的空气、燃烧的燃料，以及任何我们从外部感知到的事物。这是一个相当粗浅的比喻，但它描述了所有概念之间的联系。

人工智能（AI）和区块链技术能够让金融行业变得更智能、更高效。流程透明和数据聚合是区块链最大的两个优势。同时，它们能确保合同条款被严格执行。人工智能（AI）还可以将一些需要主观判定的程序进行简化和自动化，增强对银行业务的组织管理。

8. 金融领域的人工智能

伴随着人工智能（AI）的快速发展，它早已不再是新鲜事物。技术的进步提高了消费者的接受度，监管框架的变化让金融机构更愿意接受人工智能技术。人工智能技术使银行可以提供全天候的账户访问和咨询服务，既减少了银行员工的工作量，又能提高客户体验。

机器学习在金融行业最重要的应用领域之一是信用评级。从大型银行到小型金融公司，贷款业务是许多金融机构最重要的业务之一。为了确保贷款质量，金融机构需要评估贷款个人或公司的偿付能力。相比以前，人工智能可以借助更复杂的程序对潜在贷款人进行更加复杂、及时、准确的信用评估。为此，高级排序算法根据多个解释变量（人口统计、收入、经济、信用评分、交易频率等）评估个人的贷款资格。人工智能评分系统的另一个好处是能够确保结果的公平性。评估结果不受银行员工在某一天的情绪等人为因素的影响。

因此，人工智能和区块链的结合是成功的。信用评级数据缺乏流动性是现有信用管理系统的缺点之一。个人信用评级无法转移到另一个国家。因此，实现信用评级的全球共享十分必要。近期发生的涉及信用报告公司 Equifax 的黑客攻击事件泄露了 1.43 亿美国人的个人信息，系统安全亟待提高。使用区块链管理信用评级数据可以显著提高系统的透明度。贷款人可以通过区块链准确无误地获取金融交易数据，以评估个人的信用水平。智能合约能够确保银行在贷款申请过程中不会泄露申请人的个人数据，简化贷款受理过程中的评估算法，提高贷款审批流程的灵活性。

反欺诈是机器学习的重要应用领域。常见的欺诈类型有滥用支付卡和挪用公款。近年来，随着电子商务的普及，电子支付的数量急剧上升，与第三方供应商的合作也越来越深入。异常情况检测是机器学习的主要应用领域之一，能够识别交易中的可疑指控。算法可能会搜索数百条交易信息（客户过去的行为、地点、消费趋势等），一旦发现异常情况，就会及时通知客户。

摩根大通的消费信贷业务高度依赖人工智能。银行零售业务占摩根大通净利润的一半以上，为了保证消费者的安全，他们正在尝试使用一些简单的欺诈检测工具。摩根大通自主创建了独一无二的算法来监控欺诈行为。信用卡交易完成后，交易信息会及时转移到摩根大通的数据中心主机，判断是否存在欺诈行为。

尽管基础的机器学习技术，如决策树、随机森林和逻辑回归树已经能满足实际需要，但人们依旧在努力寻找改进的方法，实现对海量数据集更复杂的算法分析（包括现实数据观测和潜在特征预测）。

自动化算法交易融合了机器学习和深度学习的最新技术，融合了各领域的研究成果。一些系统希望借助新技术探索预测资产回报率的全新方式，另一些则坚持依托传统的计量经济学和现代资产组合理论。

丰富的信息来源作为数字时代关键的竞争优势，吸引了众多媒体的目光。

全面细致的物体识别技术有助于分析卫星图片，而先进的自然语言处理（NLP）技术能够从新闻报道、Twitter、Facebook 以及 Reddit 中准确识别市场情绪信息。

人工智能根据投资者的投资目标（短期和长期）、风险偏好和用于投资的收入，生成投资组合建议，实现投资咨询服务自动化。投资者只需每月存入一次现金，后续的资产选择、买卖操作等均由系统自动实现。所有这些技术的应用都是为了帮助客户以最快的方式实现投资目标。

一方面，人工智能在银行业的应用，让所有消费者都有机会获得个性化的服务体验。聊天机器人的服务与人工客服越来越接近，能够准确把握客户的需求，并通过自然语言处理技术实现人机之间的顺畅沟通，帮助用户更改密码、查询可用余额、安排交易计划等。

另一方面，金融业经营活动受到严格监管，金融机构必须深入理解相关算法的假设条件，算法的机制原理必须清楚直白。先进的神经网络模型具备极高的准确性，但却不一定是最合适的选择，反而是简单的机器学习，能够让金融分析师明确知晓使用的模型究竟受哪些因素影响、分析原理是什么。

9. 人工智能、区块链和物联网

今天，区块链、物联网和人工智能都正在各自的领域发光发热。未来，这些技术可以而且必须结合起来，发挥更大作用。物联网收集和呈现数据，区块链提供定义操作规则的基础设施，人工智能优化流程和规则，三种技术紧密联系（Salah 等，2019）。人工智能和区块链技术在物联网中得到了广泛应用。人工智能系统可以分析和存储传感器节点提供的大量数据。从理论上看，这三种模式相辅相成，有助于发挥最大的潜力（Zheng 等，2020）。对于数据管理和业务自动化来说，这些技术的集成蕴藏着巨大的潜力。智能合约是将这三种技术联系起来的关键。

如前所述，物联网正被广泛应用于现实生活的方方面面，为各个领域的高效生产提供解决方案。随着物联网的工业化，大量的感官数据由感官设备生成（Chung 等，2017），大数据分析对物联网的应用显得越来越重要。为了解决这些问题，一些学者提出了基于物联网的人工智能技术。人工智能作为一种强大的分析工具，能够实时进行可扩展和准确的数据分析，在大数据分析中发挥着关键作用。人工智能和物联网的结合使人们能够收集和分析尽可能多的数据，发掘医疗保健、智能家居、智能农业、智能汽车相关的各种应用的最佳使用方式。根据麦肯锡（Tung，2018）的一份行业评估报告，人工智能的估值到2030年将增加到13万亿美元。然而，使用人工智能构建和开发大数据分析工具存在诸如集中式架构、安全和隐私保护、资源限制以及培训数据不足等各种障碍。近年来，人工智能与区块链的结合在解决这些问题方面发挥了重要作用。人工智能和区块链正携手探索海量数据，解决企业间的数据库问题。人工智能和区块链是第四次工业革命中最受人追捧的技术，人工参与的标准化流程出错率相对较高，而上述技术消除了对人工作业的依赖（Sandner 等，2020）。为了消除集中控制并解决传统人工智能的缺陷，区块链提供了一种去中心化的架构，使数据和资源能够在物联网网络中的多个节点之间安全流动。它是一个分布式人工智能系统，融合了人工智能和区块链技术，不需要第三方就能够安全地实现加密签名信息的交换（Team，2018）。在物联网应用中，相关系统还可以自主进行决策（Dinh 和 Thai，2018）。根据图 7，在不久的将来，三项技术的融合或许会彻底改变金融行业。

物联网、区块链和人工智能的融合将带来新商业模式的发展和经济中所有行业的数字化转型。它具有为物联网设备提供新的收入来源的潜力。假设存在一个基于区块链唯一 ID 和区块链货币的路灯，它的灯柱具备一定的"独立自主"性，任何人都可以通过智能合约来付款开灯。无论是个人、公司还是政府，只要有人为灯柱按次付款，灯柱都会打开。数字钱包的出现让人们可以将街灯货币化。为了记录消耗、性能和停机时间等信息，所有路灯的信息都会上传至区块链。人工智能可以利用这些信息来优化网络维护，可以预测使用率最高的时间，并且在出现问题时立即部署支持人员。同时，人工智能的天气预测功能（太阳能），可以帮助预测开灯所需的额外电力。通过更准确地预测所需组件的数量，人工智能还有助于简化机器维护和零件订购流程。这项服务减少了网络停机时间，因此可以作为一种资产出售给投资者。投资者可能会因此安装和维护大量路灯，以此获得持续的现金流。

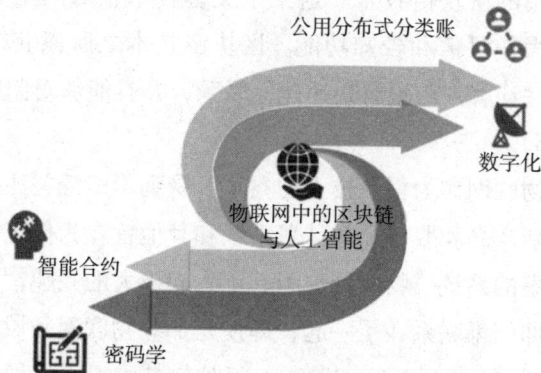

图7　区块链与人工智能在物联网领域的融合

（资料来源：作者整理）

10. 金融科技

金融科技是创新和经济的"完美结合"。当技术和资金相结合时，就会产生巨大的乘数效应。Zetsche 等（2017）曾指出，现阶段的金融科技主要有以下两种发展模式：第一种模式是金融部门对大数据、深度学习、技术标准化和人工智能的应用；第二种模式是创新非金融企业进入银行部门开展投资。金融科技本身也可以分为两个部分：第一部分是正在经历技术革命的传统金融企业。摩根士丹利、中国工商银行和高盛等传统货币机构，利用大数据和其他现代技术来提升和改变现有服务。第二部分，也是最关键的一部分，是某些科技巨头正试图利用它们的技术涉足金融领域，供应金融产品。Meta、苹果、谷歌、蚂蚁金服（中国）和腾讯（中国）最初并不准备参与货币交易，但它们最终却选择构建自己独特的银行变体，以满足客户需求，打造全新的经济图景。

金融科技深刻影响了传统银行业。2008 年国际金融危机之后，经济立法和金融部门都发生了改变，行业格局出现转变（Anagnostopoulos，2018；Brem 等，2019）。金融科技的出现为金融行业带来了三个关键性的突破：一是包括 WhatsApp 支付、支付宝和 Apple Pay 在内的数字钱包服务；二是智能合约，如"蚂蚁小贷"、"花呗"和"京东白条"等，P2P 借贷也是智能合约的一种；三是已经被广泛应用的区块链技术。这三个关键技术领域的主要功能是快速互动、实时信息、操作可信和告知功能。区块链技术之所以获得银行系统的青睐，是因为它能够让客户与银行快速建立联系，并且能够对制度框架产生影响（Pilkington，2016）。

金融科技和物联网作为创新技术的典范，受到了广泛关注。金融科技正在创造一系列的创新产品和服务，如计费系统和其他旨在为传统金融业务提供方便有效的替代方案的系统。物联网也引起了人们极大的兴趣，因为这项技术以某种方式将各个部门都联系在了一起，即使是那些物联网领域之外的人也逐渐开始关注它的发展（Nakashima，2018）。区块链技术对审核程序的影响主要有两类：区块链的防篡改、去中心化、时序性以及系统特性提高了相关数据的可信度和可靠性，降低了审计成本（Wang 等，2019a，b）。

机器人流程自动化和光符识别等技术的进步大大减轻了会计师的负担。此类技术可以通过电子方式分析和填写收据，以便进行实时核验。比特币是最先采用去中心化会计机制的记账技术（Zhang 等，2020）。"矿工"是指网络上的一种设备，这些"矿工"通过在线对等通道相互连接，投资者加入到这个连接体系，并通过算法与其他成员进行交易。然而，由于每个人都目睹了整个流程，所以相关交易并不可靠。根据 Eyal（2017）的说法，最好的解决办法是使用最小验证方法，即在不明确的情况下对操作进行验证和更新。这些技术进步确实推动了三式记账法（TEA）的发展（Maiti 等，2021a，b）。虽然三式记账法目前还没有实质性进展，但外界对于这种创新型会计技术寄予了很高的期望。目前来看，从传统模式过渡到三式记账法还存在一定困难，一切研究都只停留在理论层面。按照 Tabrizi（2019）和 Verhoef 等（2021）的理解，数字化不仅通过创新技术实现金融领域的技术转型，还对金融机构的市场战略产生了深刻的影响。

11. 结 论

本文的重点是强调金融业正处于一个发展的重要转折点，这个转折是依托区块链、物联网和人工智能技术的基础设施产生的。人工智能和区块链技术在物联网中应用广泛。三种技术紧密联系，物联网收集和展现数据，区块链提供规范操作规则的基础设施，人工智能负责优化流程和规则。从理论上讲，这三种结合方式能够互为补充，发挥出最大的潜力。对于数据管理和流程自动化来说，这些技术的集成能够发挥巨大的作用。为了消除集中控制并弥补传统人工智能技术的缺陷，区块链提供了一种去中心化的架构，使数据和资源能够在物联网中的多个节点之间安全流动。它是一个分布式人工智能系统，融合了人工智能和区块链技术，推动实现了全新的自动化商业模式。新技术的应用还增强了金融机构的服务创新意识，在宣传、销售、客户服务以及反黑客等领域都进行了业务创新。

虽然金融业的数字化程度越来越高，但未来依然有很长的路要走。信息资源依然是金融行业的生命线，将经济学原理与创新技术相结合，有助于企业优化管理模式。物联网、区块链和人工智能技术的整合是这一过程的关键，如果全球的金融机构能够把握好这次机遇，那么他们将在公司治理等领域取得重大发展，尤其是在新冠疫情肆虐，经济出现疲软之际（Maiti 等，2021a，b）。

参考文献

Anagnostopoulos, I. (2018). Fintech and Regtech: Impact on regulators and banks. *Journal of Economics and Business, 100*, 7–25.

Atlam, H. F., Alenezi, A., Alassafi, M. O., Alshdadi, A. A., & Wills, G. B. (2020). Security, cybercrime and digital forensics for IoT. In *Principles of internet of things (IoT) ecosystem: Insight paradigm* (pp. 551–577). Springer.

Atlam, H. F., Walters, R., & Wills, G. (2018). Internet of things: State-of-the-art, challenges, applications, and open issues. *International Journal of Intelligent Computing Research, 9*(3), 928–938.

Atlam, H. F., & Wills, G. B. (2019). IoT security, privacy, safety and ethics. In *Digital twin technologies and smart cities* (pp. 123–149). Springer.

Brem, A., Bilgram, V., & Marchuk, A. (2019). How crowdfunding platforms change the nature of user innovation–from problem solving to entrepreneurship. *Technological Forecasting and Social Change, 144*, 348–360.

Chang, V., Baudier, P., Zhang, H., Xu, Q., Zhang, J., & Arami, M. (2020). How blockchain can impact financial services–the overview, challenges and recommendations from expert interviewees. *Technological Forecasting and Social Change, 158*, 120166.

Chung, C. M., Chen, C. C., Shih, W. P., Lin, T. E., Yeh, R. J., & Wang, I. (2017, June). Automated machine learning for Internet of Things. In *2017 IEEE International Conference on Consumer Electronics-Taiwan (ICCE-TW)* (pp. 295–296). IEEE.

Dinh, T. N., & Thai, M. T. (2018). AI and blockchain: A disruptive integration. *Computer, 51*(9), 48–53.

Drinkwater, D. (2017). Eight examples of how IoT is improving retail banking. Internet of business. Available at: https://internetofbusiness.com/eight-examples-iot-retail-banking/.

Eyal, I. (2017). Blockchain technology: Transforming libertarian cryptocurrency dreams to finance and banking realities. *Computer, 50*(9), 38–49.

Harris, C. G. (2018, April). The risks and dangers of relying on blockchain technology in underdeveloped countries. In *NOMS 2018 IEEE/IFIP Network Operations and Management Symposium* (pp. 1–4). IEEE.

Karafiloski, E., & Mishev, A. (2017, July). Blockchain solutions for big data challenges: A literature review. In *IEEE EUROCON 2017-17th International Conference on Smart Technologies* (pp. 763–768). IEEE.

Khanboubi, F., Boulmakoul, A., & Tabaa, M. (2019). Impact of digital trends using IoT on banking processes. *Procedia Computer Science, 151*, 77–84.

Liu, T., Yuan, Y., & Yu, Z. (2021). The service architecture of internet of things terminal connection based on blockchain technology. *The Journal of Supercomputing, 77*(11), 12690–12710.

Maiti, M., & Ghosh, U. (2021). Next generation internet of things in fintech ecosystem. *IEEE Internet of Things Journal.*

Maiti, M., Kotliarov, I., & Lipatnikov, V. (2021a). A future triple entry accounting framework using blockchain technology. *Blockchain: Research and Applications, 2*(4), 100037.

Maiti, M., Vuković, D., Mukherjee, A., Paikarao, P. D., & Yadav, J. K. (2021b). Advanced data integration in banking, financial, and insurance software in the age of COVID-19. *Software: Practice and Experience.*

Mckinsey & Company (2018). Transforming a bank by becoming digital to the core. Available at: https://www.mckinsey.com/industries/financial-services/our-insights/transforming-a-bank-by-becoming-digital-to-the-core.

Nakashima, T. (2018). Creating credit by making use of mobility with FinTech and IoT. *IATSS Research, 42*(2), 61–66.

Nelito. (2018, February). *Blockchain technology in Banking & Finance.* Available at: https://www.nelito.com/blog/blockchain-technology-in-banking-and-finance.html.

Nguyen, Q. K. (2016, November). Blockchain-a financial technology for future sustainable development. In *2016 3rd International conference on green technology and sustainable development (GTSD)* (pp. 51–54). IEEE.

Perera, C., Liu, C. H., Jayawardena, S., & Chen, M. (2014). A survey on internet of things from industrial market perspective. *IEEE Access, 2*, 1660–1679.

Perera, C., Liu, C. H., & Jayawardena, S. (2015). The emerging internet of things marketplace from an industrial perspective: A survey. *IEEE Transactions on Emerging Topics in Computing, 3*(4), 585–598.

Petracek, N. (2018, July). Is Blockchain The Way To Save IoT?. FORBES. Available at: https://www.forbes.com/sites/forbestechcouncil/2018/07/18/is-blockchain-the-way-to-save-iot/#65d086d25a74.

Pilkington, M. (2016). Blockchain technology: Principles and applications. In *Research handbook on digital transformations*. Edward Elgar Publishing.

Reyna, A., Martín, C., Chen, J., Soler, E., & Díaz, M. (2018). On blockchain and its integration with IoT. Challenges and opportunities. *Future Generation Computer Systems, 88*, 173–190.

Salah, K., Rehman, M. H. U., Nizamuddin, N., & Al-Fuqaha, A. (2019). Blockchain for AI: Review and open research challenges. *IEEE Access, 7*, 10127–10149.

Sandner, P., Gross, J., & Richter, R. (2020). Convergence of blockchain, IoT, and AI. *Frontiers Blockchain, 3*, 522600.

Stampernas, S. (2018). *Blockchain technologies and smart contracts in the context of the Internet of Things* (Master's thesis, Πανεπιστήμιο Πειραιώς).

Sundmaeker, H., Guillemin, P., Friess, P., & Woelfflé, S. (2010). Vision and challenges for realising the internet of things. Cluster of European research projects on the internet of things, European Commission, 3(3), 34–36.

Sultan, K., Ruhi, U., & Lakhani, R. (2018). Conceptualizing blockchains: characteristics & applications. *arXiv preprint arXiv:1806.03693*.

Tabrizi, B., Lam, E., Girard, K., & Irvin, V. (2019). Digital transformation is not about technology. *Harvard Business Review, 13*(March), 1–6.

Team, N. A. (2018). NEBULA AI (NBAI)—Decentralized AI Blockchain Whitepaper.

Technavio (2022). Internet of Things (IoT) Market in Retail Applications to grow by USD 44.80 bn, available at: https://www.prnewswire.com/news-releases/internet-of-things-iot-market-in-retail-applications-to-grow-by-usd-44-80-bn%2D%2Dtechnavio-301485763.html.

Tung, L. (2018, September). AI will create $13 trillion in value by 2030. Available at: https://www.zdnet.com/article/mckinsey-ai-will-create-13-trillion-in-value-by-2013/.

Underwood, S. (2016). Blockchain beyond bitcoin. *Communications of the ACM, 59*(11), 15–17.

Verhoef, P. C., Broekhuizen, T., Bart, Y., Bhattacharya, A., Dong, J. Q., Fabian, N., & Haenlein, M. (2021). Digital transformation: A multidisciplinary reflection and research agenda. *Journal of Business Research, 122*, 889–901.

Wang, H., Wang, X. A., Wang, W., & Xiao, S. (2019a, September). A basic framework of blockchain-based decentralized verifiable outsourcing. In International Conference on Intelligent Networking and Collaborative Systems (pp. 415–421). Springer, Cham.

Wang, X., Zha, X., Ni, W., Liu, R. P., Guo, Y. J., Niu, X., & Zheng, K. (2019b). Survey on blockchain for internet of things. *Computer Communications, 136*, 10–29.

Yeasmin, S., & Baig, A. (2019, November). Unblocking the potential of blockchain. In *2019 International Conference on Electrical and Computing Technologies and Applications (ICECTA)* (pp. 1–5). IEEE.

Zetsche, D. A., Buckley, R. P., Arner, D. W., & Barberis, J. N. (2017). From FinTech to TechFin: The regulatory challenges of data-driven finance. *NYUJL & Bus., 14*, 393.

Zhang, Y., Xiong, F., Xie, Y., Fan, X., & Gu, H. (2020). The impact of artificial intelligence and blockchain on the accounting profession. *IEEE Access, 8*, 110461–110477.

Zheng, P., Zheng, Z., Wu, J., & Dai, H. N. (2020). Xblock-ETH: Extracting and exploring blockchain data from Ethereum. *IEEE Open Journal of the Computer Society, 1*, 95–106.

Ankit Som：目前就职于百威英博，世界上最大的啤酒公司的全球财务运营团队；2021 年获得印度马德拉斯经济学院应用量化金融专业的经济学硕士学位。对全球大型企业的金融技术应用情况有深入的研究。

Parthajit Kayal：马德拉斯经济学院助理教授，拥有金融管理与研究所的博士学位。研究领域主要包括投资、资产定价、投资组合管理、可持续金融和行为金融。曾在多个顶尖的国际期刊上发表文章。

数字普惠金融在促进经济增长和自由中的作用

Malvika Saraf，Parthajit Kayal[①]

1. 引 言

数字和技术创新正在改变金融服务领域。以数字货币、P2P 和众筹在线借贷平台、保险技术和加密货币为代表的金融科技创新解决方案在全球范围内大受欢迎（Maiti 和 Ghosh，2021）。过去十年，金融科技使零售厂商能够更轻松地获得金融服务。分布式记账技术、人工智能和云服务等尖端技术工具也正在改变金融机构和金融市场交易的运营管理模式。大量初创企业已经率先实施数字化转型战略，以提升客户满意度（Feyen 等，2021）。事实上，头部的银行和非银行金融机构在内部运营、客户沟通等领域也已经开始应用数字化技术，数字化程度与金融科技巨头不相上下（Frost 等，2019）。

回到本文的主题，金融自由是指在没有人为因素造成市场进入障碍的情况下，金融活动独立、顺畅开展的程度。金融自由的实现离不开包括金融科技、在线借贷市场等数字金融技术的应用。数字化对经济体系形成了多方面的积极影响，特别是在改善信息处理、信息传播和参与者的可访问性方面（Bilan 等，2019）。如今我们可以通过新的智能系统实时接收真实可信的信息，并且以更短的时间完成技术处理以及数据的整合，帮助企业更快地做出决策（Xu 等，2018）。然而，这其中也存在一些挑战，如网络安全、风险管理、黑客攻击等。金融服务中数字化技术的持续应用有助于新旧工具的兼容，也更有助于适应信

---

① Malvika Saraf, Parthajit Kayal，印度马德拉斯经济学院（Madras School of Economics, Chennai, Zndia）。

息物理系统和数据分析平台。对金融服务标准的所有更改，如虚拟现实、增强现实和人机技术的引入，都是为了满足客户诉求。量身定制的金融服务让客户能够获得更好的体验。所有这些都有助于实现个人和国家层面的金融自由。

新冠疫情的暴发加速了数字化转型的进程。疫情造成的地理隔离，加速了线上业务，尤其是银行交易和金融服务领域相关业务的转型。疫情期间，网上银行、数字存取款等业务模式显著增强了全球的金融自由程度。经济体、企业、金融服务提供商和客户共同经历过疫情和后疫情时期后，对于数字连接的需求变得更加迫切。疫情期间，每个人都必须待在家里，不得不使用数字支付（Auer 等，2020a），在线电子商务平台因此蓬勃发展，大型科技公司也因此实现了可观的利润收入（Alfonso，2021）。我们还发现，在那些防疫政策严格、社区流动性较低的国家，疫情期间的金融相关应用程序的下载量大幅增加（Didier 等，2021）。同时，疫情也加速了央行数字货币的发展进程（Auer 等，2020b）。

在本部分中，我们首先描述了金融数字化转型的动机和原因。其次探讨了数字金融在金融普惠性和自由性中的作用。然后，我们分析了数字化如何在现代工业时代影响金融机构与市场参与者之间的互动。再次，我们还关注数字金融如何实现国家层面的经济自由、金融发展和增长。最后，通过银行业绩和效率来探究银行，金融服务与保险（BFSI）部门如何实现金融自由。

2. 金融普惠和金融自由

自 2010 年以来，G20 集团和世界银行迈出了借助普惠金融降低新兴和发展中国家贫困水平的第一步（GPFI，2010）。今天，数字金融、普惠金融以及由此带来的金融自由已经变得非常重要，有助于加快经济增长、减少贫困。如果相关问题得到妥善解决，数字金融就能为个人、企业、政府和整体经济提供更多助力。

数字金融可以被定义为"通过手机、互联网或银行卡提供的金融服务"（Manyika 等，2016）。换句话说，数字金融包含了大量主要由金融科技公司提供的创新金融产品、与客户互动的各种模式以及其他金融业务（Gomber 等，2017）。借助数字技术提供金融服务的目的是帮助发展中国家减轻贫困，实现金融普惠和金融自由。

数字金融对于实现金融自由有着重要作用。第一，考虑到发展中国家一半以上的人口都拥有手机，因此数字金融有助于增加金融普惠性，为人们提供基础性金融服务，并将金融服务扩展到非金融部门；第二，就实现发展中国家贫困人口的金融自由而言，数字金融能够帮助实现操作简单、价格便宜、方便、安全的银行服务；第三，数字金融转型有可能对银行业绩产生长期的积极影响（Chortareas 等，2013）；第四，全面应用和实施数字金融可以显著减少假币的流通，减轻监管机构的负担，有利于金融货币体系整体安全。

数字普惠金融的定义是"帮助被金融体系排除在外，以及获得金融服务明显不足的人群以数字方式获取和使用正规金融服务"（CGAP，2015）。假定发展中国家这些弱势人群都拥有合法的银行账户，我们希望探究他们是否需要非接触式的金融服务来实现金融自由。

毫无疑问，数字普惠金融在一定程度上帮助贫困人口实现了金融自由。银行可以通过减少排队、缩减手工文档以及精简分支机构来降低成本（Manyika 等，2016）。此外，借助数字普惠金融，许多储户可以在几分钟内轻松更换存款银行。银行必须努力提高服务质量，以免客户流向竞争对手。可靠的数字渠道让相关企业和个人在获取资金和日常交易方面拥有显著优势（CGAP，2015）。

金融普惠性是指企业和家庭，尤其是贫困家庭获得基础金融服务、实现资金流动的能力（Durai 和 Stella，2019）。它也可以被定义为贫困人口对常规金融服务的使用程度。有了普惠金融，过去那些被排除在金融体系之外的个人就能够获得更多教育、储蓄、投资和业务发展机会，有助于摆脱贫困、实现金融自由，促进经济发展（Beck 等，2007a，b；Bruhn 和 Love，2014）。

普惠金融是帮助贫困人口实现金融自由的重要一步。它使低收入人群有机会为未来储蓄，帮助稳定个人财务，实现个人财富增长。同时，它也为银行提供了稳定的基础存款，以应对可能发生的危机（Han 和 Melecky，2013）。此外，普惠金融大大降低了贫困家庭积累储蓄、开展投资、获得贷款的难度，帮助这些家庭更好地应对疾病或失业等问题带来的收入冲击。普惠金融的好处之一是有助于实现个人的金融自由以及金融体系的稳定发展。普惠金融可以通过降低顺周期风险、增加银行存款的数量和稳定性来削弱银行对不稳定的非核心融资的依赖，提高整个银行体系的稳定性（Khan，2011）。

数字金融对普惠金融的影响比以往任何时候都更加显著。数字金融逐渐融入低收入和贫困人口的生活，帮助他们获得更多基础金融服务，增强了农村地区的金融普惠性（Ozili，2018）。数字金融服务向人们展示了巨大的发展空间，可以通过网上银行、手机银行、电子钱包和数字支付基础设施等变革性技术，依托恰当的模式和安全的数字环境，以合适的价格，让金融服务遍布社会的每个角落，使贫困人口也能享受到金融服务（Siddik 等，2020）。

数字金融与普惠金融之间存在双向因果关系。一方面，数字金融促进了普惠金融的发展。高、中、低收入阶层的人们应该说服那些处于贫困线以下的朋友、家人和熟人开设银行账户，帮助他们借助数字技术获得更多金融服务以及更便捷的交易体验。相较于带着各种业务简介上门推销的银行员工，他们可能更相信那些向他们推荐数字金融服务的熟人。开设账户的贫困人口进入金融体系，可以进行储蓄和借贷，也可以开展投资并获得相应回报（Haider，2018）。数字金融能够随时为客户提供个人理财、即时财务决策以及支付和收款等服务，是实现金融普惠和金融自由的关键因素（Durai 和 Stella，2019）。另一方面，普惠金融可以通过增加银行账户持有人对各种数字金融服务的了解来增加数字金融技术的使用频率。数字金融对金融稳定和金融自由的积极影响有利于提升银行绩效，能够帮助银行开展房贷业务，还能扩大融资范围，帮助人们转变观念，从传统的现金支付方式转变为数字支付方式（Chortareas 等，2013；Risman 等，2021）。

如图 1 所示，本文揭示了数字金融、普惠金融、金融稳定和金融自由之间的互动关系。在发达经济体中，数字金融借助金融科技、移动网络等数字技术，对普惠金融产生了许多积极影响（Durai 和 Stella，2019；Haider，2018）。数字金融能够为低收入人群和弱势群体提供便捷的个人服务。这对他们来说比那些受监管的传统银行提供的成本高昂的服务要有意义得多。只有当社会中的贫困阶层能够在日常生活中随时随地享受数字金融服务时，我们才能说数字金融成功实现了个人层面的金融稳定与金融自由。

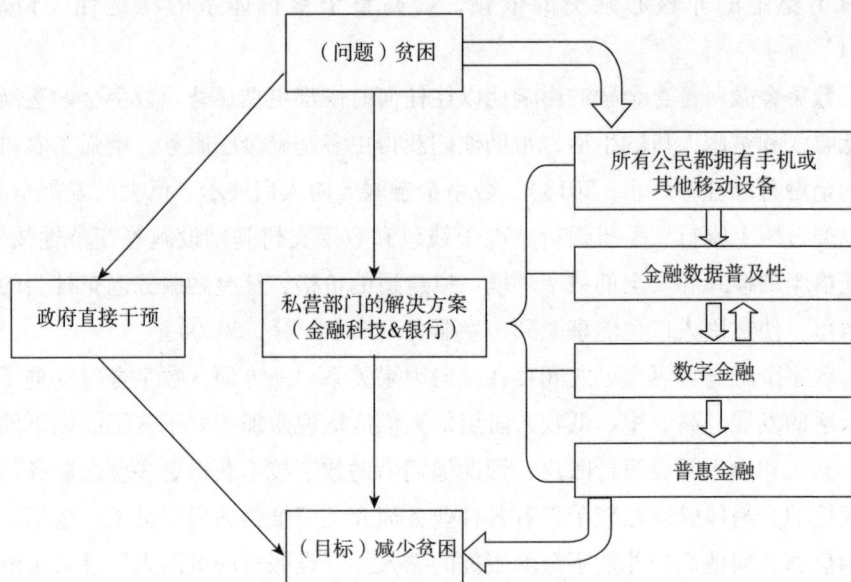

图1 银行、政府和金融科技公司对数字金融和普惠金融的贡献

（资料来源：作者整理）

3. 现代工业时代的数字金融

在现代工业革命时代（或工业4.0时代），数字化和虚拟化改变了金融市场参与者之间的关系。大量的商业运营和服务越来越趋向虚拟化（Bilan 等，2019）。消费者更倾向于通过手机或网上银行、虚拟操作以及在线咨询等方式获取金融服务。有一些线上 P2P 平台可以直接帮助债权人向借款人提供贷款；众筹平台能够为慈善相关活动筹集现金或物资以应对紧急医疗情况，也可以为投资活动或其他事项筹集资金。相较于银行贷款，P2P 贷款不存在银行利差，因此价格更低、适用范围更广。与传统银行业务相比，这是一种更加先进的借贷形式（Lenz，2016）。然而，在 P2P 平台上，贷款价格以及贷款人评估等事项会变得更加复杂（Gavurova 等，2018）。

接下来，我们将讨论作为传统银行和金融中介机构的替代方案，在线金融服务主要包含哪些内容。随着社会整体数字化程度的提升，工业4.0对整个经济体系都产生了积极的影响，尤其是在信息处理、信息传播和服务可得性等方面（Bilan 等，2019）。我们现在可以通过最新的智能手段实时接收真实可靠的信息，并且在短时间内进行数据分析处理。排列和整合数据的时间大幅缩短，数据质量显著提高，缩短了决策时间（Xu 等，2018）。金融服务的技术进步和数字化与金融科技初创企业的成长、创新金融技术的应用直接相关。这些技术能够确保各主要市场的参与者可以非常方便地获得在线融资服务。

那些无法从银行获得贷款或者贷款成本过高的人从 P2P 平台和众筹平台获益更多（Bilan 等，2019），这其中就包括中小企业。由于利息高、抵押品要求高以及可用贷款稀缺等原因，它们在申请银行贷款时总会遇到各种障碍（Rahman 等，2016）。受监管指标、自身风险管理要求等因素的限制，银行很少向高风险项目贷款，众筹平台为这些项目提供了更多融资机会（Cichy 和 Gradoń，2016）。因此，为绿色项目融资的众筹平台可以被视为额外金融便利的第二个可靠来源（Pimonenko 等，2017）。与此同时，在线平台引发的高通胀、家庭储蓄减少、不利的投资环境和营商环境对包括银行业和另类融资市场在内的金融市场的增长结构也产生了一定的负面影响。

中小企业无疑是众筹平台和 P2P 平台的主要借款客户。在考察经济形势时，应特别关注营商环境和中小企业的融资难度（Civelek 等，2016）。此外，那些决定金融体系健康状况的因素对替代金融的发展存在直接影响。银行可以通过分行网络向大部分人提供服务。银行的储蓄计划往往被认为是风险极低的，在经济困难时期，银行负债的波动性要低于其他金融机构（Leonov 等，2012）。

提高金融普惠性是现代社会面临的困境之一。众所周知，金融普惠性是指让所有人获得必要的金融服务的能力，无论他们的年龄大小，收入水平高低，信用记录如何，居住地在哪儿（Durai 和 Stella，2019）。信用风险高的借款人，如低收入、无工作或没有信用背景的借款人，常常因为违约风险更高而无法获得贷款。那些在农村和其他偏远地区的人也很难从银行获取贷款（Beck 等，2007a，b；Bruhn 和 Love，2014）。在这种情况下，人们肯定会寻找其他融资方式并尝试使用在线金融平台。数字技术正在从各个方面彻底改变现代社会和人类活动，在替代金融等领域获得了广泛应用。在线融资平台是一项服务于整个市场的发明，可以说是最成功的金融科技创新。

替代金融不仅指金融创新，也指技术创新。如果没有信息和通信技术的发展，替代金融也不可能出现（Mushtaq 和 Bruneau，2019；Rekha 等，2021）。影响替代金融发展的因素见图2。替代金融绕过传统银行和其他非银行金融机构，增强了债权人和债务人的直接联系。使用在线平台需要具备基本的互联网和计算机使用技能，因此替代金融的互联网用户和潜在用户的数量取决于信息技术的推广程度（Bilan 等，2019）。

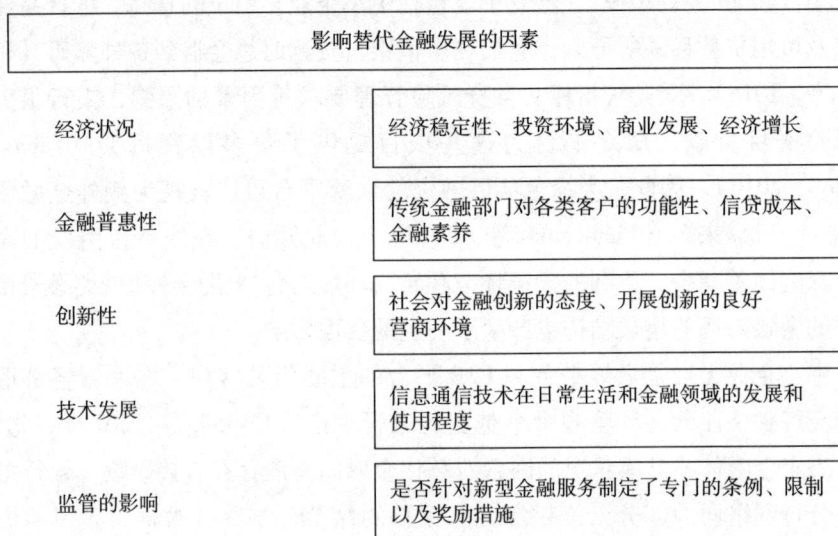

影响替代金融发展的因素

经济状况	经济稳定性、投资环境、商业发展、经济增长
金融普惠性	传统金融部门对各类客户的功能性、信贷成本、金融素养
创新性	社会对金融创新的态度、开展创新的良好营商环境
技术发展	信息通信技术在日常生活和金融领域的发展和使用程度
监管的影响	是否针对新型金融服务制定了专门的条例、限制以及奖励措施

图2　影响替代金融发展的因素

（资料来源：作者整理）

替代金融的资金来源也存在许多缺陷。这些在线平台的风险管理效率低下，仅仅通过社交媒体检索到的数据以及简单的问卷，很难准确评估贷款的价格和风险等级。传统银行成熟的风险评估体系是互联网公司无法比拟的，传统银行体系拥有的强大监管框架能够确保金融体系的安全与稳定。因此，双方的合作有助于取长补短，为金融市场参与者提供更多更好的金融服务（Bilan 等，2019）。然而，许多国家的替代金融融资监管体系已经彻底崩溃，这对金融稳定和经济发展都是一个巨大的威胁。

数字化和虚拟化给金融市场带来了巨大的改变。在弥补传统金融机构不足的同时，还增强了债权人与债务人间的直接联系（Bilan 等，2019）。替代融资方式一直被视为银行贷款唯一的替代方案，这种融资形式显然对传统银行、信用合作社和当铺等非银行金融中介机构造成了威胁。然而，这两种融资方式是有可能和谐共生的。传统的金融机构应该利用数字技术、大数据、运营自动化等优势，与在线融资平台加强合作，提高市场竞争力（Temelkov，2018）。银行在经营过程中应尽量选择便捷、灵活且成本更低的技术。同时，还应该加强与金融科技企业的合作（Nakaso，2016）。

4. 经济自由、金融发展和增长

普惠金融被认为是经济发展的重要推动力（Claessens，2006）。普惠金融的最大功能是向贫困家庭、小微企业等主体普及基础金融服务（亚洲开发银行，2012）。一个分类细致的普惠金融体系固然很好，但更重要的问题是，全球50%以上的成年人无法真正地获得金融服务（世界银行，2017）。尽管实现普惠金融是一项全球性的社会经济任务，但它对欠发达国家的意义更加深远，它对减轻贫困、实现经济增长来说是不可或缺的助力（Kim，2016）。研究显示，结构性因素和政策性因素是推动各国普惠金融发展的两个主要因素（Rekha 等，2021）。从根本上说，结构性因素决定了推广金融服务的成本，而政策性因素则是影响市场环境的关键因素。信息和通信基础设施是最重要的结构性因素之一。信息和通信技术的广泛传播能够帮助减少贫困和不平等现象，有助于加速经济增长，为金融市场提供更多发展机会，进一步提升金融的普惠性，进而改变整个世界（Mushtaq 和 Bruneau，2019）。

技术创新是当前经济增长的重要支柱。在推动金融体系正规化的过程中，有人认为普惠金融是信息时代减少收入差距，加快经济增长的方式之一（Andrianaivo 和 Kpodar，2011；Tchamyou 等，2019）。此外，增强信息和通信技术与金融部门的融合很可能有助于提升数字金融普惠性，缩小各地区金融基础设施差距（Mushtaq 和 Bruneau，2019）。数字普惠金融的发展能够让信息和通信技术对普惠金融的影响力成倍增长。此外，信息和通信技术的普及有助于经济和金融自由，促进金融机构的发展，推动整个金融行业的进步。经济自由是影响金融行业发展和增长的重要决定因素之一，我们需要高度重视普惠金融的影响力（Rekha 等，2021）。

理论和实证研究均发现，金融普惠性更高的经济体国内生产总值（GDP）

增长率更高，收入不平等现象更少（King 和 Levine，1993；Beck 等，2007a，b；Demirgüç – Kunt 和 Levine，2009；Demirg – Kunt 和 Singer，2017）。众所周知，金融普惠性通常是以个人账户的数量来衡量，而一个国家的金融发展水平通常是借助 GDP 等宏观经济变量来衡量。信息的可用性、可及性、人均收入、政策稳定性、机构质量和监管环境等是影响金融普惠性及金融发展水平的关键性因素（Allen 等，2016；Rojas Suarez，2010；Karlan 等，2014）。有足够的证据表明，金融机构的发展与经济发展紧密相关。在发达国家，普惠金融关注的重点是人们对于公平公正且能够负担得起的金融服务的认知程度，而在发展中国家，关注的重点则是如何让更多人获得金融服务，减少"金融文盲"（Rekha 等，2021）。此外，在评估金融普惠性和金融稳定性之间的关系时，我们需要注意金融普惠性对减少收入差距的积极意义，以及由此带来的金融稳定性的提升（Neaime 和 Gaysset，2018）。储蓄账户持有人、贷款者、银行分行以及 ATM 的数量等都能够直接影响一个国家的经济和金融增长（Sharma，2016）。

许多基础性的学术研究都认为金融发展水平和经济增长水平息息相关，运行良好的金融中介机构以及周到的金融服务能够促进经济增长，反之亦然（King 和 Levine，1993；Neusser 和 Kugler，1998；Beck 等，1999）。随着实体经济对金融服务的需求越来越大，金融部门也取得了长足进步，经济的繁荣助推金融部门的发展（Jung，1986）。在一个经济自由的社会中，人们能够以任何可能的方式工作、生产、消费和投资。

已有研究表明，经济和金融的发展与经济自由之间存在实质性的联系（Hafer，2013）。有学者进一步指出，在那些享有更大经济自由，且金融中介机构发展水平更高的国家，经济增长速度通常会更快。金融业的高水平发展与国家未来的资本积累和资本利用效率直接相关（King 和 Levine，1993）。相关研究也证明了经济自由与发展之间的紧密联系（Carlsson 和 Lundström，2002）。金融自由是经济自由的重要组成部分之一，与普惠金融息息相关（Rekha 等，2020）。

金融机构的技术方面，信息和通信技术传播与金融机构之间联系紧密，重点是要加强信息和通信科技基础设施、电子商务服务和数字银行的推广（Rekha 等，2021）。我们可以在图 3 中看到从信息和通信技术推广到金融普惠性，再到经济增长的整个过程。决策者必须深入评估信息和通信技术政策措施以及电子商务和电子政务的进展情况。信息和通信技术部门的投资对于经济条件薄弱的新兴国家的发展是不可或缺的（Demergüç–Kunt 和 Singer，2017）。通过移动电话普及信息和通信技术具有显著优势，能够改善接入和连接，提高金融深度。信息和通信技术的传播通过多种渠道在促进社区发展方面发挥着至关重要的作用。它对教育部门的贡献尤为突出。虚拟教育的出现恰逢其时，它借助互联网，通过电子和纸质媒体来实现推广。通过快速传播医疗信息，实现农村地区无缝接入等方式，信息和通信技术在医疗卫生部门发挥了重要作用（Mushtaq 和 Bruneau，2019）。银行机构和资本市场等金融中介机构数量的增加，加速了基于信息和通信技术的整体经济增长。政府在制定政策和发展战略，促进信息和通信技术基础设施方面发挥着重要作用，相关基础设施通过推进数字金融来促进金融发展、金融普惠性以及经济自由，使公民能够从成本低、速度快的互联网服务中受益。此外，它将使企业和其他行业更容易获得线上金融服务（Rekha 等，2021）。技术传播被认为是提高生产力的关键（Comin 和 Hobijn，2009）。

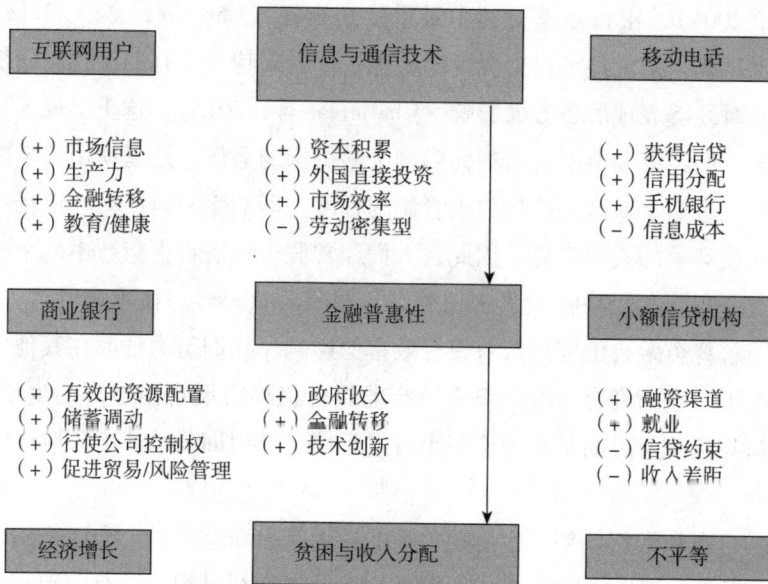

图3　信息和通信技术等技术创新如何提升

金融普惠性，促进经济增长，减少不平等现象和贫困问题

（资料来源：作者整理）

　　在经济和金融自由方面，政府相关政策主要通过改善信用信息的可获得性、引入竞争和消除进入壁垒等方式提高金融服务的可得性。除了旨在扩大银行渗透率的战略外，重点还应放在提高金融机构的质量及其提供的服务上。减小收入差距、提高金融知识普及率以及改善通信基础设施，是提高金融普惠性的关键。

　　本章的这一小节分析了信息和通信技术传播、经济自由、金融发展和经济增长与金融包容性的相互联系。需要注意的是，金融部门的发展对金融市场和实现长期可持续发展的普惠性增长意义重大（Rekha 等，2021）。从更广泛的层面上讲，信息和通信技术政策与增长政策之间的谨慎协调对于解决金融发展问题至关重要，有利于进一步提高金融普惠性。我们的讨论具有重大的政策意义，有利于营造适合经济持续增长的发展环境。

5. 通过提升银行效率实现 BFSI 的金融自由

　　"经济自由"指数近期在银行业研究中的使用频率越来越高（Demirgüç - Kunt 等，2004），银行效率是其中最重要的指标（Chortareas 等，2011a，b）。过去二十年来，衡量经济自由程度的量化指标越来越多，有助于我们分析自由经济制度对经济表现的各方面影响（Chortareas 等，2013）。这里出现了一个有趣的问题，即经济和金融自由如何影响金融机构的运作。这里使用的金融自由指数的定义近似于对金融机构放松管制的程度，即消除阻碍产品、市场和机构之间进入或竞争的人为障碍。因此，人们经常假设经济自由指数中的金融自由度与银行业监管的严格程度紧密相关（Barth 等，2008）。在本章的这一部分，我们试图解释金融自由度指数对银行效率的影响。我们努力证明在其他条件不变的情况下，在高度自由的环境下运行的银行机构会展现出更高的生产效率，而这些却与经济金融的基本理论相矛盾（Sufifian 和 Habibullah，2014；Lin 等，2016）。

　　金融自由和银行效率产生上述关系的原因是显而易见的。金融机构开展业务时遇到的限制越少，它们在成本管理方面就越有利可图，这有助于实现资源的有效分配（Chortareas 等，2013）。我们的讨论是在一个特定的银行绩效衡量标准即商业银行的生产效率和成本效益下进行的。

许多研究都将重点放在了影响本国或本地区银行体系运行效率的因素上，如中国香港（Lim 和 Randhawa，2005）、韩国（Park 和 Weber，2006）、中国台湾（Kao 和 Liu，2009）、泰国（Chansarn，2008）、马来西亚（Sufifian，2009）和印度尼西亚（Margono 等，2010）。这些研究大多指向这样一个事实，即金融自由与银行利润高度相关。相关文献还表明，一定程度的放任政策有助于提高银行业的整体效率，降低其借贷成本（Claessens 和 Laeven，2004；Roychoudhury 和 Lawson，2010；Goddard 等，2011）。此外，银行效率提高会引致额外的社会成本，严重降低社会福利，而银行却能因此以高于其边际成本的价格借出资金，实现超额利润。在 2008 年国际金融危机之后，实现更高的成本效益已经成为决定银行存亡的关键因素（Goddard 等，2001）。

在评估银行效率时，一些研究强调制度环境对银行运行的影响（Demirgüç-Kunt 等，2004；Barth 等，2008）。现有研究已经证实，监管、经济和制度差异是造成全球银行机构运行差异的关键因素。为了进一步证明上述观点，多项研究已经开始关注代表金融自由化程度的相关指标。有证据表明，市场势力的增强能够提高银行的成本效率。然而，还有一些证据表明，对于市场势力较高的银行，金融自由可能会对其效率产生负面影响。一定程度的市场势力可能是保证银行体系生产效率的必要条件，太高的金融自由度可能不利于银行成本效率的提高。

以下几个原因让我们相信，经济和金融自由往往会对银行的效率产生积极影响。例如，当新公司成立时，银行会帮助它们筹集资金，证明银行有能力向各种公司提供资金（Shakhashiro 等，2022）。此外，更高的经济自由度使银行能够向全球的企业发放更多的贷款和资金，并且能够确保银行获得与承担风险相匹配的收益。类似地，互为补充的经济和金融自由，可以改善商业环境，促进经济增长，提高银行效率。换言之，一个更加公平、自由的经济金融环境能够帮助银行提高盈利能力（Holmes 等，2008），增加产品和服务的销量，降低通货膨胀，建立更加可持续的宏观经济框架（Shakhashiro 等，2022）。

充足的证据表明，当银行在经济中受到过多限制和控制时，其生产效率会显著降低（Porta 等，1998；Fries 和 Taci，2005）。当银行和金融中介机构在受限较少的环境中运作时，它们更有可能参与竞争活动。加大监管力度明显阻碍了银行的工作效率。因此我们认为，约束银行行为的政策法规，不利于金融自由，会导致资源的无效配置（Chortareas 等，2013）。

新冠疫情期间，面对交易量的大幅上升，BFSI 领域的相关机构不得不在日常工作中引入数字技术。新冠疫情迫使银行开始思考技术创新整体战略，重新考虑其服务、产品、概念和理念的配置。包括银行和其他五大金融中介机构在内的 BFSI 行业，如果不借助先进的数据集成和创新软件系统，实现高效的运营管理，就无法在后疫情时代生存。这场疫情让银行业学会了如何防范和应对可能发生的意外（Maiti 等，2021）。

本研究进一步证明了银行运行效率与经济自由指数各要素之间的关系，在已有研究的基础上取得了显著成果。本研究的重点是衡量一个银行体系效率以及免受政府干预的自由程度的金融自由指数。我们观察到，政府不负责任的监管行为会对银行的经营和日常活动产生不利影响（Chortareas 等，2013）。在经济和金融高度自由的国家，银行往往表现出更高的收益率。这背后是银行在控制成本、实现收入流最大化、提升银行金融自由度、有效配置资源等方面实现的更有效的管理。金融和经济自由是营造促进创业、创新，稳定经济增长，促进繁荣的良好发展环境的关键（Shakhashiro 等，2022）。

6. 结　论

总体而言，我们观察到了数字化是如何帮助一个国家实现金融自由、金融发展和经济增长的。其中的重点是数字技术让包括贫困人口在内的全体公民都能够享受到基本的金融服务，使借贷更加方便，使多种技术实现无缝衔接。同时还借助信息通信技术扩大了数字金融服务的覆盖面。最后还研究了银行通过其业绩和效率实现金融自由的方式方法。

技术和数字发展在一定程度上有助于金融市场提升效率、多样性、竞争性和包容性，但也可能会造成垄断。创新技术的加入使市场竞争更加激烈，尤其是对于新兴和发展中国家更是如此（Pazarbasioglu 等，2020；Frost 等，2021）。金融市场欠发达地区的金融科技产业表现得更加繁荣（Didier 等，2021）。然而，数字技术存在的隐患也不容忽视。监管机构和消费者都对数据安全、金融稳定、金融诚信、公平竞争以及消费者保护等问题存在疑虑。数字技术的广泛应用增加了银行体系遭受网络攻击的概率和规模，对数字平台上客户数据的安全和隐私构成严重威胁。监管机构对网络风险的担忧可能会迫使他们重新考虑金融服务的效率和安全（Caruana，2016）。同样，当客户意识到自己的数据很可能受到网络攻击时，他们也会考虑减少使用数字服务，直到银行建立足够强大的数据安全防御系统。最后，金融科技物联网目前面临的最大挑战依然是可持续能源和数字支付。展望未来，一种名为"神经科技"的新技术可能会成为推进金融科技行业发展的"强化剂"。支持"神经科技"的物联网（NIoT）将放大3Ms（人、机器和内存）关系，实现各种业务的无缝衔接（Maiti 和Ghosh，2021）。

参考文献

Alfonso, V., Boar, C., Frost, J., Gambacorta, L., & Liu, J. (2021). E-commerce in the pandemic and beyond. *BIS Bulletin, 36*, 9. Available at: https://www.bis.org/publ/bisbull36.pdf.

Allen, F., Demirgüç-Kunt, A., Klapper, L., & Peria, M. S. M. (2016). The foundations of financial inclusion: Understanding ownership and use of formal accounts. *Journal of Financial Intermediation, 27*, 1–30.

Andrianaivo, M., & Kpodar, K. R. (2011). ICT, financial inclusion, and growth: Evidence from African countries. *IMF Working Papers, 2011*(073).

Asian Development Bank. (2012). Microfinance Development Strategy 2000: Sector Performance and Client Welfare. Available at: https://www.adb.org/sites/default/files/evaluationdocument/35899/files/ses-microfinance-strategy-0.pdf.

Auer, R., Cornelli, G., & Frost, J. (2020a). *Covid-19, cash, and the future of payments. Bank for International Settlements* Bulletin, 3.

Auer, R., Cornelli, G., & Frost, J. (2020b). Rise of the central bank digital currencies: drivers, approaches and technologies. Bank for International Settlements Working Papers, (880).

Barth, J. R., Caprio, G., & Levine, R. (2008). *Rethinking bank regulation: Till angels govern.* Cambridge University Press.

Beck, T., Demirgüç-Kunt, A., & Levine, R. (2007a). Finance, inequality and the poor. *Journal of Economic Growth, 12*(1), 27–49.

Beck, T., Demirgüç-Kunt, A., & Peria, M. S. M. (2007b). Reaching out: Access to and use of banking services across countries. *Journal of Financial Economics, 85*(1), 234–266.

Beck, T., Levine, R., & Loayza, N. (1999). *Financial intermediation and growth: Causality and causes.* Central Bank of Chile Working Paper 56.

Bilan, Y., Rubanov, P., Vasylieva, I. A., & Lyeonov, S. (2019). The influence of industry 4.0 on financial services: Determinants of alternative finance development. *Polish. Journal of Management Studies, 19*(1), 70–93.

Bruhn, M., & Love, I. (2014). The real impact of improved access to finance: Evidence from Mexico. *The Journal of Finance, 69*(3), 1347–1376.

Carlsson, F., & Lundström, S. (2002). Economic freedom and growth: Decomposing the effects. *Public Choice, 112*(3), 335–344.

Caruana, J. (2016, October). Financial inclusion and the fintech revolution: implications for supervision and oversight. In *Conference remarks at the third GPFIFSI conference on* standard-setting Bodies and innovative financial inclusion-"new frontiers in the supervision and oversight of digital financial services* (Vol. 26).

CGAP Annual Report (2015). Available at: https://www.cgap.org/sites/default/files/organizational-documents/CGAP-FY2015-Annual-Report-Printable.pdf.

Chansarn, S. (2008). The relative efficiency of commercial banks in Thailand: DEA approach. *International Research Journal of Finance & Economics, 53.*

Chortareas, G. E., Garza-Garcia, J. G., & Girardone, C. (2011a). Banking sector performance in Latin America: Market power versus efficiency. *Review of Development Economics, 15*(2), 307–325.

Chortareas, G. E., Girardone, C., & Ventouri, A. (2011b). Financial frictions, bank efficiency and risk: Evidence from the eurozone. *Journal of Business Finance & Accounting, 38*(1–2), 259–287.

Chortareas, G. E., Girardone, C., & Ventouri, A. (2013). Financial freedom and bank efficiency: Evidence from the European Union. *Journal of Banking & Finance, 37*(4), 1223–1231.

Cichy, J., & Gradoń, W. (2016). Innovative economy, and the activity of financial market institutions. Case of Poland. *Journal of International Studies, 9*(1), 155–166.

Civelek, M., Ključnikov, A., Dobrovič, J., & Hudáková, M. (2016). A model of measurement of the quality of business environment in SME segment. *Journal of International Studies, 9*(2), 90–102.

Claessens, S. (2006). Access to financial services: A review of the issues and public policy objectives. *The World Bank Research Observer, 21*(2), 207–240.

Claessens, S., & Laeven, L. (2004). What drives bank competition? Some international evidence. *Journal of Money, Credit and Banking, 36*(3), 563–583.

Comin, D., & Hobijn, B. (2009). Lobbies and technology diffusion. *The Review of Economics and Statistics, 91*(2), 229–244.

Demirgüç-Kunt, A., & Levine, R. (2009). Finance and inequality: Theory and evidence. *Annual Review of Financial Economics, 1*(1), 287–318.

Demirgüç-Kunt, A., & Singer, D. (2017). Financial inclusion and inclusive growth: A review of recent empirical evidence. World Bank Policy Research Working Paper 8040.

Demirgüç-Kunt, A., Laeven, L., & Levine, R. (2004). Regulations, market structure, institutions, and the cost of financial intermediation. *Journal of Money, Credit and Banking, 36*, 593–622.

Didier, T., Huneeus, F., Larrain, M., & Schmukler, S. L. (2021). Financing firms in hibernation during the COVID-19 pandemic. *Journal of Financial Stability, 53*, 100837. https://doi.org/10.1016/j.jfs.2020.100837.

Durai, T., & Stella, G. (2019). Digital finance and its impact on financial inclusion. *Journal of Emerging Technologies and Innovative Research, 6*(1), 122–127.

Feyen, E., Frost, J., Gambacorta, L., Natarajan, H., Saal, M. (2021). *Fintech and the digital transformation of financial services: Implications for market structure and public policy.* BIS Papers.

Fries, S., & Taci, A. (2005). Cost efficiency of banks in transition: Evidence from 289 banks in 15 post-communist countries. *Journal of Banking & Finance, 29*(1), 55–81.

Frost, J., Gambacorta, L., & Shin, H. S. (2021). From financial innovation to inclusion. *Finance & Development, March.* Available at: https://www.infine.lu/wp-content/uploads/2021/03/making-financial-innovation-more-inclusive-frost.pdf.

Frost, J., Gambacorta, L., Huang, Y., Shin, H. S., & Zbinden, P. (2019). BigTech and the changing structure of financial intermediation. *Economic Policy, 34*(100), 761–799.

Gavurova, B., Dujcak, M., Kovac, V., & Kotásková, A. (2018). Determinants of successful loan application at peer-to-peer lending market. *Economics & Sociology, 11*(1), 85–99.

Goddard, J. A., Molyneux, P., & Wilson, J. O. (2001). *European banking: Efficiency, technology and growth*. Wiley & Sons Ltd..

Goddard, J., Liu, H., Molyneux, P., & Wilson, J. O. (2011). The persistence of bank profit. *Journal of Banking & Finance, 35*(11), 2881–2890.

Gomber, P., Koch, J. A., & Siering, M. (2017). Digital finance and FinTech: Current research and future research directions. *Journal of Business Economics, 87*(5), 537–580.

GPFI (2010). G20 principles for innovative financial inclusion—executive brief. Available at: http://www.gpfi.org/publications/g20-principles-innovative-financial-inclusion-executive-brief.

Hafer, R. W. (2013). Economic freedom and financial development: International evidence. *Cato Journal, 33*, 111–126.

Haider, H. (2018). *Innovative financial technologies to support livelihoods and economic outcomes, K4D helpdesk report*. Institute of Development Studies. Available at: https://opendocs.ids.ac.uk/opendocs/handle/20.500.12413/13942.

Han, R., & Melecky, M. (2013). Financial inclusion for financial stability: Access to bank deposits and the growth of deposits in the global financial crisis. World bank policy research working paper 6577.

Holmes, K. R., Feulner, E. J., O'Grady, M. A., Kim, A. B., Markheim, D., & Roberts, J. M. (2008). Index of economic freedom: The link between economic opportunity and prosperity. *The Heritage Foundation and The Wall Street Journal*.

Jung, W. S. (1986). Financial development and economic growth: International evidence. *Economic Development and Cultural Change, 34*(2), 333–346.

Kao, C., & Liu, S. T. (2009). Stochastic data envelopment analysis in measuring the efficiency of Taiwan commercial banks. *European Journal of Operational Research, 196*(1), 312–322.

Karlan, D., Ratan, A. L., & Zinman, J. (2014). Savings by and for the poor: A research review and agenda. *Review of Income and Wealth, 60*(1), 36–78.

Khan, H. R. (2011). Financial inclusion and financial stability: are they two sides of the same coin. *Address by Shri HR Khan, Deputy Governor of the Reserve Bank of India, at BANCON*, 1–12.

Kim, J. H. (2016). A study on the effect of financial inclusion on the relationship between income inequality and economic growth. *Emerging Markets Finance and Trade, 52*(2), 498–512.

King, R. G., & Levine, R. (1993). Finance and growth: Schumpeter might be right. *The Quarterly Journal of Economics, 108*(3), 717–737.

Lenz, R. (2016). Peer-to-peer lending: Opportunities and risks. *European Journal of Risk Regulation, 7*(4), 688–700.

Leonov, S. V., Vasylieva, T. A., & Tsyganyuk, D. L. (2012). Formalization of functional limitations in functioning of co-investment funds basing on comparative analysis of financial markets within FM CEEC. *Актуальніпроблемиекономіки, 134*(8), 75–85.

Lim, G. H., & Randhawa, D. S. (2005). Competition, liberalization and efficiency: Evidence from a two-stage banking model on banks in Hong Kong and Singapore. *Managerial Finance, 31*(1), 52–77.

Lin, K. L., Doan, A. T., & Doong, S. C. (2016). Changes in ownership structure and bank efficiency in Asian developing countries: The role of financial freedom. *International Review of Economics & Finance, 43*, 19–34.

Maiti, M., & Ghosh, U. (2021). Next generation internet of things in fintech ecosystem. *IEEE Internet of Things Journal*. https://doi.org/10.1109/JIOT.2021.3063494.

Maiti, M., Vuković, D., Mukherjee, A., Paikarao, P. D., & Yadav, J. K. (2021). Advanced data integration in banking, financial, and insurance software in the age of COVID-19. *Software: Practice and Experience*. https://doi.org/10.1002/spe.3018.

Manyika, J., Lund, S., Singer, M., White, O., & Berry, C. (2016). Digital finance for all: Powering

169

inclusive growth in emerging economies. *McKinsey Global Institute*, 1–15.

Margono, H., Sharma, S. C., & Melvin Ii, P. D. (2010). Cost efficiency, economies of scale, technological progress and productivity in Indonesian banks. *Journal of Asian Economics, 21*(1), 53–65.

Mushtaq, R., & Bruneau, C. (2019). Microfinance, financial inclusion and ICT: Implications for poverty and inequality. *Technology in Society, 59*, 101154. https://doi.org/10.1016/j.techsoc. 2019.101154.

Nakaso, H. (2016, November). Fintech-its impacts on finance, economies and central banking. In *speech to the University of Tokyo-Bank of Japan Joint Conference on FinTech and the Future of Money Remarks* (Vol. 18).

Neaime, S., & Gaysset, I. (2018). Financial inclusion and stability in MENA: Evidence from poverty and inequality. *Finance Research Letters, 24*, 230–237.

Neusser, K., & Kugler, M. (1998). Manufacturing growth and financial development: Evidence from OECD countries. *Review of Economics and Statistics, 80*(4), 638–646.

Ozili, P. K. (2018). Impact of digital finance on financial inclusion and stability. *Borsa Istanbul Review, 18*(4), 329–340.

Park, K. H., & Weber, W. L. (2006). A note on efficiency and productivity growth in the Korean banking industry, 1992–2002. *Journal of Banking & Finance, 30*(8), 2371–2386.

Pazarbasioglu, C., Mora, A. G., Uttamchandani, M., Natarajan, H., Feyen, E., & Saal, M. (2020). Digital financial services. *World Bank Group, 54*. Available at: https://pubdocs.worldbank.org/en/230281588169110691/Digital-Financial-Services.pdf.

Pimonenko, T. V., Prokopenko, O. V., & Dado, J. (2017). Net zero house: EU experience in Ukrainian conditions. *International Journal of Ecological Economics and Statistics, 38*(4), 46–57.

Porta, R. L., Lopez-de-Silanes, F., Shleifer, A., & Vishny, R. W. (1998). Law and finance. *Journal of Political Economy, 106*(6), 1113–1155.

Rahman, A., Rahman, M. T., & Ključnikov, A. (2016). Collateral and SME financing in Bangladesh: An analysis across bank size and bank ownership types. *Journal of International Studies, 9*(2), 112–126.

Rekha, A. G., Rajamani, K., & Resmi, A. G. (2020). Financial divide, E-governance and financial freedom: Empirical evidence from emerging economies. *Finance India, 34*(2), 563–572.

Rekha, G., Rajamani, K., & Resmi, G. (2021). Digital financial inclusion, economic freedom, financial development, and growth: Implications from a panel data analysis. Available at: http://hdl.handle.net/11540/13454.

Risman, A., Mulyana, B., Silvatika, B., & Sulaeman, A. (2021). The effect of digital finance on financial stability. *Management Science Letters, 11*(7), 1979–1984.

Rojas-Suarez, L. (2010). Access to financial services in emerging powers: Facts, obstacles and recommendations. *Obstacles and Recommendations*. Perspectives on Global Development 2010: Shifting Wealth, OECD, March 2010.

Roychoudhury, S., & Lawson, R. A. (2010). Economic freedom and sovereign credit ratings and default risk. *Journal of Financial Economic Policy, 2*, 149–162.

Shakhashiro, A., Kamarudin, F., & Yasin, I. M. (2022). The effect of economic freedom on commercial banks efficiency, does economic freedom enhance bank's efficiency? *Asian Journal of Research in Business and Management, 4*(1), 83–97.

Sharma, D. (2016). Nexus between financial inclusion and economic growth: Evidence from the emerging Indian economy. *Journal of financial economic policy, 8*(1), 13–36.

Siddik, M., Alam, N., & Kabiraj, S. (2020). Digital finance for financial inclusion and inclusive growth. In *Digital transformation in business and society* (pp. 155–168). Palgrave Macmillan.

Sufian, F. (2009). Determinants of bank efficiency during unstable macroeconomic environment: Empirical evidence from Malaysia. *Research in International Business and Finance, 23*(1), 54–77.

Sufian, F., & Habibullah, M. S. (2014). Economic freedom and bank efficiency: Does ownership and origins matter? *Journal of Financial Regulation and Compliance, 22*(3), 174–207.

Tchamyou, V. S., Erreygers, G., & Cassimon, D. (2019). Inequality, ICT and financial access in Africa. *Technological Forecasting and Social Change, 139*, 169–184.

Temelkov, Z. (2018). Fintech firms opportunity or threat for banks? *International Journal of information, Business and Management, 10*(1), 137–143.

World Bank (2017). The Global Findex Database 2017.

Xu, M., David, J. M., & Kim, S. H. (2018). The fourth industrial revolution: Opportunities and challenges. *International journal of financial research, 9*(2), 90–95.

Malvika Saraf：目前就职于花旗银行印度分行，花旗银行个人银行业务在美国处于领先地位。2021 年 5 月于印度马德拉斯经济学院获得经济学硕士学位，主攻专业为应用量化金融。主要研究领域为基于印度股市的金融和投资相关研究。

Parthajit Kayal：马德拉斯经济学院助理教授、金融管理与研究院博士。研究领域包括投资、资产定价、投资组合管理、可持续金融和行为金融。曾在多家国际知名期刊发表文章。

数字化、社会和治理因素的关系

Charumathi Balakrishnan, Habeebu Rahman[①]

1. 数字化时代的商业

包含财务和非财务信息的企业报告是企业与其利益相关者进行充分沟通的关键。除了成本估算和税收信息外，财务会计信息还有助于评估经济表现，帮助企业作出战略决策。近年来，财务会计信息的应用范围越来越广。随着数字技术的出现，会计领域发生了重大变化。为了适应数字技术给各行各业带来的巨大影响，会计信息也必须有所创新。

当前，我们正在经历第四次工业革命，也就是工业4.0。第一次工业革命后的（从18世纪中期开始）150年，电力和制造业出现了。机械化在第一次工业革命的250年后得到了公众的认可。第三次工业革命始于电子和自动化。第四次工业革命是虚拟世界和物理世界的融合。这三次工业革命彻底改变了世界，人们逐渐接受了生产、消费等概念，并在这其中循环往复。智能和数字技术的广泛使用让现代文明拥有了更多可能性（Nambisan等，2017）。

目前进行的技术革命正影响着我们生活的方方面面。社会的数字化转型是其进化并适应这一过程的必经之路。数字和数字创新将成为全球产出的重要组成部分，同时也是可持续发展目标（SDGs）的关键。相关机构必须对数字技术投入更多精力，因为他们的工作环境正在因此发生变化。高管们借助财务数据做出有效的决策。金融专业人士可以根据外部信号更深入地了解客户的商业环境和前景，因此需要不断地获取历史金融数据。传统的会计工作现在基本可

---

① Charumathi Balakrishnan, Habeebu Rahman：印度治里大学（Pondicherry University, Pondicherry, India）管理学院管理研究系。

以实现自动化。以数字方式解决问题并做出决策需要从根本上转变思维方式。我们需要循序渐进，慢慢改变，并且对它产生的影响进行研究。这是数字世界中一条激进且具有颠覆性的新道路。我们比以往任何时候都更需要那些能够激励未来行动的短期活动。面对不断演变的风险、数据集、数字化和监管义务，任何行业领导者都不能独善其身。在数字技术的影响下，会计和金融信息的可用性以及会计实践都在向着标准化和自动化演进。

对新技术的排斥是业务增长的最大障碍之一。在过去的几年里，先进技术的出现深深地影响了金融行业。包括进阶分析（AA）、机器学习（ML）、光学字符识别（OCR）、人工智能（AI）、机器人过程自动化（RPA）、分布式记账技术（DLT）、物联网（IoT）及其子集工业物联网（IIoT）（Goswami 等，2022；Manman 等，2021）在内的创新技术在弱化金融交易性的同时，也增强了金融的价值驱动性。

机器人流程自动化提高了生产力，降低了成本，确保了金融交易可核查，最后将逐渐取代人工。云平台和软件即服务可以让现有的财务管理运营实现实时更新并且成本更低。信息分析技术正在重塑金融服务业。新思路的诞生需要借助大量数据。机器学习技术通过分析大型数据集的模式和趋势，可以监控市场的发展、可能存在的威胁以及客户偏好等各种市场要素。Maiti 等（2021a，b）发现，当今的会计实践在很大程度上依赖先进技术实现的各种会计任务，认真分析各种新技术的相同特征，思考创新技术在现实世界的应用，为会计领域创造新的发展机会，是非常重要的。为了深入了解会计技术多年来的演变，Maiti 等（2021a，b）为会计技术制定了一个发展规律周期（hype cycle），主要分为五个阶段：技术萌芽触发期（Technology Trigger）、期望膨胀顶峰期（Peak of Inflated Expectations）、泡沫破裂期（Trough of Disillusionment）、稳步爬升的复苏期（Slope of Enlightenment）和稳定生产的成熟期（Plateau of Productivity）。

大量的研究强调环境、社会和治理（ESG）投资的重要性（Maiti，2021）。除了生产力水平外，相关机构开始更加重视其商业模式的 ESG 水平。新冠疫情的暴发更凸显了社会和治理因素的重要性（Maiti 等，2021a；Maiti 等，2021b）。新冠肺炎疫情推动的数字化发展引发了人们对数字技术及其应用的新一轮思考。那些能够认识并利用数据潜力实现更加可持续的治理方案的企业将迎来更好的发展前景。例如，作为追踪温室气体排放的重要一环，卫星图像和其他形式的遥感技术正与人工智能和数据科学领域开展合作，追踪现实世界的温室气体排放，即通常所说的气候追踪。这项技术有助于核算温室气体排放量，温室气体排放主要基于对环境的直接、独立观察。

一直以来，企业的生存之道都是要在竞争对手中做到脱颖而出。在数字世界中，这一点显得更加重要。数字化分析通过收集分析包括竞争对手、供应商、客户和结构性市场变化在内的公司外部环境信息，使企业对商业模式有了更深入的理解。从数据源中提取信息并使用这些信息的能力是会计师在数字化时代的必备技能。随着时间的推移，不具备数字技术的会计师将慢慢失去价值。

会计行业的数字化实现了从模拟会计向数字会计的转变。企业可以借助数字化手段分析、传输或利用那些来自物理信息载体的数据。另外，数字化是指现有人工和纸质化程序的自动化。数字化使用数字技术和数字数据，改变了股东和公司的互动方式。与数字化（digitization）相比，电子化（digitalization）的发展潜力更大，能够获取和分析数据，实现更合理的商业决策，创建全新的商业模式，而不仅仅是将现有的数据和流程数字化。数字化转型不只是将新技术整合到现有的商业模式中，还需要企业借助信息和通信技术的力量，快速应对不断变化的环境。为了充分利用数字技术带来的机遇，适应整个社会的改变，企业必须迅速开展基础性的数字化转型。

可扩展商业报告语言（XBRL）的应用被认为是实现会计和报告数字化的重要环节之一，也是实现数字化转型的关键一步。XBRL 报告的标准制定比以往任何时候都显得更加重要。它是一种基于可扩展标记语言（XML）的语言，也是标记数据的开放式全球框架——"标签词典"（dictionary of tags），虽然它在 1998 年就已经诞生，但却刚刚开始流行，财务和可持续性报告都越来越需要它。

2. 企业可持续发展报告中的数字化

包含财务和非财务信息的公司报告对于公司与其利益相关者之间的充分沟通至关重要。除了成本估算和税收外，财务会计信息还可以评估经济表现，帮助公司作出战略决策。近年来，会计信息的内容变得越来越丰富。随着数字技术的出现，会计领域发生了重大变化。数字技术的快速变化对各行各业都产生了不容忽视的影响，会计信息必须从过去转向未来。

为了确保信息披露的公平、公正以及透明，确保利益相关方拥有足够的参与度，财务和非财务信息管理已经发展出了自己的国际法规标准（Bebbington 和 Thy，1999；Larrinaga 等，2002；Stubbs 等，2012；Stubs 和 Higgins，2015；La Torre 等，2018）。为了向所有利益相关方提供公开和负责任的信息，企业、非营利组织和中小企业开始尝试发布社会和环境可持续性报告（Massa 等，2015）。企业报告的策略和流程必须以多种方式实现数字化（Cock‐croft 和 Russell，2018；Gepp 等，2018；Marrone 和 Hazelton，2019；Perdana 等，2014）。

金融信息和非金融信息的区分是最重要的研究主题之一（Bagnoli 和 Watts，2007；Frost，2007；Zhang，2011；Stubbs 和 Higgins，2015）。必须对公司报告手段和模型进行审查，以实现公司的社会责任、透明度、问责制和利益相关者较高的参与度（Bebbington 和 Thy，1999；Stubbs 等，2012；Stubbs 和 Higgins，2015；La Torre 等，2018）。

年度财务报告目标是增强企业的透明度和社会责任感。欧盟关于非金融披露的第 2014/95 号指令要求财务报告必须包含环境、健康、安全和腐败等非金融信息。可持续性报告包含的非金融数据主要基于各种国际标准和最佳实践，包括全球报告倡议（GRI）和联合国全球契约（Farneti 和 Siboni，2011；Martin Sardesai 和 Guthrie，2019）。许多公司都会发布非财务信息报告，如可持续性报告或社会和环境报告等（Massa 等，2015）。

金融、制造、智力、人力、社会和关系资本等要素都会被整合利用（De Villiers 等，2014；De Villier 等，2017；Rinaldi 等，2018；Stubbs 和 Higgins，2015）。企业报告的内容越来越全面综合（Flower，2015），其中包括一个完善的财务和非财务决策过程，该过程涉及许多程序的开发和操作，这些程序和操作有助于形成一个更加综合全面的企业报告。

Stubbs 和 Higgins（2015）指出，可持续性报告应强调环境和社会因素，同时也要考虑利益相关者的需求。其中涉及的学科除财务会计外，还包括社会和环境会计。可持续会计和报告普及性越来越高（Lodhia 和 Sharma，2019）。

最近的研究考察了运用大数据、社交媒体和可扩展业务报告语言（XBRL）增强商业沟通的可能性。通过将数字和智能技术纳入公司报告以简化财务和非财务报告，对每个利益相关方都十分有利（Cockcroft 和 Russell，2018；Gepp 等，2018；Marrone 和 Hazelton，2019；Perdana 等，2014）。

Marrone 和 Hazelton（2019）研究了创新技术对会计行业及其技术的影响。报告的即时性对公开披露变得更加重要（Gepp 等，2018）。新的大数据技术让管理者能够实现财务和非财务绩效指标的比较（Cock - croft 和 Russell，2018）。基于大数据的临时报告有助于绩效评估并且能够让企业跨计算机系统共享数据和信息（Perdana 等，2014；Baldwin 和 Trinkle，2011；Doolin 和 Troshani，2004；Valentinetti 和 Rea，2013）。

3. 可扩展业务报告语言（XBRL）的应用

信息技术的进步为企业和消费者开辟了全新的沟通渠道。会计数据被拆分重组后自动形成新的报告，即财务数据数字化。数字化提高了信息的可访问性、开放性、质量和可比性，并有助于加强企业问责制的落实。联邦和州一级的监管机构在促进数字企业报告方面投入了大量资金。

美国联邦储备委员会和日本银行已经建立了专门的立法和配套的基础设施，确保上市公司按要求提交数字报告。在欧盟上市的所有公司都开始按照欧盟要求的单一电子格式提交数字格式的公司报告。澳大利亚政府也决定使用数字商业报告。

企业报告的数字化将彻底改变企业信息的架构，收集和分析数据以及提供信息一直是一项困难的工作。除了极高的实施成本以及对变化的厌恶外，关键利益相关者（如财务报告编制者、数据消费者、监管机构和标准制定者）还需承担许多责任（Guilloux 等，2013；Locke 等，2018）。系统的有效性将部分取决于数字企业报告的推进速度。

企业如何使用基于 XBRL 的数字报告进行决策？XBRL 格式的信息与可移植文档格式（PDF）的信息反馈是不同的，使用基于 XBRL 的超链接财务报表的体验要优于传统的纸质财务报表（Hodge 等，2004）。Ghani 等（2011）曾探究实验者在商业报告中查找信息的能力。Arnold 等（2012）评估了 XBRL 标记和超链接管理层讨论与分析（MD&A）到 PDF 格式版本的用户体验。采用 XBRL 格式能够节省投资者的时间，并且有助于他们作出更好的判断，但对于不熟悉 XBRL 的投资者来说，理解演示文稿更具挑战性。他们研究了实验参与者如何使用 PDF 格式的财务报表和 XBRL 标记的超链接电子表格。参与者可以参考和整合财务报表中的脚注，以更好地判断文档数据的准确性。比较 XBRL 和 PDF 财务报表中自动和手动比率计算功能，后者更方便使用（Locke 等，2013）。与简短的 PDF 报告相比，首选具有超链接项目和备注的 Excel 报告。基于 XBRL 的语句能够帮助用户更快地访问信息。然而，评估 XBRL 格式的报告相对复杂。考虑到早期研究设计和技术水平的限制，研究人员专门考察了超链接视图与非超链接视图的有效性（Hodge 等，2004）。用户可以使用基于 XBRL 的语句计算和浏览电子表格的相关内容（Locke 等，2013；Birt 等，2017）。

监管机构从金融机构那里收集大量数据，以履行其监管职责。世界各地的监管机构都在推行 XBRL 标准，以改进报告质量。有大量专门的 XBRL 软件帮助监管机构简化其报告流程。向需要遵守 XBRL 报告要求的业务提供商业会计、企业资源规划和监管报告系统支持的技术已经非常普遍，简化了建设必要报告环境的程序。要想实现更加现代化的报告框架，监管机构和政府机构必须：（1）明确项目的目标和范围；（2）确定如何使用数据；（3）尽早确定数据可比性的关键特性；（4）确定现有数据定义（XBRL 分类法，如 IFRS）如何能够被再次利用；（5）明确调查对象须履行的条款和程序。为了让数字企业能够读取报告，让计算机能够"读取"数据，标准制定者必须创建一种专门的分类系统，用于分配"情境化元数据"（contextual metadata），这些元数据的编纂和披露主要基于会计概念、标准和实践。

金融市场对数字企业报告的反应已被广泛研究。Hao 等（2014）的研究发现，在考虑业务规模和风险后，XBRL 备案对股价产生了重大影响。Efendi 等（2014）发现，当公司提交 HTML 格式报告的日期与提交 XBRL 格式报告的日期不同时，股价波动会增加。相对超额收益的变化让资本市场参与者更加重视这种新的会计信息"模式"。

早期的研究表明，XBRL 格式的数字报告能够节省成本，提高分析预测的准确性，并且有助于对报告内容的持续跟进（Liu 等，2013）。使用数字企业报告可以减少异常交易（Blankespoor 等，2012）。在这项要求之前，该授权对大规模、成熟的资本市场参与者十分有利，他们可以将 XBRL 格式的公司数字数据纳入专有数据库，构建预测模型，并进行大规模趋势研究。市场流动性下降，导致逆向选择和信息不对称等问题的出现。基于 XBRL 的数字报告在早期通常会面临数字会计数据质量差和用户认知有限等问题（Debreceny 等，2010）。企业数字财务报告仍然面临许多障碍，缺乏完整的企业信息基础架构便是其中之一（Perdana 等，2014）。

根据现有文献，XBRL 格式的数字企业报告降低了资本市场参与者的信息处理成本，并提高了效率。研究表明，使用 XBRL 格式的数字报告可以帮助投资者进行基本面分析，并且能够提高市场效率。股票市场存在利益分配不公问题，数字报告能够让各种规模和复杂性的机构投资者从中受益，因为他们可以在标准实施的初期就利用 XBRL 强大的分析能力（Blankespoor 等，2012）进行投资。随着企业信息库的不断发展，较小的机构投资者可能会比知名机构投资者更具竞争优势（Bhattacharya 等，2018）。与热衷在海外投资的投资者相比，倾向于在本地投资的投资者可能会从更复杂或不太成熟的上市公司数字报告中获益更多（Kim 等，2019；Li 等，2020）。影响资本市场指数的，似乎是数字报告信息的使用，而不是它的易得性。投资者可以借助电子报告数据创建自己的私人数据库，结合复杂的数据处理算法，充分利用电子报告数据。

更具有针对性的数字报告中包含更多的数据，有利于市场公平，但可能会让资本市场指标变得更好或更坏。可扩展 XBRL（iXBRL）对于强制性的可持续性报告来说变得越来越重要。鉴于环境、社会和治理事项的增加，公司现在必须比以往披露更多 ESG 数据。提供精确且一致的结构化数据，需要借助 iXBRL 语言降低集成数字和透明报告的难度。

必须要求企业提供 ESG 报告，ESG 披露应该更加公开。对于长期可持续性和道德影响的评估，应该考虑：（1）包括所有环境问题的环境类别；（2）包括工作场所关系、人权、文化多样性和产品责任的社会类别。这些标准和决议对于大多数希望继续投资于遵循这些标准来经营的企业的投资者来说至关重要。ESG 问题对于公司的长期战略和股东的价值创造都至关重要。了解如何将 ESG 融入公司的长期战略是 CFO 和企业其他负责人的必修课。除了快速的数据处理和分析外，投资者还需要更加可靠和可比的数据。

来自 www. xbrl. org 的数据表明，自 XBRL 推出以来，它的使用范围变得越来越广。2016 年是其推广速度最快的一年，其中的使用者大多数是金融监管机构。表 1 显示了不同国家的 XBRL 采用情况。荷兰在 14 种不同的文件中采用了 XBRL 格式，其次是英国（9 种）、西班牙（8 种）、中国和德国（各 7 种）以及法国（6 种）。澳大利亚、丹麦、芬兰、印度、日本和美国等国家都有 5 种文件采用 XBRL 格式。

图 1 显示了各类型机构［如企业注册部门、资本市场、金融监管机构、政府、税务机关、标准商业报告（SBR）和其他机构］全年使用 XBRL 的情况。如图所示，随着时间的推移，越来越多的监管机构开始采用 XBRL 格式。

表 1　　　　　　　　　　　　各国的 XBRL 采用情况

国家或地区 \ 年份	2004	2005	2006	2007	2008	2009	2010	2011	2012	2013	2014	2015	2016	2017	2018	2019	2020	2021	总计
荷兰						1		1		2	1	3	1	4				1	14
英国								3		1		2			1	2			9
西班牙		2		3	1					1								1	8
中国				2			1		1		1		2						7
德国				1				1			1	1	1		1		1		7
法国											1		2	1			1		6
澳大利亚	1						2			2									5
丹麦								1			1	1	1				1		5
芬兰											1		1			2	1		5
印度						1		1	1			1			1				5
日本			2		2								1						5
美国		1			3										1				5
比利时				1					1		1		1				1		4
爱沙尼亚						1					1		2						4
印度尼西亚											1	1	2						4
爱尔兰									1		1		1				1		4
意大利				1					1					1			1		4
瑞典												1	1		1		1		4
哥伦比亚												2					1		3
欧盟											1		1				1		3
希腊																	1		1

179

国家或地区＼年份	2004	2005	2006	2007	2008	2009	2010	2011	2012	2013	2014	2015	2016	2017	2018	2019	2020	2021	总计
列支敦士登											1		1					1	3
卢森堡											1			1				1	3
马耳他													1					1	2
挪威												1			1		1		3
波兰													2				1		3
葡萄牙											1		1					1	3
克罗地亚																		1	2
匈牙利																		1	1
以色列				1										1					2
马来西亚												1			1				2
毛里求斯													2						2
卡塔尔											1						1		2
沙特阿拉伯									1		1								2
土耳其												1	1						2
奥地利																	1		1
巴西											1								1
保加利亚																			1
智利				1															1
塞浦路斯																			1
乔治亚																	1		1
科威特													1						1
拉脱维亚																		1	1
立陶宛																		1	1
秘鲁								1											1
罗马尼亚																		1	1
俄罗斯联邦															1				1
新加坡			1																1
斯洛伐克共和国																		1	1
斯洛伐克																			1
斯洛文尼亚																	1		1

续表

年份 国家 或地区	2004	2005	2006	2007	2008	2009	2010	2011	2012	2013	2014	2015	2016	2017	2018	2019	2020	2021	总计
南非															1				1
韩国				1															1
中国台湾							1												1
乌克兰																	1		1
阿拉伯联合 酋长国											1								1
乌拉圭											1								1
总计	1	3	2	7	7	6	5	8	3	7	18	12	30	5	13	3	11	20	170

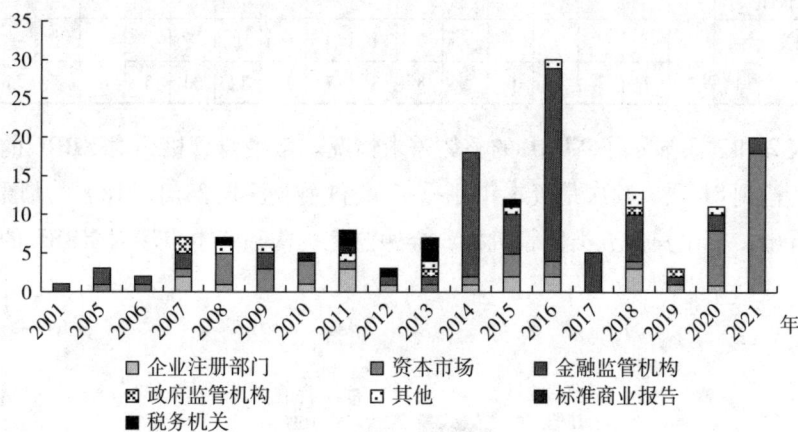

图 1　不同机构的 XBRL 年度采用情况

（数据来源：www.xbrl.org）

表 2　　　　　　　　　　　监管机构的 XBRL 需求

商业注册	18
资本市场	47
金融监管机构	81
政府监管机构	5
其他	9
标准商业报告	2
税务机关	8

表 3　　　　　　　　　监管机构多年来的 XBRL 需求

年份	2004	2005	2006	2007	2008	2009	2010	2011	2012	2013	2014	2015	2016	2017	2018	2019	2020	2021
企业注册部门				2	1		1	3	1		1	2	2			3	1	1
资本市场		1	1	1	4	3	3	1		1	1	3	2		1		7	18
金融监管机构	1	2	1	2		2		1	1		16	5	25	5	6	1	2	2
政府监管机构				2						1					1	1		
其他					1	1		1		1		1	1		2		1	
标准商业报告							1	1										
税务机关					1			2	1	3		1						
总计	1	3	2	7	7	6	5	8	3	7	18	12	30	5	13	3	11	20

　　表 2 和表 3 显示了 XBRL 的整体需求情况。金融监管机构对 XBRL 的需求最多，达到 81 项，其次是资本市场（47）和企业注册部门（18）。从图 1 中可以看出，相比其他五类监管机构，金融监管机构和资本市场对 XBRL 的需求更大。

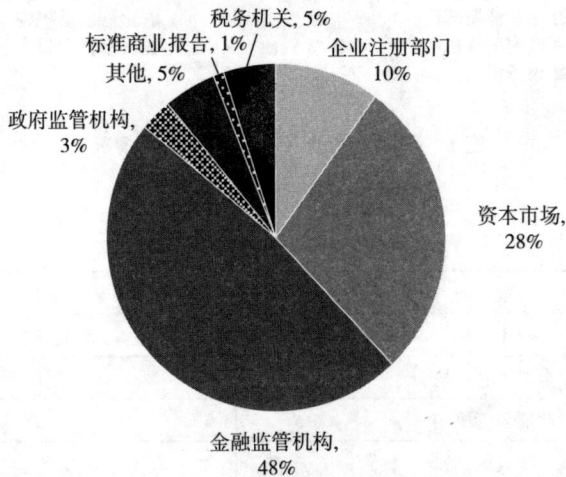

图 2　不同监管机构的 XBRL 使用情况

（数据来源：www.xbrl.org）

表3显示了监管机构多年来对XBRL的需求。

图2显示了不同监管机构的XBRL应用情况，如企业注册部门、资本市场、五大金融监管机构、政府监管机构、税务机关、标准商业报告等。

图3显示了不同国家的XBRL应用情况。荷兰（14）是XBRL要求数量最多的国家，其次是英国（9）、西班牙（8）、德国（7）、中国（7）和法国（6）。

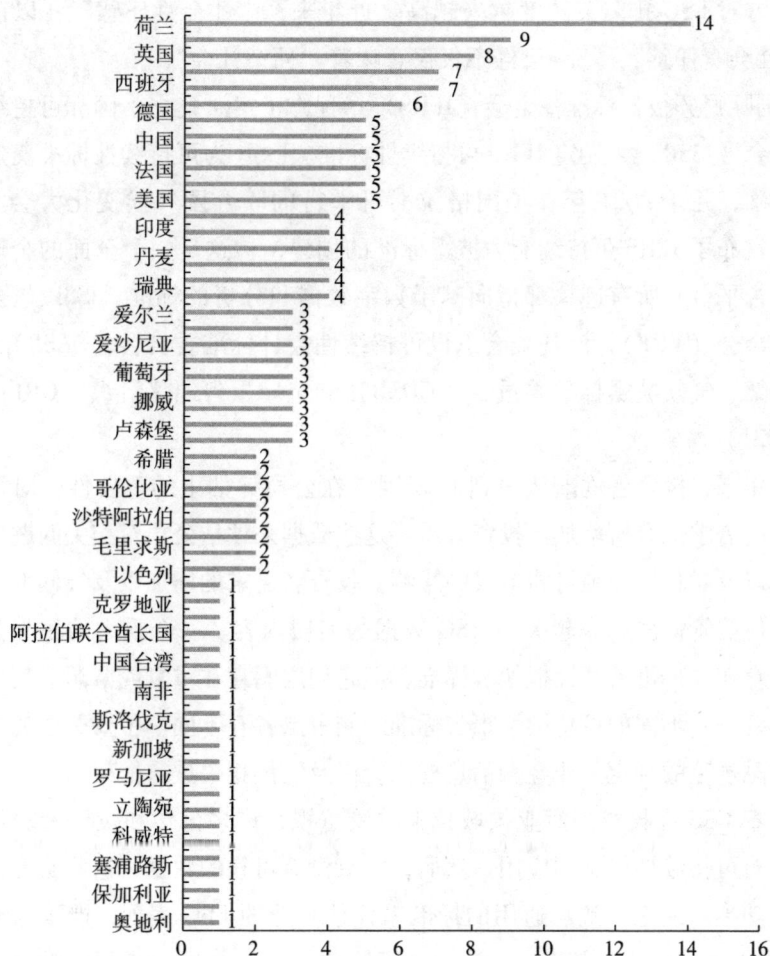

国家	数值
荷兰	14
英国	9
西班牙	8
德国	7
中国	7
法国	6
美国	5
印度	5
丹麦	5
瑞典	5
爱尔兰	4
爱沙尼亚	4
葡萄牙	4
挪威	4
卢森堡	3
希腊	3
哥伦比亚	3
沙特阿拉伯	3
毛里求斯	3
以色列	3
克罗地亚	2
阿拉伯联合酋长国	2
中国台湾	2
南非	2
斯洛伐克	2
新加坡	1
罗马尼亚	1
立陶宛	1
科威特	1
塞浦路斯	1
保加利亚	1
奥地利	1

图3 不同国家的 XBRL 法规/要求

（数据来源：www. xbrl. org）

4. 在 ESG 报告中应用 XBRL

企业中有许多 ESG 框架和评分选项。ESG 框架中使用了多种评分方法和数据分析方法，以应对各种问题。ESG 框架之间一致性的缺乏，使报告标准的选取变得更加困难。有证据表明，可持续的公司实践与盈利能力有关，投资者和收购方对 ESG 排名关注度越来越高。近年来，"社会责任感"（以前称为"企业社会责任感"）一词已经不仅仅意味着"回馈社会"。

《国际财务报告标准基金会（IFRS）章程修正案》建立了国际可持续性标准委员会（ISSB）来制定 IFRS 可持续性标准。ISSB 为可持续性标准奠定了坚实的基础，并于 2021 年在英国格拉斯哥举行的联合国气候变化大会（COP 26）上宣布了 IFRS 可持续能力披露标准的创建，称这是一个全面的全球可持续性报告平台。所有迹象都指向基于数字数据和分析的标准。ISSB 包含价值报告基金会（VRF），该基金会下设可持续性会计标准委员会（SASB）、综合报告框架、气候披露标准委员会（CDSB）和全球报告倡议组织（GRI）（IF-RS，2021）。

近年来，投资者逐渐认识到 ESG 因素在公司评估中的重要性，对可持续性信息的需求也有所增加。投资者需要这些数据来评估公司对相关问题的管理水平，以及对长期业绩可能造成的影响。投资者需求的增加以及气候变化等挑战，迫使监管机构越来越关注 ESG 数据的实质内容。一个重大的挑战是，尽管目前存在各种可持续性框架和标准，但它们之间存在重复或漏洞，需要进行协调和统一。不同的可持续性报告标准的侧重点各有不同。主要关注的重点包括非金融规范的制定、非金融信息框架，以及气候相关披露框架。

随着 ESG 在投资和商业领域越来越受重视，许多公司和投资者表示有兴趣扩大对可持续性措施的应用。然而，如果没有可靠的数据，这些努力可能都会事倍功半。缺乏一致且通用的标准来评估企业的 ESG 表现，严重阻碍投资者将 ESG 纳入其投资考量，也让企业无法将其业绩与同行进行比较。投资者获取一致且可比的全球企业 ESG 数据的可能性越来越大。

有必要就可持续性问题对公司当前和未来经营所产生的影响进行标准化度量和披露，确保可持续报告的一致性和可比性。IFRS 专门成立了 ISSB，其职责就是制定一套高质量、全球可比的数字化可持续性标准，全球的监管机构对此都高度关注。

预计 ISSB 将迅速朝着以数字为中心的标准迈进，这些标准将在未来几年推动可持续发展报告的发展。标准化的 XBRL 分类，使发布者更容易实现 ESG 披露报告的数字化，方便投资者进行数据汇总和分析，显著提高 ESG 报告的可用性和可比性。市场目前亟需一套能够在不同企业和国家之间进行比较的 ESG 衡量标准。与 IFRS 和公认会计原则（GAAP）一样，新的 XBRL 分类法旨在通过提高财务报告的机器可读性来提高可持续发展报告的质量以及可比性。越来越多的公司开始应用可持续发展标准和综合框架来报告可持续发展信息，报告的数字化显得更加重要。

数据分析和技术对于收集、分析和解释数据以及财务和非财务报告的制作和披露至关重要。创新技术和数据分析可以改善公司对股东和利益相关者的报告质量，促进问责制的执行并提高企业经验透明度（Bebbington 和 Thy，1999；La Torre 等，2018；Stubbs 等，2013；Stubbs 和 Higgins，2015）。创新和数字技术对企业信息公开及其他方面都具有深刻的战略影响（Gray 等，1996，Gray，2006；Jensen 和 Berg，2011，Higgins 等，2014；De Villiers 等，2017；Guthrie 等，2017；Rinaldi 等，2018）。

必须改变企业报告的基础技术，以支持 XBRL 格式的数字企业报告，尤其是在 ESG 方面。这些技术上的更新将提高信息的可访问性、透明度、准确性和可比性。为了降低监管合规成本，提高监管水平，世界各地的监管机构都开始制订和实施企业数字报告计划。因为这些举措，企业必须以数字格式（XBRL 或 iXBRL）提交法定财务报告。不断变化的法律和会计准则对企业报告的数字化至关重要。报告分类法是企业数字报告必不可少的一项基础性技术。在确定报告分类法和其他要求时，需要充分了解利益相关者的诉求。在制定新的分类法和会计准则时，需要对当前的监管和政策发展等可能对新报告应用产生影响的因素进行深入研究。

除了增加数据的可获得性，数字报告还让数据复核成为可能，有助于确定编制者是否遵循会计准则和其他相关政策的要求。在这个层面上看，数字报告的数据显得尤为重要。一些研究强调了数字报告和互联网通信技术的潜在应用可能（Perdana 等，2014；Cockcroft 和 Russell，2018；Gepp 等，2018；Marrone

和 Hazelton，2019）。在涉及公司报告流程和会计准则时，我们不能忽视数字技术在满足利益相关者和股东对参与公司决策以及信息透明度等方面需求的作用。企业的特定报告与资本市场的某些指标存在关联。信息效率、价值相关性、买卖价差等指标与报告的定制化程度呈正相关（Cormier 等，2018）。XBRL 让分析师能够更加便捷地分析公司的五大财务报表。XBRL 的较少使用意味着较高的贷款处理成本（使用贷款利差）（Chen 等，2017）。使用专有脚注扩展的公司的预测误差和离散度更高，更加全面的脚注标记能够减少预测误差和离散度。

XBRL 格式的数字报告在信息效率和有效性等方面提升了许多资本市场指标的质量。资本市场参与者可以通过数字报告以更低的成本获取更多的信息。基本面分析提高了市场效率。数字报告对资本市场指标的影响由其使用方式而非可用性来决定。数字报告的转变与股市指标的变化有关。更多的定制化数字报表并没有改善资本市场指标，反而增加了信息处理成本，降低了指标的可比性。

可以使用基于 XBRL 的报告跟踪持续变化的审计和保证流程。由于分析和大数据技术的提高，审计工作目前可以覆盖整个交易过程，而不仅仅局限于交易的一小部分。为了解释其合规监测和风险评估活动的有效性，监管部门允许数字报告在大型数据集中被重复使用。简化报告流程可以减轻报告主体切换到新的数字报告系统时的行政负担。对于创建或使用数字企业报告的人来说，报告规则将显著影响基础技术的开发和使用。XBRL 技术就是一个完美的例子。

政府将要求企业对可持续性方面的数字报告进行归档，数字企业可持续性报告对报告机构、监管机构和信息用户的影响更加广泛，这种影响不仅限于技术层面，而是扩展到了其他领域。基于目前掌握的证据，我们认为XBRL 在未来能够统一会计语言以及五大金融和非金融可持续性标准，综合反映未来几年公司业绩的真实情况。标准制定者、监管机构、报告机构、信息用户、投资者和审计师在推动数字报告发展中的作用将比以往任何时候都更加显著。

参考文献

Arnold, V., Bedard, J. C., Phillips, J. R., & Sutton, S. G. (2012). The impact of tagging qualitative financial information on investor decision making: Implications for XBRL. *International Journal of Accounting Information Systems, 13*(1), 2–20. https://doi.org/10.1016/j.accinf.2011.12.002.

Bagnoli, M., & Watts, S. G. (2007). Financial reporting and supplemental voluntary disclosures. *Journal of Accounting Research, 45*(5), 885–913. https://doi.org/10.1111/j.1475-679x.2007.00258.x.

Baldwin, A. A., & Trinkle, B. S. (2011). The impact of XBRL: A Delphi investigation. *The International Journal of Digital Accounting Research, 11.* https://doi.org/10.4192/1577-8517-v11_1.

Bebbington, J., & Thy, C. (1999). Compulsory environmental reporting in Denmark: An evaluation. *Social and Environmental Accountability Journal, 19*(2), 2–4. https://doi.org/10.1080/0969160x.1999.9651612.

Bhattacharya, N., Cho, Y. J., & Kim, J. B. (2018). Leveling the playing Field between large and small institutions: Evidence from the SEC's XBRL mandate. *The Accounting Review, 93*(5), 51–71. https://doi.org/10.2308/accr-52000.

Birt, J. L., Muthusamy, K., & Bir, P. (2017). XBRL and the qualitative characteristics of useful financial information. *Accounting Research Journal, 30*(01), 107–126. https://doi.org/10.1108/arj-11-2014-0105.

Blankespoor, E., Miller, B. P., & White, H. D. (2012). Initial evidence on the market impact of the XBRL mandate. *SSRN Electronic Journal.* https://doi.org/10.2139/ssrn.1809822.

Chen, G., Kim, J., Lim, J., & Zhou, J. (2017). XBRL adoption and bank loan contracting: Early evidence. *Journal of Information Systems, 32*(2), 47–69. https://doi.org/10.2308/isys-51688.

Cockcroft, S., & Russell, M. (2018). Big data opportunities for accounting and finance practice and research. *Australian Accounting Review, 28*(3), 323–333. https://doi.org/10.1111/auar.12218.

Cormier, D., Dufour, D., Luu, P., Teller, P., & Teller, R. (2018). The relevance of XBRL voluntary disclosure for stock market valuation: The role of corporate governance. *Canadian Journal of Administrative Sciences/Revue Canadienne des Sciences de l'Administration, 36*(1), 113–127. https://doi.org/10.1002/cjas.1483.

De Villiers, C., Hsiao, P. K., & Maroun, W. (2017). Developing a conceptual model of influences around integrated reporting, new insights and directions for future research. *Meditari Accountancy Research, 25*(4), 450–460. https://doi.org/10.1108/medar-07-2017-0183.

De Villiers, C., Rinaldi, L., & Unerman, J. (2014). Integrated reporting: Insights, gaps and an agenda for future research. *Accounting, Auditing & Accountability Journal, 27*(7), 1042–1067. https://doi.org/10.1108/aaaj-06-2014-1736.

Debreceny, R., Farewell, S., Piechocki, M., Felden, C., & Graning, A. (2010). Does it add up? Early evidence on the data quality of XBRL filings to the SEC. *Journal of Accounting and Public Policy, 29*(3), 296–306. https://doi.org/10.1016/j.jaccpubpol.2010.04.001.

Doolin, B., & Troshani, I. (2004). XBRL: A research note. *Qualitative Research in Accounting & Management, 1*(2), 93–104. https://doi.org/10.1108/11766090410813373.

Efendi, J., Park, J. D., & Smith, L. M. (2014). Do XBRL filings enhance informational efficiency? Early evidence from post-earnings announcement drift. *Journal of Business Research, 67*(6), 1099–1105. https://doi.org/10.1016/j.jbusres.2013.05.051.

Farneti, F., & Siboni, B. (2011). An analysis of the Italian governmental guidelines and of the local governments' practices for social reports. *Sustainability Accounting, Management and Policy Journal, 2*(1), 101–125. https://doi.org/10.1108/20408021111162146.

Flower, J. (2015). The international integrated reporting council: A story of failure. *Critical Perspectives on Accounting, 27*, 1–17. https://doi.org/10.1016/j.cpa.2014.07.002.

Frost, C. A. (2007). Credit rating agencies in capital markets: A review of research evidence on selected criticisms of the agencies. *Journal of Accounting, Auditing & Finance, 22*(3), 469–492. https://doi.org/10.1177/0148558x0702200306.

Gepp, A., Linnenluecke, M. K., O'Neill, T. J., & Smith, T. (2018). Big data techniques in auditing research and practice: Current trends and future opportunities. *Journal of Accounting Literature, 40*, 102–115. https://doi.org/10.1016/j.acclit.2017.05.003.

Ghani, E. K., Laswad, F., & Tooley, S. (2011). Functional fixation: Experimental evidence on the presentation of financial information through different digital formats. *The British Accounting Review, 43*(3), 186–199. https://doi.org/10.1016/j.bar.2011.06.004.

Goswami, P., Mukherjee, A., Maiti, M., Tyagi, S. K., & Yang, L. (2022). A neural-network-Based optimal resource allocation method for secure IIoT network. *IEEE Internet of Things Journal, 9*(4), 2538–2544. https://doi.org/10.1109/jiot.2021.3084636.

Gray, R., Owen, D. and Adams, C. (1996).Accounting and accountability. *Changes and Challenges in Corporate Social Reporting and Environmental Reporting.* Prentice-Hall, Hemel Hempstead.

Gray, R. (2006). Social, environmental and sustainability reporting and organisational value creation? *Accounting, Auditing & Accountability Journal, 19*(6), 793–819. https://doi.org/10.1108/09513570610709872.

Guilloux, V., Locke, J., & Lowe, A. (2013). Digital business reporting standards: Mapping the battle in France. *European Journal of Information Systems, 22*(3), 257–277. https://doi.org/10.1057/ejis.2012.5.

Guthrie, J., Manes-Rossi, F., & Orelli, R. L. (2017). Integrated reporting and integrated thinking in Italian public sector organisations. *Meditari Accountancy Research, 25*(4), 553–573. https://doi.org/10.1108/medar-06-2017-0155.

Hao, L., Zhang, J. H., & Fang, J. B. (2014). Does voluntary adoption of XBRL reduce cost of equity capital? *International Journal of Accounting and Information Management, 22*(2), 86–102. https://doi.org/10.1108/ijaim-11-2012-0071.

Higgins, C., Stubbs, W., & Love, T. (2014). Walking the talk(s): Organisational narratives of integrated reporting. *Accounting, Auditing & Accountability Journal, 27*(7), 1090–1119. https://doi.org/10.1108/aaaj-04-2013-1303.

Hodge, F. D., Kennedy, J. J., & Maines, L. A. (2004). Does search-facilitating technology improve the transparency of financial reporting? *The Accounting Review, 79*(3), 687–703. https://doi.org/10.2308/accr.2004.79.3.687.

IFRS Foundation. (2021). *IFRS Foundation announces international sustainability standards board, consolidation with CDSB and VRF, and publication of prototype disclosure requirements.* https://www.ifrs.org/. https://www.ifrs.org/news-and-events/news/2021/11/ifrs-foundation-announces-issb-consolidation-with-cdsb-vrf-publication-of-prototypes/.

Jensen, J. C., & Berg, N. (2011). Determinants of traditional sustainability reporting versus integrated reporting. An institutionalist approach. *Business Strategy and the Environment, 21*(5), 299–316. https://doi.org/10.1002/bse.740.

Kim, J., Li, B., & Liu, Z. (2019). Information-processing costs and breadth of ownership. *Contemporary Accounting Research, 36*(4), 2408–2436. https://doi.org/10.1111/1911-3846.12451.

La Torre, M., Sabelfeld, S., Blomkvist, M., Tarquinio, L., & Dumay, J. (2018). Harmonising non-financial reporting regulation in Europe. *Meditari Accountancy Research, 26*(4), 598–621. https://doi.org/10.1108/medar-02-2018-0290.

Larrinaga, C., Carrasco, F., Correa, C., Llena, F., & Moneva, J. (2002). Accountability and accounting regulation: The case of the Spanish environmental disclosure standard. *European Accounting Review, 11*(4), 723–740. https://doi.org/10.1080/0963818022000001000.

Li, B., Liu, Z., Qiang, W., & Zhang, B. (2020). The impact of XBRL adoption on local bias: Evidence from mandated U.S. filers. *Journal of Accounting and Public Policy, 39*(6), 106767. https://doi.org/10.1016/j.jaccpubpol.2020.106767.

Liu, C., Yao, L. J., Sia, C. L., & Wei, K. K. (2013). The impact of early XBRL adoption on analysts' forecast accuracy—empirical evidence from China. *Electronic Markets, 24*(1), 47–55. https://doi.org/10.1007/s12525-013-0132-8.

Locke, J., Lowe, A., & Lymer, A. (2013). Interactive data and retail investor decision-making: An experimental study. *Accounting & Finance, 55*(1), 213–240. https://doi.org/10.1111/acfi.12048.

Locke, J., Rowbottom, N., & Troshani, I. (2018). Sites of translation in digital reporting. *Accounting, Auditing & Accountability Journal, 31*(7), 2006–2030. https://doi.org/10.1108/aaaj-07-2017-3005.

Lodhia, S. K., & Sharma, U. (2019). Sustainability accounting and reporting: Recent perspectives and an agenda for further research. *Pacific Accounting Review, 31*(3), 309–312. https://doi.org/10.1108/par-02-2019-121.

Maiti, M. (2021). Is ESG the succeeding risk factor? *Journal of Sustainable Finance & Investment, 11*(3), 199–213. https://doi.org/10.1080/20430795.2020.1723380.

Maiti, M., Kotliarov, I., & Lipatnikov, V. (2021a). A future triple entry accounting framework using blockchain technology. *Blockchain: Research and Applications, 2*(4), 100037. https://doi.org/10.1016/j.bcra.2021.100037.

Maiti, M., Vuković, D., Mukherjee, A., Paikarao, P. D., & Yadav, J. K. (2021b). Advanced data integration in banking, financial, and insurance software in the age of COVID -19. *Software: Practice and Experience.* https://doi.org/10.1002/spe.3018.

Manman, L., Goswami, P., Mukherjee, P., Mukherjee, A., Yang, L., Ghosh, U., Menon, V. G., Qi, Y., & Nkenyereye, L. (2021). Distributed artificial intelligence empowered sustainable cognitive radio sensor networks: A smart city on-demand perspective. *Sustainable Cities and Society, 75*, 103265. https://doi.org/10.1016/j.scs.2021.103265.

Marrone, M., & Hazelton, J. (2019). The disruptive and transformative potential of new technologies for accounting, accountants and accountability. *Meditari Accountancy Research, 27*(5), 677–694. https://doi.org/10.1108/medar-06-2019-0508.

Martin-Sardesai, A., & Guthrie, J. (2019). Social report innovation: Evidence from a major Italian bank 2007-2012. *Meditari Accountancy Research, 28*(1), 72–88. https://doi.org/10.1108/medar-10-2018-0383.

Massa, L., Farneti, F., & Scappini, B. (2015). Developing a sustainability report in a small to medium enterprise: Process and consequences. *Meditari Accountancy Research, 23*(1), 62–91. https://doi.org/10.1108/medar-02-2014-0030.

Nambisan, S., Lyytinen, K., Majchrzak, A., & Song, M. (2017). Digital innovation management: Reinventing innovation management research in a digital world. *MIS Quarterly, 41*(1), 223–238. https://doi.org/10.25300/misq/2017/41:1.03.

Perdana, A., Robb, A., & Rohde, F. (2014). An integrative review and synthesis of XBRL research in academic journals. *Journal of Information Systems, 29*(1), 115–153. https://doi.org/10.2308/isys-50884.

Rinaldi, L., Unerman, J., & De Villiers, C. (2018). Evaluating the integrated reporting journey: Insights, gaps and agendas for future research. *Accounting, Auditing & Accountability Journal, 31*(5), 1294–1318. https://doi.org/10.1108/aaaj-04-2018-3446.

Stubbs, W., & Higgins, C. (2015). Stakeholders' perspectives on the role of regulatory reform in integrated reporting. *Journal of Business Ethics, 147*(3), 489–508. https://doi.org/10.1007/s10551-015-2954-0.

Stubbs, W., Higgins, C., & Milne, M. (2012). Why do companies not produce sustainability reports? *Business Strategy and the Environment, 22*(7), 456–470. https://doi.org/10.1002/bse.1756.

Valentinetti, D., & Rea, M. A. (2013). XBRL for financial reporting: Evidence on Italian GAAP versus IFRS. *Accounting Perspectives, 12*(3), 237–259. https://doi.org/10.1111/1911-3838.12008.

Zhang, X. (2011). Information relevance, reliability and disclosure. *Review of Accounting Studies, 17*(1), 189–226. https://doi.org/10.1007/s11142-011-9170-7.

Charumathi Balakrishnan：印度治里大学管理学系教授兼系主任，拥有27年的教学和研究经验，主要研究领域为会计、财务报告、金融服务、人力资源开发和创业。累计出版著作3部、研究论文142篇，获UGC初级研究生奖学金，AICTE职业奖得主，曾两次获得印度商业协会青年商业学者奖、印度会计协会青年研究员奖。他是ACIC本地治里大学创业中心的董事会成员，也是SPARC与澳大利亚大学国际合作项目的首席研究员。

Habeebu Rahman：迪肯大学SPARC项目研究员和访问学者（自2020年12月至2021年2月），印度治里大学管理研究系博士，获得UGC初级研究奖学金，并撰写了4篇同行评议的研究论文。

数字化和金融自由的风险

Guirinskiy Andrey[①]

1. 引 言

现代科学技术发展突飞猛进，其中的新型现代化信息技术都被称为社会数字化。许多国家都在寻找更有效的方式来借助社会数字化的成果提高经济水平。对俄罗斯来说，这意味着国际合作和数字技术的发展，这是优先事项，也是战略目标。在国家政策的支持下，俄罗斯在建设数字社会和数字政府方面取得了长足进步，在数字自由方面也获得了实质成效。为了借助信息和技术发展提升国家影响力，俄罗斯政府专门推出了一项名为"信息社会"的国家级计划。还有一项名为"俄罗斯的数字经济"的计划，其目标是实现经济的增长。

任何数字经济的发展都将是一个持续多年的建设过程。目前我们可以看到，新型社会的信息和技术范式已经形成。这是信息资源和技术的整合，许多IT公司都具有这样的特征。例如，教育领域的数字平台正在连接全球数千个在线培训机构的经销商和数百万线上学员。我们正在见证业务关系向数字关系的根本转变，数字化数据的实时连续分析，让这种关系能够在数字环境中被实现。数字平台逐渐取代了电子邮件、网上购物和电话。客运市场的变化最为明显，其他许多经济活动（银行和教育机构）也发生了类似的变化，这意味着数字自由和创新还蕴藏着更大的发展潜力。

虽然还不能完全被应用于商业活动之中，但数字化依然带来了许多积极改

① Guirinskiy Andrey，俄罗斯人民友谊大学经济学院金融与信贷系（Peoples' Friendship University of Russia, Moscow, Russia）。邮箱：girinskiy_ av@ pfur. ru。

变：公民在商业和个人通信中积极应用 IT 技术，让系统可以收集到与移动应用程序、网络服务的使用时间和地点等相关的信息；商业合作伙伴越来越喜欢通过网络聊天软件等新渠道与其他客户进行沟通。信息高速流动的重点是实现科学、技术和社会信息资源数量的不断增长，这才是数字自由和创新活动的真正价值。信息技术基础设施的密集发展推动了可用计算能力的增长，它们可以被用来处理和传输越来越多的信息。此外，在建立数字自由环境时，还需要高度重视关于信息技术和信息使用的立法。

数字化必然会成为全球企业创新发展的新动力，因为它推动了基本模型和流程的数字化转型（Swan，2015）。重要的是，这是一个从与合作伙伴的合作渠道向数字渠道转换的过程，数字自由和活动蕴含着无限可能。数字化的成果可以被应用于经济中的所有部门，我们应该充分掌握国内外的相关研究成果，应用数字化技术完成后续的清算边界判定。

2. 创新是实现数字化、金融和数字自由的重要因素

目前，包括部门和地区在内的商业伙伴信息和技术发展的主要趋势正在发生变化。传统的信息化正在向数字化转型，进而衍生出全新的数字经济。数字经济作为一个新生事物，越来越受到政界和经济学界的关注。许多国家的政府都开始转向数字化发展道路。韩国、美国、英国、新加坡、中国和其他国家政府都在通过与其他发达经济体或发展中经济体合作来实现真正的数字化（Swan，2015）。

技术创新和数字自由对经济增长的推动作用，是许多国家倡导数字生活方式的主要动力。作为数字自由的重要表现，创新活动在数字化进程中不断演变。社会的数字化和所有数字技术的重点都集中在信息技术的整合上，任何国家都可以将其纳入信息技术基础设施，供企业和个人开展商业活动。其组织内部构建了一个全新的创新平台（Swan，2015）。数字化的成果也与许多地区的电信设施、互联网的巨大技术进步以及数字经济相关立法等因素有关。成千上万的移动应用开发者可以通过移动设备向智能手机用户推销他们自己的软件。信息化和数字化的主要区别在于对 IT 技术的使用程度不同。数字化是一个广泛的概念，包括个人、组织和许多连接到互联网上的设备。

　　许多不同类型的电子设备，如智能手机、平板电脑和个人电脑，以及在硬件和软件方面拥有超高的计算机技术的技术人员所传递的 IT 文化，让数字自由和创新有了更多可能。世界银行对全球 180 个国家的数字化准备情况进行了分析（《数字银行成熟度》（*Digital Banking Maturity*），2020），发现实现数字经济才是数字化转型的最终目的，IT 技术和大数据有助于提高业务效率，但其最终效果取决于数字自由在创新能力和活动中的实现程度。对世界银行分析名单中数字经济活动准备程度最高的前 40 个国家的比较表明，超过 80% 的国家的数字自由和创新水平都基本相同。波兰、智利、俄罗斯等国家的创新潜力还没有得到充分利用。数字自由和创新活动的不足阻碍了数字经济的发展，因为互联网的存在和使用不足以提高经济效率。IT 技术是实现创新的必要条件，但 IT 技术不会自动实现业务流程、产品、服务及其分布方式的改变。创新、IT 技术与其他许多因素将共同推动国家走向繁荣富强。

　　信息和技术的变化为完成个人和公司的创新活动清单提供了可能性。数字自由和创新的现代方法并没有完全遵循数字化发展的新定位。许多专家将注意力集中在金融、地区和其他方面的创新上。只有充分考虑创新对经济的实际影响，才能真正搞清楚数字自由和创新对于经济发展的重要意义。

　　经济学界对数字化的研究始于 20 世纪初。在第一个研究中，数字经济被定义为信息技术在不同活动领域的使用（Tapscott 和 Williams，2012），在这一时期，相关领域还处于起步阶段。在不同的学术或商业环境中，许多定义都非常接近，并且使用混乱。这些混乱的定义形成了"数字技术"、"电子技术"、信息技术和其他衍生概念，如"数字经济"、"电子商务"以及"信息社会"等（Tapscott 和 Williams，2012）。不久之后，一些定义和结论发生了改变。这一领域最早的研究者之一是多伦多大学的 Don Tapscott 教授，他提出了"vikinomika"的定义（Tapscott 和 Williams，2012）。第一批致力于数字化问题研究的是卡塔尔开放大学教授 Lonia M. Castels，伦敦大学教授（Castells，2001）F. Webster（2005）等学者。此外，美国教授 Reich（2010）和哈佛大学教授 P. Drucker（2002）的著作也反映了创新和数字化的问题。

　　今天，学术界依然在讨论数字经济和数字自由的定义。俄罗斯发布了《2030 年信息社会发展战略》，对相关概念给出了较为明确的定义。在这份文件中，数字经济被定义为一种商业活动，其中的关键生产要素是数字格式的数据，相较于传统的商业活动模式，对大数据的分析和应用，可以提高不同类型的技术、生产、设备、保管、采购和交付货物的效率。学者们正在探究从后工业化（信息化）到后信息化（智能化和数字化）时代的下一个社会经济发展阶段的变迁。数字经济最大的特点是企业可以利用包括复杂信息技术和信息资源在内的各种高新技术进行创新活动，最终实现多种资源的协同效应。为了实现新的经济效益，数字经济吸纳了所有的 IT 基础设施，其中包括商业公司以及其他组织的计算设施。技术和经济发展方式的变化正在引发经济发展模式的更替。在这样的模式中，人物之间的互动比活动中的人物列表更重要。值得关注的是，在数字化的压力下，资本的生产和再生产正在发生改变。

结合数字经济的定义，提高不同经济活动领域效益的关键资源，无疑是数据的数字化，这也是现代信息化的全部内容。只有在极少数情况下，提交的信息才会是非数字形式的。传输到具有数字特征的平台的关键是对各类数据的自动验证和分析。使用信息资源的目的是让企业在生产、销售商品和服务以及与客户的接触中获得新的经济效益，即借助社会中信息技术和信息的积累而获得新的效益。

人们普遍认为，IT 技术的发展领域涉及不同类型的企业和个人的计算机设备，连接的稳定性以及与不同服务的交互，积累了许多目前还无法被利用的数据。但每个人或设备都通过多个互联网中介服务和互联网门户留下了大量内容详尽的数字痕迹，并且被保存在数据存储中心。使用预测分析、计算机教程和人工智能技术的自动数据验证模式能够实现更高水平的决策过程。除了应用在与信息资源分析相关的工作中，它还可以在客户服务和社会安全与和谐等方面的建设工作中发挥作用。应用于数字数据的信息分析方法能够为进一步的创新提供思路。从信息技术和数字化的深入发展出发，我们可以将数字技术在日常经济中的应用划分为三个阶段，分别是自动化、信息化和数字化。随着信息技术的发展，应用模式逐渐从最初的功能和操作分离演变为在整个经济体系中实现自动化。信息技术与作为控制论系统和管理理论的经济管理理论同步发展，将系统中的许多复杂元素联系了起来。控制论方法是将事物作为一个有组织的系统，由一个结构化的、稳定的主体所拥有，被信息管理过程所支持，并借此来寻找其信息层面的消息。

只有使用电子计算系统，才能测量和控制特定元素的变化。电子计算系统的使用实现了常规操作算法的自动化。自动化数据分析的效率和准确性显著提高，相较于人工操作大幅降低了出错率。控制论方法在经济过程的结果信息中的应用，使得人们对于信息技术的需求和要求都有所提高。与此同时，信息技术产业和信息技术市场的竞争日益激烈。IT 市场的主要功能包括计算机和电信设备的开发和生产，以及为不同领域和计算设备开发软件。

信息技术的发展和扩散催生了后工业经济，其中蕴含着来自无形资产和数据验证质量的潜在风险。随着后工业经济的发展，人们对信息技术日益增长的需求正在成为国民经济体系的重要组成部分。

国际计算机和技术设备市场的发展速度，远远超过后工业经济时期的其他市场。快速发展的高新技术逐渐趋于复杂且高效。按照 Moor 的说法，微芯片的容量每 1.5 年就能实现 2 倍的增长（Moor，1965）。

与此同时，IT 技术成本的降低，使它在不同的工业领域得到了更广泛的应用。随着信息技术在经济中的渗透，信息质量对企业和地区的重要性也越来越高，他们对更复杂的信息决策的需求也在不断增长。对世界各国计算机技术应用的分析表明，自 20 世纪 80 年代以来，基于信息处理的通信系统对 IT 技术的应用出现了激增（Tapscott 和 Williams，2012）。IT 系统的使用和互联网分布的增长见证着 IT 信息化时代的变迁。IT 技术在统计分析中的占比在这一时期开始下降。这是因为数据收集方法的进步没能跟上数据量的增加。直到 21 世纪初，数据收集过程仍然是成本极高的劳动密集型工作，不仅需要详细阐述收集、存储、清理、验证和数据处理方法的数据专家，还需要大量的整理人员、计算机操作员和纸质数据验证和之后的数字化工作人员。

在信息化时期，IT 技术的影响范围扩大到整个业务流程和上下游企业。随着信息化的发展，使用自动化管理系统的公司数量越来越多。公司应用自动化技术的主要目的可以被描述为在信息技术的帮助下通过优化决策过程的质量，调整不同的数据结构、主题、频率和信息流的强度。信息在社会中的传播方式主要经历了以下几个阶段：首先是基础通信，其次是个人通信在电信通信网络中传输，最后是从 20 世纪 90 年代开始在互联网上传输。需要强调的是，电信市场在 20 世纪成倍增长，超过了计算机技术的发展速度（Dneprovskaya，2018）。

信息化时期，许多社会学和经济学家开始讨论信息化和网络经济，即在电子商务这种新的商业环境中如何组织协调人、生产活动以及电信线路相关技术。曼努埃尔·卡斯特曾表示，被通信所包围的世界变得比它本身更小。有人指出，信息化将各个经济体系的各个业务部门之间的交流缩减到了鼠标的一次轻击，或自动信息系统的一次简单回复。信息技术对社会经济关系的影响是巨大的，信息技术革命由此产生。一些专家将信息技术革命定义为第一台计算机的诞生、第一个电信网的建立以及无线电电子工业的诞生。但在 20 世纪 90 年代中期，信息技术的使用带来了革命性的影响，在一定程度上改变了人们的生活。

当个人计算机生产效率提高且价格便宜，互联网能够联通全世界的时候，几乎所有经济活动都开启了信息化进程。联机模式下的个人计算机用户交互新模式就此产生。

世界上第一台电脑是由施乐公司在 1975 年发明和生产的，苹果公司在 1978 年推出了新产品，IBM 在 1981 年创造了新的变体。但在相当长的一段时间里，这些技术在中小企业中并不那么普及。首先，当时的 IT 产品非常昂贵。其次，为了更好地融入互联网工作环境，拥有计算机能力即计算机素养是绝对必要的。用户友好的界面，HTML 语言，网页设计软件等发明有助于提高客户体验感。最后，在互联网环境中工作，不需要具备非常特殊的能力和知识优势。遵循相关的程序和数据基本就能够满足工作需要。这也是发展数字自由最简单的方式。Manuel Castells（2001）认为，信息技术革命与历史上的其他工业革命基本相同，主要区别在于，以前的技术成果依然局限在传统领域，但新的 IT 技术正在以一种更加直接的方式为新的发展提供动力。

20 世纪 90 年代起，在许多工厂，特别是中小型公司的发展进程中，连接互联网的个人电脑开始逐渐发挥作用。上述过程带来的实际成效主要包括：（1）加大了对互联网、信息技术和其他信息资源的利用；（2）增加了信息量，降低了传播成本；（3）信息处理几乎涵盖了所有类型的经济活动，商业环境几乎完全电子化。由此产生了一个全新的概念，即"电子商务"，它意味着所有的通信都是在电子网络上实现的，"电子商务""电子教育""电子政务"等概念应运而生。这也代表数字自由形式实现了真正的发展。在这种情况下，电子商务和单独的网络工具不再被视为技术创新（Dneprovskaya，2018）。事实上，电子通信服务已成为信息经济活动的总称，其中包含金融、教育和其他相关服务。由于信息技术分布在世界各地，渗透到社会经济的各个环节，技术优先级较高，消费者对相关产品和服务的需求也更高。

发达国家抢占了发展全球信息社会、克服数字失衡的先机。数字失衡可以被描述为不同国家和地区在获取信息技术和数字资源的条款和条件方面存在的巨大差异。数字失衡可能会严重阻碍相关国家实现全面数字化的脚步。即使只有一个企业应用了相关系统，也需要对此支付购买软硬件和电信线路服务使用费用。我们认为，从国家层面上为现代信息技术体系投入大量人力物力是非常必要的。从20世纪90年代到21世纪初，发达经济体表现出了惊人的增长速度，但从21世纪开始，增长速度开始放缓。经济的增长动力从最初的自动化逐渐转化为信息化，进入21世纪后，自动化对经济增长的贡献几乎为零。其原因主要包括以下几个方面：第一，即使相关技术已经被广泛传播，也依然不会再成为协同冒险的动力，而是作为全球现代信息和技术系统中的一项常规技术。第二，随着信息技术的发展和新技术的更新换代，劳动生产率的增长水平并没有达到20世纪90年代初的水平。例如，新的文本编辑器的出现使得文档制作的速度提高了数倍，但之后的更新却没能带来相同幅度的效率提升。类似的情况还出现在电子邮件的Web服务中，它的功能从一开始就已经十分完备，因此短期内很难从中挖掘出更多创新功能，无法为数字和金融自由的实现提供更多的突破。数字化和商业模式的转型，以及创新企业与其他参与者之间的外部和内部互动可以实现劳动生产率和经济的持续增长。金融自由也在数字化过程中得到了显著提升。在信息化时代，通信从离散化向连续化、密集化转变。信息化对金融自由的推动作用已经变得越来越微弱，取而代之的是数字化技术。在信息和技术模式方面，金融自由出现了新的模式，新的数字技术可以帮助我们走得更远。

3. 银行是利用数字化推动金融自由的重要部门

银行是实现金融自由的关键部门。银行开始越来越多地使用数字技术，为客户提供创新产品和服务。这些技术包括智能计算机教育、数据深度分析、区块链注册、云存储和云验证以及不同类型的编程接口等。新技术正在创造新的可能和选择，但其中的风险和隐患也不容忽视。巴塞尔委员会曾提醒那些专注于数字平台业务的银行，要对可能发生的风险事件做好防范措施。银行也在努力规避潜在的风险。随着数字技术的发展，银行业面临的风险在规模和性质上都发生了深刻的变化。

有学者表示，最新的数字技术正在深刻地影响非金融风险，即网络安全风险、合规风险、欺诈风险，以及与洗钱和恐怖主义隐性融资相关的风险等。这是金融自由和数字化的另一面，也是全球的专家们正在热议的话题。巴塞尔委员会在 2010 年曾就金融科技及其对银行业务的影响开展系列研究，并且于2018 年发表了相关成果（Stulz, 2019）。与数字技术发展相关的风险主要包含战略风险、操作风险、网络风险及合规风险。任何类型的银行都可能面临上述风险，其他类型的金融机构也很难独善其身。另一项系列研究报告是针对银行风险管理的全球评估，由审计和咨询公司安永会计师事务所与国际金融研究所共同编写。这篇研究报告主要包含以下几个重要内容：一是银行越来越重视瞬息万变的网络安全风险；二是金融科技公司慢慢将网络安全看作它们面临的最主要的风险之一；三是尽管数字技术的深入实施扩大了金融自由，但银行依旧会继续提高后台业务及其他相关业务的数字化程度；四是银行业务的数字化不只针对金融风险领域，还包括对非直接金融领域风险评估模型的建立和实施。这里所说的非直接金融领域风险主要指声誉风险、网络战略风险等特定类型的风险。提升银行的风险管理能力不仅有助于提升金融自由，也是对网络风险的有效对冲。银行正在努力制定一个可以将各种关于运营稳定性及其组成部分的意见纳入考量的决策程序。2016 年的一项研究表明，银行信息系统中的漏洞达 4000 余个，这些漏洞最终会使个人数据存储系统出现故障。金融自由的实现伴随着前所未有的风险。

首先是战略风险。西方的许多金融科技公司不仅对金融市场产生了深刻的影响，也让相关立法发生了巨大改变。特殊的监管制度加大了一些地区银行的利润损失。如果市场参与者能够以最有效和最具成本效益的方式使用新技术，现有的金融机构可能会失去原本的市场份额。新的参与者可能会以更低的价格提供更精准的服务。传统银行可能会因为缺少与客户的互动性以及业务的灵活性，而面临利润下滑、业务量下降等问题。

其次是操作风险。数字技术的大量应用增加了使用相同平台的市场参与者之间的互动，这种情况下发生的技术故障很可能会演变成系统危机，尤其是在市场的一个或几个主要参与者同时使用故障系统的时候。银行业参与者数量的增加也加大了系统的复杂性，对于那些对风险管理知之甚少的官员来说，这无疑是一项巨大的挑战。欧洲理事会（Diamond，2017）负责管理系统性风险的部门强调，传统银行的 IT 系统很难适应新环境的技术要求。除此之外，我们还可以观察到，许多银行正在使用云服务或借助科技公司进行业务外包来实现技术升级，加大了风险管理难度，降低了业务透明度。大规模的业务外包可能会增加与数据预服务和安全存储、机密性、洗钱和网络空间犯罪有关的风险。如果没有完全达到公认的法律标准和控制设施来防范风险，银行面临的这些风险可能会更加严重。事实上，银行可能会在外包业务中为客户提供一些非常规服务，这些服务蕴含着一定的风险隐患。在这种情况下，金融科技服务供应商的作用就显得尤为重要。银行可能被迫支持一些存在上述问题的金融科技服务供应商，避免供应商终止服务。

下一个问题就是反洗钱工作的难度越来越高。数字化以及金融自由的提高也给洗钱活动提供了便利，新技术和新产品的推出让洗钱变得更加容易。一方面，数字技术的不断发展推动金融科技公司的数量不断增加。许多国家可能会像美国的 Ripple 公司那样，在金融现金流数字化方面简化跨境交易流程，降低交易成本。另一方面，这就需要监管当局对跨境交易进行更加严密的监控。金融部门的这些新晋参与者能够敏锐地寻找到相关法律的漏洞，开展相关业务。如果无法对那些存在洗钱风险的业务进行有效监管，那么就可能会出现严重的合规问题。

另外，如果银行与金融科技公司共同代表客户开展交易，那么他们将被迫接受一些与反洗钱相关的监督与管控。这与目前的实际操作存在较大差异。目前，客户一般会通过银行卡或账户进行相关操作，银行负责正确识别客户，并且监督客户行为的合规性。银行与金融科技公司的合作的确提高了服务的自动化程度，但业务透明度却有所降低，责任边界也越来越模糊。因此，金融科技公司提供的外包服务增加了银行的洗钱风险，银行为客户行为承担了更多责任。

另一个风险是合规风险，主要包括违反当地有关个人数据存储的法律规定的风险。当大量银行与外包公司开展合作，且这些外包公司试图访问客户的个人数据时，个人数据的存储安全就变得岌岌可危。另一种合规风险与外包公司的风险有关。银行正在不断加强与外包公司的合作，希望借助数字技术升级现有产品。审计和咨询公司德勤（Deloitte）表示，银行部门进行业务外包的主要目的是降低费用、提高灵活性、加强安全性和运营稳定性。《巴塞尔协议》中关于银行控制的条款，允许银行将一些职能义务转交给外包公司，但无论如何，风险都是由作为组织者的银行来承担。风险管理的关键是要在金融自由、数字化和合规性之间找到平衡，这体现在银行控制基本原则、操作风险管理原则以及金融服务外包的相关文件中。上述的一些原则主要与公司管理相关，它不仅适用于银行，也适用于金融市场的新晋参与者。银行服务的运营过程可能会涉及一些合作关系（例如，几家银行或金融科技公司），法律上对于责任义务的分配相对模糊，可能会增加运营过程的不稳定性。金融机构的核心问题是发生在银行外部的运营控制和风险管理问题，也就是外包公司的问题。如果外包业务过度集中在某一个公司，那么风险就会越来越集中，外包风险也会越来越显著。

我们分析的另一个问题是网络风险。这类风险不仅存在于银行业，而且在数字技术的其他应用领域也都被认定为最需要警惕的风险类型之一。这也是巴塞尔委员会在最新的研究中（G20 首尔峰会领导人宣言，2010）得出的结论之一。他们还强调，如果管理系统的更新不够及时，那么借助新技术和新商业模式开展的银行相关业务将遭受更多的网络攻击。除此之外，对于新技术的过度依赖，增加了相关组织和经济部门之间的联系，而那些超越银行法规管辖的活动可能会让银行面临巨大的网络风险，威胁个人数据安全。根据 Ernst 和 Yang（2019）的研究，网络攻击的目标一般是系统重要性银行或电信等行业的某个分支。考虑到个人数据安全的重要性，银行对客户数据丢失问题的重视就不足为奇了。与此同时，银行非常关注数据的完整性，超过 50% 的金融机构认为这些风险在未来 5 年都是极有可能发生的。

流动性风险的提高也不容忽视。新技术和现代移动设备的使用让客户能够立即从一个银行账户转账到另一个银行账户。移动设备所有者可以随时通过账户进行债券、股票的投资，获得投资收益。一方面，更加便捷的线上投资操作增加了客户黏性；另一方面，银行存款账户的波动性也有所增加。作为信贷机构的银行可能面临流动性水平更加频繁的波动。

数字化涉及的云技术也存在一定的使用风险。使用云技术存储银行机密数据可能存在漏洞，这些漏洞随时都可能损害重要数据的完整性和可用性。许多国家的监管机构都对云技术的应用表示深深的怀疑和担忧。有关专家表示，不同于监管机构，银行最担心的是声誉损失。与此同时，监管当局更关心存储信息和数据的服务器所处的地理位置。在激烈的数字竞争中，银行应该及时关注自身传统业务和经营准则，为下一阶段人员信息识别系统的发展奠定基础。银行部门正在努力为扩大银行数字服务系统的使用范围奠定基础。这意味着银行将更加专注于金融业务和风险的管理。这种趋势不仅有助于提高金融自由，还有助于实现数字化。金融机构为了将金融风险降到最低，招揽了大批风险管理人才。下一阶段，金融自由和数字化的关注点将是那些已经开始尝试创新金融产品的客户对新技术的适应程度。这就需要银行让所有产品和业务都能实现线上操作，同时要确保有效规避网络风险。在数字化和现代化作为战略定位的最后阶段，银行正在努力实现办公环境的现代化，并且以更高标准保障网络安全。相关系统主要应用监管科技，具体包含实时访问、先进的数据提取方法、统计数据的自动生成、非结构化数据的收集程序等。这些系统在金融自由和数字化领域都能得到很好的应用。

4. 加密货币和数字技术助力金融自由和数字化

数字经济的概念最早是由 Negroponte 教授在 20 世纪 90 年代提出的。时至今日，数字经济已经发展成为以信息技术为基础的经济、社会和文化关系体系。俄罗斯的相关法律将数字经济定义为包含关键生产要素的经济活动。这些关键的生产要素主要涉及数字数据的验证，有助于提高生产效率，货物采购等其他经济活动的效率也会有不同程度的提高。上述定义强调了经济分析中最重要的元素，其中也包括大数据的录入程序等。一些经济主体在数字平台上相互连接，另一些经济主体被吸收到体系中。将数字经济定义为存在于多元世界中的经济体系是一个非常有趣的思路。真实和虚拟世界都存在于这个多元世界之中。一些操作在虚拟世界中完成后，可以在现实世界中实现。如果数字框架和工具是可用的，那么多元世界的所有经济参与者或许能够实现最有效的合作。我们可以将数字经济视为真实经济的补充，能够帮助优化现实世界。同时，数字经济的发展速度与数字经济的发展水平密切相关。但无论如何，我们都应该将实体经济的发展放在首位。信息化与互联网及其他通信工具的发展紧密相连。信息化进程对包括生产、医疗、教育、金融部门和许多其他部门在内的所有经济部门都非常重要。要想充分发挥数字经济的优势，就应当优先考虑虚拟经济。数字经济是刺激竞争的有效途径，在线访问数量对这一过程至关重要。这一点在自然人、法人和国家层面都成立。

数字经济是每一个国际组织和咨询公司关注的重点。2016 年，世界银行发布了一份国际发展报告，并将其命名为《数字红利》（World Bank，2016）。该报告分析了不同国家的贫困问题和社会问题，强调我们已经经历了人类历史上的信息和通信革命。全世界超过 40% 的人都可以上网，即使是最贫穷的人也能够上网，这甚至比获得卫生间还容易。

世界银行表示，数字技术在国家层面的影响主要涉及经济增长、人口就业和服务可用性。应用数字技术能够有效降低所有服务的成本。这一点对任何针对公民、国有部门的社会和经济交易都是成立的。尽管涉及租金和罚款的支付，但不可否认的是交易的速度成倍增长。数字技术的运用让许多服务变得更加便利且便宜。与此同时，互联网技术有助于避免卖方和买方之间的信息不对称问题，提高了交易的透明度。数字技术是自由的，有利于不同区域的融合，信息网络拉近了人与人之间的距离，给全世界注入了活力。上述报告强调，虽然十年来互联网用户数量翻了三倍多，但却依然有许多人没能接触到互联网，这可能是性别、地理和财富等因素造成的不平等现象。

除了数字技术的积极影响，报告还提到了与数字技术和加密货币有关的风险。一是由数字化的极速发展带来的劳动力市场的不平等问题；二是数字平台间缺乏竞争以及监管当局对垄断问题缺乏有效监管；三是国家对公民的监控问题。世界银行认为，有必要采取措施降低上述风险。减少的过程将以虚拟设施业务规则为基准，公民们学习新技术的课程将按照他们在实际中应用这些技术的顺序进行。当一个公民掌握更多新技术时，他们就更容易被那些借助新的专业可能性进行管理的程序所吸引。因此，经济政策应该将重点放在以下三项内容中：一是相关立法要与时俱进，有助于市场竞争；二是发展教育体系和专业技能，提高公民的技术素养；三是实现延伸至服务领域的国家制度现代化，完善治理程序。

金融部门是经济体系的基础，是实现货币在金融部门和实体经济间流动的媒介。金融机构是存款业务和贷款业务的中介机构。以银行为例，它从储蓄者那里筹集资金并转移到其他金融部门或金融工具中。金融部门的现代化主要依赖新技术的应用。新的信息技术正试图在没有中介机构协助和保护的情况下管理现金流。这同样属于金融科技的范畴，相关企业主要分为以下三类：第一类是为现有金融机构提供服务的公司，在这种情况下，每家银行都会设立一个子公司；第二类是指通过创新技术为广大消费者提供创新服务的公司；第三类是经营金融科技相关业务的金融科技公司，这类公司可能会为客户提供咨询服务。

金融科技的迅速发展，对银行业产生了深刻的影响。银行正在提供许多替代传统银行服务的创新服务类型。对于数字自由来说，这无疑是一件好事。银行业不断高企的进入壁垒正在深刻影响金融市场的有效性，创新技术虽然为金融部门注入了新活力，但服务的本质并未发生改变。有些公司在掩盖市场失灵的同时，却提供了最高质量的金融服务。在账户服务等基础信贷服务上还提供了一些额外的服务，如 Pay – Me、TiPay 等移动支付服务，让银行和商户摆脱对 POS 机的依赖。这些技术的应用让中小企业在与大企业的竞争中处于有利地位。在加强数字自由方面，我们可以重点关注金融部门推出的创新投资工具。作为数字自由的一部分，这其中主要包含非银行机构和 P2P 借贷公司。加强数字自由的另一种方式是基于移动设备的在线信贷业务，这中间涉及评估程序，目的是对风险进行评估。我能想到的最便捷的投资程序包括在线支付、移动钱包、与理财和分析相关的其他账户管理软件以及专门针对小微企业的远程会计和采购管理服务等。为客户提供数字工具是金融市场和加密货币市场的主要发展趋势。数字自由的另一个特点是手机运营商成为新支付系统的重要组成部分。移动设备也是管理财务现金流的关键端口。金融业务逐渐摆脱对中介机构的依赖，一方面降低了交易成本，提高了交易速度，另一方面，交易对手的可靠性就显得尤为重要。这个问题对于网络商店、分销商，以及网络银行和P2P信贷业务的参与者来说是非常熟悉的。在这种情况下，互联网技术必须能够有效把握相关业务参与者的可靠性。

银行业未来的发展趋势之一是远程身份识别和去中心化，具体体现为对分支机构、办公地点的清理。银行业的另一个发展趋势是银行资产的整合，即银行数量减少，单个银行资产倍增的过程。以银行为中心的金融生态系统正在逐步建立，银行慢慢变成了IT公司，为客户提供创新服务。这就是为什么区块链技术发展如此迅速，因为它能够在技术层面为金融市场的发展提供关键助力。值得思考的是，区块链技术已经成为全球化和金融系统超级中心化的重要技术支撑。网络效应在金融市场中非常普遍，它意味着用户数量的增加对于其他所有用户都是有利的。区块链技术能够在网络中设置去中心化控制，实现网络效应。区块链的前身是电子货币，在过去25年中一直备受关注。1994年，欧洲共同体银行系统公布了电子货币的具体情况，并建议银行加强对银行路由信息的控制，以挽救非现金支付系统。这意味着这种控制必须由欧洲各国中央银行的中央委员会来实现（欧洲中央银行，1998）。

电子货币不仅具有明确的标准和定义，而且包含完整的经济和司法意义。俄罗斯现行有效的法律中对货币资金有明确的定义，即在没有银行账户的条件下一个人将货币交付给另一个人，双方自主确认金额。货币所有者可以以电子形式发出交易指令。一些例外情况涉及债券市场、清算公司和私人养老基金的专业投资行为。此处有必要强调电子货币基金的一些主要特征：第一，电子货币转账是指在没有开立银行账户的情况下进行的转账；第二，与其他不借助银行账户的转账不同，电子转账允许先收钱后发布支付指令；第三，在某些情况下，货币的过境状态可能发生在与私人养老基金和其他代理人的交易中，但是电子货币基本不会出现类似情况；第四，操作指令只能通过电子通信方式发出。电子支付工具是在非现金支付规则框架内使用的支付工具，所有操作流程都是借助电信设备实现的。因此，电子支付承担了信用卡和借记卡的职能。此外，我们还可以添加信息系统和电子钱包，因为这些功能也是在电子模式下实现的。但在实践中，电子货币被应用于各种基于创新平台的支付工具。电子货币也是传统货币和私人货币的存储系统，存储量由国家以及私人支付系统的相关规则决定。

电子货币与法定货币不同，不同的电子货币归属于不同的类别。第三代系统是 WebMoney 和 PayPal，第四代系统需要对 Facebook Messenger、Transferwise、Dwolla、Revolut 和 Simple Bank 进行分类。4G 服务的主要特点是向客户提供了更高的安全等级和灵活度。客户不是直接通过服务来省钱，而是通过账户来省钱。根据客户的要求，账户一直处于激活状态。4G 的金融工具主要是由银行根据客户需求提供的服务，但 IT 公司才是真正的服务提供商。IT 公司的服务不受银行的相关运营许可限制。该服务的短板在于严重依赖基础设施，但由于对人工的依赖程度更低、使用更简单，上述服务的需求量依然很大。

Facebook Messenger 是实现所有服务最优组合的完美案例，它让社交网络框架内的小额支付成为可能。第四代的金融系统仍然是中心化的，谷歌等知名公司负责数据的存储和安全保障。区块链技术和其他相关设施正在推动下一阶段，即 5G 金融工具的生成。这一阶段包含许多新的特点，如绝对的跨界性、跨平台性以及便捷性等。还需要强调的是，价值评估的控制权依然在用户手中，任何交易活动都无法脱离用户的操作。5G 技术的其他特点还包括几乎降至零的费用成本、最高的保密级别、去中心化以及账户间资金周转的完全透明等。Swan（2015）认为区块链是第五次革命的基础。框架的变化与技术发展有关。在第一阶段，发明和生产了大型机械，第二阶段专注于个人电脑，第三阶段出现了互联网，第四阶段出现了移动设备、社交网络以及数字货币。区块链是最近十年非常重要的一项技术进步。

去中心化是区块链的关键特征，意味着数据被分散存储到了不同的地方。交易记录是在所有参与者的见证下更改的，系统自动记录所有的交易活动。每个用户都可以访问 2009 年以后发生的所有交易记录。用户能够实时见证系统中的交易活动。区块链是一个分布式数据库系统，包含系统用户完成的所有交易信息。信息以区块链的形式被存储，每个区块中存储固定数量的交易。区块链技术最著名的应用案例就是比特币。投资者通过电子钱包进行比特币交易。系统中的参与者因其对比特币环境的贡献而收取费用，将区块与交易连接在一起的参与者会收到这笔费用，这是一种对系统支持者的激励。该系统的一个非常重要的属性是交易的不可逆性。这意味着一旦区块形成，任何修改都是不可能发生的。应用区块链的主要目的是构建一个没有外部入侵威胁的开放系统。

一旦确定了系统运行规则，任何人都无法更改。区块链的内部结构确保每个区块的信息都是符合规则且无法更改的。在这种情况下，参与者之间完全不会存在可靠性问题。接下来，我们将探讨区块链技术对金融行业发展和数字自由的贡献，以及目前亟需应用区块链的领域。

首先，区块链在需要分布式和去中心化数据存储系统的领域中能够发挥巨大作用。与那些登记了所有资产情况的电子清单相比，区块链技术摆脱了资产形式、参与者类型和地理位置等因素对全局操作的限制。区块链可以是任何金融、有形或无形资产的注册、记账和交换工具。一旦所有参与者的数据都被完整地记录在册，区块链的协调机制就能有效降低错误、差异和延迟风险。其次，区块链的存储和信息保管功能可以显著降低对中介机构的需求。客户之间透明度的提升可能会改变商业决策流程，最大限度地降低交易成本。银行、股票以及其他金融机构都希望获得这项技术，将自身业务与之融合。许多银行都在建设区块链实验室，用于测试和检验原有工具与新技术之间的融合情况。最后，区块链技术被认为是一种全新的投资渠道，有利于数字自由。基于区块链技术的众筹业务让小型基金能够为未来的发展吸纳资金。当这个想法的实现成本大于吸纳的资金时，就形成了一种矛盾的情况。众筹的透明度和其他特性让它在初创公司和现存企业中非常受欢迎。区块链对 IT 技术非常重要，因为 IT 技术一直都与自动化业务息息相关。基于上述分析，区块链技术正在开启数字自由的新时代。它不仅被应用于金融部门，在经济和社会生活的其他部门也得到了应用。早在 2017 年，加州的霍尔伯顿学院就已经使用区块链技术来核对学生评估表和其他教育相关文件（Holberton School，2017）。医疗保健领域的文档周转也可以使用区块链技术。目前，加密货币的风险主要体现在金融层面。FATF 的报告和国际货币基金组织的文件都在关注加密货币使用中可能存在的洗钱风险。加密货币的以下几个特点有助于数字自由的实现：（1）开放代码的可用性，意味着任何人都可以购买加密货币；（2）交易的匿名性，意味着资产所有者的信息无从查证；（3）成交量的分散性，意味着不存在负责整体事项的核心金融机构；（4）抵御通货膨胀；（5）业务的透明度；（6）最低的交易佣金。加密货币的风险也同样不容忽视，主要包含：（1）价格波动率高，且对很多因素都非常敏感；（2）交易速度相对较低；（3）没有针对性的法律法规；（4）信息防御级别较低，密码丢失后用户无法再访问自己的钱包，永远失去账户中的资金；（5）加密货币挖矿的盈利能力逐步下降，意味着交易成本将慢慢上升。需要强调的是，加密货币是无法实现货币的全部主要功能的，例如它无法作为交换工具及金融工具。计算机程序的限制让加密货币无法成为能够被广泛应用的变革工具。法定货币的价格波动让它无法代替法定货币执行交易和价值尺度功能，投资项目中也不能使用加密货币。但数字自由的发展让加密货币价值的稳定成为可能。加密货币的魅力来源于它的私人货币属性。伟大的科学家和研究者弗里德里希·冯·哈耶克在他的书中对这一现象进行了分析（Hayek，1976）。学者们提出了一种通过货币的非国有化来实现自由的全新观点。有效的货币政策可以建立在货币竞争的基础上。这些货币的交易处于平行模式，货币可以被视为寻常的消费品，这种商品必须依照市场规则进行交易。只有竞争才能驱逐劣币，给良币提供发展空间，经过市场过滤并通过长期测试的货币才能发挥信用货币应有的作用和功能。这样的货币首先要能够节约资金成本，即在一个真实和便利的通道中有一个稳定且波动率可预测的利率。有学者曾表示，私人货币的周转不会受到州议会决议等非市场因素的影响。考虑到当前数字化和数字自由所面临的问题，哈耶克建议推出私人货币，以规避政府行为可能带来的负面影响。

数字化已经渗透到人们生活的方方面面，数字自由也在向着一种更加强大、功能更加丰富的趋势发展。全球化和现代化自由创造了新的增长动力。数字化带给我们生活的重要改变主要体现在创新、银行部门、新技术和加密货币等方面，它们代表数字自由最高级的表现形式。世界的繁荣，取决于文明想要实现什么，以及如何实现。没有自由和数字化，任何发展都是不可能实现的，数字化和数字自由是一枚硬币的两面，二者的协同发展对人类文明的进步至关重要。

参考文献

Castells, M. (2001). *The internet Galax, reflections on internet, business and society.* Oxford press.

Diamond, D. W. (2017). Banking and the evolving objectives of Bank regulation. *Journal of Political Economy*, University of Chicago Press, *125*(6), 1812–1825. https://doi.org/10.1086/694622.

Digital banking Maturity. (2020). Retrieved from https://www2.deloitte.com/ce/en/pages/financial-services/articles/digital-banking-maturity-2020.html?ysclid=13.

Dneprovskaya, N. (2018). Ozenka gotovnosti vysshego obrazovania k zifrovoy economike.

Statistica I Economica, 4(15), 18–19.

Drucker, P. (2002). *Innovation and entrepreneurship.* Harper Collins Publishers. Ernst and Yang. (2019). Retrieved from https://www.ey.com/Publication/vwLUAssets/ey-global-risk-survey2019/$FILE/ey-global-risk-survey-2019.pdf.

European Central Bank. (1998). *Report of electronic money.* Retrieved from http://www.ecb.europa.eu/pub/pdf/other/emoneyen.pdf.

Hayek, F. (1976). *Denationalization of money.* IEA.

Moor, G. (1965). Cramming more components onto integrated circuits. *Electronics, 38*, 4.

Negroponte, N. (1995). *Being Digital.* Knopf.

Reich, R. B. (2010). *The work of nations: Preparing ourselves for 21st century capitals.* Vintage.

Stulz, R. (2019). FinTech BigTech, and the future of Banks. *Fisher College of Business Working Paper,* № 20. – URL: https://ssrn.com/abstract=3455297.

Swan, M. (2015). *Blockchain.* O'Reilly.

Tapscott, D., & Williams, A. (2012). *Macrowikinomics: Rebuting business and the world.* Penguin.

The G20 Seoul summit leaders' declaration. (2010). Retrieved from https://www.fsb.org/wp-content/uploads/g20_leaders_declaration _seoul_summit_2010.pdf.

The Holberton School (2017). Retrieved from: https://www.holbertonschool.com/press.

Webster, F. (2005). *Theory of information society.* Oxford press.

World Bank. (2016). *Digital dividends,* Retrieved from https://www.worldbank.org/en/publication/wdr2016.

Guirinskiy Andrey：俄罗斯人民友谊大学经济学院金融与信贷系副教授。自 1995 年以来，Andrey 博士一直从事金融实务工作，是俄罗斯多家金融机构的首席专家。Andrey 博士曾在欧洲多所大学（希腊和波兰）和亚洲的中国做过讲座。